Werbung im Privatfernsehen

Selektionsmöglichkeiten des privaten Fernsehens im Rahmen der betrieblichen Kommunikationsstrategie

Wirtschaftswissenschaftliche Beiträge

Band 1
Christof Aignesberger
Die Innovationsbörse als Instrument zur Risikokapitalversorgung innovativer mittelständischer Unternehmen
1987. 326 Seiten. Brosch. DM 69,-
ISBN 3-7908-0384-7

Ulrike Neuerburg

Werbung im Privatfernsehen

Selektionsmöglichkeiten des privaten Fernsehens im Rahmen der betrieblichen Kommunikationsstrategie

Mit 44 Abbildungen

Physica-Verlag Heidelberg

Reihenherausgeber
Werner A. Müller

Autor
Dr. Ulrike Neuerburg
Siebengebirgsallee 66
D-5000 Köln 41

CIP-Titelaufnahme der Deutschen Bibliothek
Neuerburg, Ulrike:
Werbung im Privatfernsehen: Selektionsmöglichkeiten d. privaten Fernsehens im Rahmen d. betriebl. Kommunikationsstrategie / Ulrike Neuerburg. - Heidelberg: Physica-Verl., 1988
(Wirtschaftswissenschaftliche Beiträge; 2)

ISBN-13: 978-3-7908-0391-4 e-ISBN-13: 978-3-642-46897-1
DOI: 10.1007/978-3-642-46897-1

NE: GT

Bindearbeiten: J. Schäffer GmbH u. Co. KG., Grünstadt
7120/7130-543210

Dank für wissenschaftliche Betreuung an meinen Doktorvater Prof. Dr. Richard Köhler; für praktische Anregungen insbesondere an Christian F. Cuntz sowie an Achim Hambach, Dieter Müller, Klaus Tebbe, Dr. Otto Riewoldt, Christiane Minke, Jörg J. Ehrlich.

Köln, September 1987 Ulrike Neuerburg

Inhaltsverzeichnis

Abbildungsverzeichnis

1. Einführung

Thema der vorliegenden konzeptionellen Untersuchung ist das private Fernsehen in der Bundesrepublik Deutschland und dessen Relevanz für die Kommunikation als Teilbereich des strategischen Marketing.

Im Vordergrund stehen somit nicht "Neue Medien" im Sinne kommunikationstechnischer Innovationen. Selbst wenn neuartige Technologien ein konstituierendes Merkmal neuer Programmangebote sind, wie dies beim internationalen Satellitenfernsehen der Fall ist, so handelt es sich dabei "nur" um neue Übertragungsformen und Verteilwege in einer konventionellen Mediengattung, dem Fernsehen.[1] Hinzu kommt, daß private nationale und lokale Programme nicht nur via Kabel bzw. Satellit, sondern auch auf üblichem, d.h. terrestrischem Wege verteilt werden können. Die Betonung des Aspektes der Trägerschaft neuer Programmangebote ist zudem von daher angemessen, daß privater Rundfunk in der Bundesrepublik zwar seit dem Ersten Fernsehurteil des Bundesverfassungsgerichts (1961) in ständiger Rechtsprechung als prinzipiell zulässig bestätigt wurde, jedoch insbesondere mit dem technischen Argument der Knappheit der Sendefrequenzen ein ausschließlich öffentlich-rechtlich organisiertes Fernsehen mit wenigen Veranstaltern konstituiert wurde.[2] Die Kabel- und Satellitentechnologie hat unter diesem Gesichtspunkt instrumentalen Charakter für die Einführung von Privatfernsehen.

---

1) Anders liegt der Fall z.B. bei Medien der Zweiweg-Kommunikation wie Bildschirmtext und Kabeltextabruf, bei denen zusätzlich unter funktionalen Gesichtspunkten neuartige mediale Angebote vorliegen (vgl. zur Systematik der Neuen Medien Meffert (1985), S. 6 ff.).

2) Vgl. Urteil des Bundesverfassungsgerichts vom 22.2.1961, dokumentiert in: Bauer et al. (1985b), 21.1.1, S. 1-40.

Ansatzpunkt der Untersuchung sind somit neue Fernsehangebote, die im Hinblick auf die werblichen Einsatzmöglichkeiten weniger technisch, sondern vorrangig durch privatwirtschaftliche Trägerschaft und räumliche Reichweite (Ausstrahlungsgebiet) charakterisiert sind.

Die Relevanz privater nationaler, internationaler und lokaler Programme könnte anhand von Kriterienkatalogen nachgewiesen werden, wie sie für das Entscheidungsproblem der Werbeträgerauswahl entwickelt worden sind.[1)]
Während ein derartiger Ansatz jedoch vor allem der Untersuchung der generellen Werbeträgereignung im intermedialen Vergleich dienen würde, liegt der Akzent der vorliegenden Arbeit auf dem Einsatzpotential der neuen Fernsehangebote für mögliche Kommunikationsstrategien und einer dementsprechend anwendungsorientierten Sichtweise. So implizieren die neuen Programme eine beträchtliche Erweiterung des Spektrums kommunikationsstrategischer Ansätze, für die die Mediengattung Fernsehen künftig einsetzbar ist.

Die strategischen Anwendungsmöglichkeiten neuer Programme kommen im Selektionspotential des privaten Fernsehens zum Ausdruck. So bietet sich durch die Selektionsmöglichkeiten nach dem Ausstrahlungsgebiet der Einsatz der Mediengattung für internationale bzw. lokale Kommunikationsstrategien an (vgl. 3.1 und 3.2).
Zielgruppenselektionsmöglichkeiten implizieren vor allem ein Potential für die differenzierte Kommunikationsstrategie (vgl. 4).

Die Abgrenzung der Selektionsmöglichkeiten nach Verbreitungsgebiet bzw. nach Zielgruppen schafft keine sich gegenseitig ausschließenden Strategien und Einsatzpotentiale der TV-Medien. So bieten internationale Programme die Möglichkeit einer Ansprache z.B. soziodemografisch

---

1) Vgl. beispielhaft Meffert (1986c), S. 474 f.; Bidlingmaier (1973), S. 401; Dohmen (1972), S. 63; Fechler (1982), S. 1318 f.; Engelsing/Johannsen (1967), S. 23 ff.

definierter Zielgruppen (vgl. 3.1.2). Darüber hinaus wäre das Potential internationaler und lokaler Werbeträger als Zielgruppenselektionsmöglichkeit nach geografischen Kriterien interpretierbar.
Während Zielgruppenselektionsmöglichkeiten jedoch unmittelbar auf die Strategien segmentspezifischer Kommunikation weisen, akzentuiert das Kriterium "Ausstrahlungsgebiet" die Bedeutung lokaler und internationaler TV-Medien vor dem Hintergrund der Räumlichkeit der Kommunikation sowie - bei lokalen Strategien - für verschiedene Anbieter (Hersteller, Handel).

Der gewählte Ansatz ermöglicht eine umfassende potentialorientierte Beurteilung neuer Programmangebote im Hinblick auf grundlegende Kommunikationsstrategien.
Er reflektiert zudem die Erwartungen der werbetreibenden Wirtschaft angesichts des Umbruchs in der Fernsehlandschaft: "Der Nachfrage nach Programmangeboten für die unterschiedlichsten Ansprüche wird entsprochen" und: "Fortschritt durch Pluralismus".[1)]

1.1 Einordnung der Problemstellung in den kommunikationspolitischen Zusammenhang

Die Kommunikation ist neben der Produkt-, Distributions- und Kontrahierungspolitik eine Komponente des absatzpolitischen Mitteleinsatzes (Marketing Mix). Sie umfaßt die aus den Marketingzielen abgeleitete Gesamtheit aller Maßnahmen der Informationsbeschaffung und -aussendung an andere Marktteilnehmer.[2)]

Im Rahmen der vorliegenden Untersuchung wird eine Einschränkung vorgenommen auf die indirekte, unpersönliche Kommunikationsaussendung des Anbieters an potentielle Nachfrager, speziell auf die Absatzwerbung unter Ein-

1) Müller (1984), S. 581.
2) Vgl. Köhler (1976), S. 164 f.

schaltung selbständiger Medieninstitutionen.[1]

Die Maßnahmenplanung der Kommunikationspolitik umfaßt eine Reihe von Entscheidungen, und zwar über die Kommunikationsstrategie, deren Umsetzung (Werbevollzugsplanung[2]) sowie über die Messung der Kommunikationswirkung (Erfolgskontrolle) mit impliziten Möglichkeiten eines Soll-Ist-Vergleichs.[3] Unter Ausklammerung des hier nicht relevanten Kontrollaspektes stellt sich der Prozeß der Planung medialer Kommunikation im einzelnen wie in Abbildung 1 gezeigt dar.

Die Kommunikationsstrategie leitet sich aus den Kommunikationszielen ab, die wiederum derivate Ziele hinsichtlich der übergeordneten Marketingziele sind.[4] Mögliche Kommunikationsziele können generell unterschieden werden in solche mit ökonomischer und solche mit kommunikativer Orientierung.[5]
Die Kommunikationsstrategie ist im Hinblick auf die Erfüllung der vorgegebenen Ziele zu entwerfen. Inhaltlich umfaßt sie vor allem langfristig bindende Entscheidungen über anzusprechende Zielgruppen und grundsätzliche Richtlinien und Aussagen der Werbebotschaft.[6]

Im Rahmen der Umsetzung der Kommunikationsstrategie sind in regelmäßigen Abständen Entscheidungen über die Höhe

---

1) Vgl. zu den übrigen Bereichen der Marktkommunikation als Kombination zwischen dem Einsatz persönlicher bzw. nichtpersönlicher Informationsträger und einem direkten bzw. indirekten Kontakt zwischen Anbieter und potentiellen Nachfragern Köhler (1976), S. 165.
2) Vgl. Freter (1974), S. 23.
3) Vgl. Meffert (1986c), S. 449 f.
4) Vgl. Bidlingmaier (1973), S. 382 f. zur Zielhierarchie des Marketing.
5) Vgl. Meffert (1986c), S. 451 ff.; Bidlingmaier (1973), S. 381 ff. mit Beispielen für ökonomische und kommunikative Werbeziele.
6) Vgl. Meffert (1986c), S. 450.
Bidlingmaier (1973), S. 386 bezieht zusätzlich Entscheidungen über Werbeträger und den zeitlichen Einsatz der Werbung in die Werbestrategie mit ein.

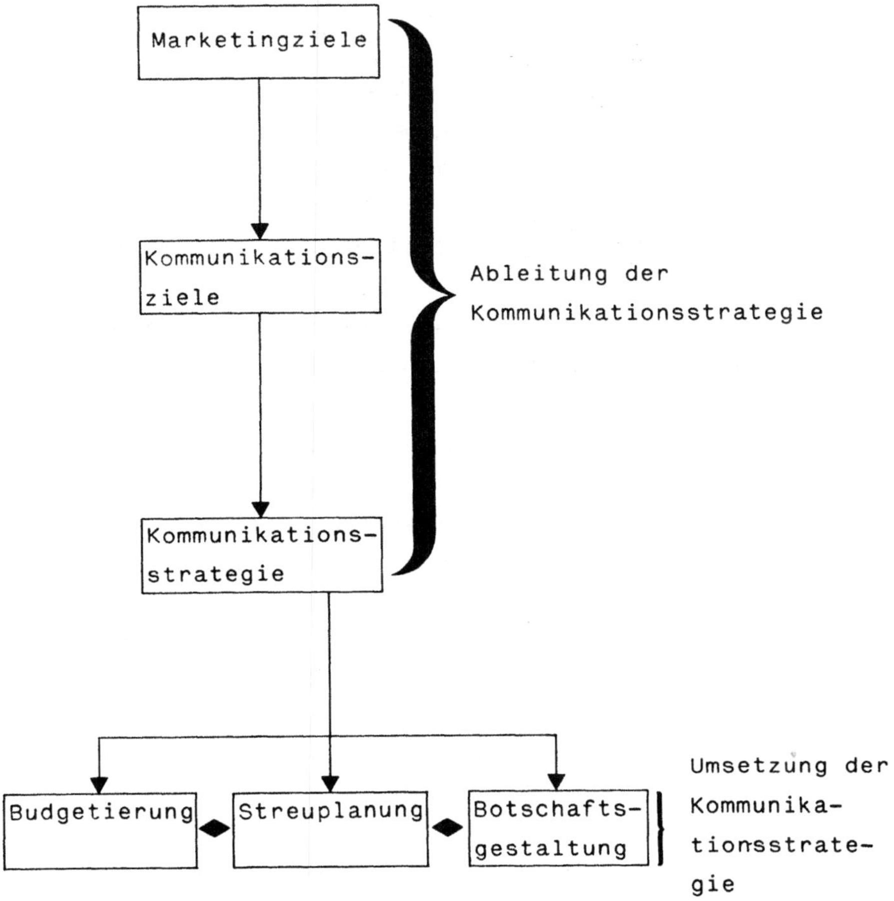

Abbildung 1: Planungsprozeß der Kommunikationspolitik

des Werbeetats zu fällen (Budgetierung).[1]

Die Streuplanung betrifft die Allokation des Budgets nach sachlichen und zeitlichen Aspekten.[2]
Unter sachlichen Gesichtspunkten ist neben der Entscheidung über die Werbeobjekte (Produkte) vor allem die Verteilung des Etats auf Werbemittel und Werbeträger (Medien) festzulegen.[3] Bei der Medienwahl wiederum sind Mediengattungen (Intermediaselektion) und spezielle Medien (Intramediaselektion) auszuwählen.
Die Belegung einzelner Medien legt schließlich die zeitliche Abfolge der Kommunikationsmaßnahmen fest.

Bei der Botschaftsgestaltung erfolgt die Umsetzung eines Kommuniqués entsprechend den vorgegebenen werblichen Zielsetzungen.
Die Planungsaktivitäten im Zuge der Umsetzung der Kommunikationsstrategie wurden in der Grafik nebeneinander angeordnet, da bei ihnen keine stringente Stufenfolge, sondern vielmehr interdependente Entscheidungszusammenhänge zu konstatieren sind.[4]

Der Blickwinkel der vorliegenden Themenstellung ist die Auswahl von Werbeträgern innerhalb der Mediengattung Fernsehen vor dem Hintergrund der zugrunde liegenden Kommunikationsstrategie. Mit anderen Worten: Das Einsatzspektrum der Mediengattung wird anhand der Eignung verschiedener Fernseh-Werbeträger für relevante kommunika-

---

1) Vgl. Kotler (1984), S. 621 ff. ausführlich zu Methoden und Entscheidungsmodellen der Werbebudgetierung.
2) Vgl. Freter (1974), S. 23 ff.; Meffert (1986c), S. 472 ff.
3) Werbeträger sind die Übertragungskanäle zur Übermittlung der Botschaft (Kommuniqué), während Werbemittel (z.B. Anzeigen, Werbespots) grundsätzliche Gestaltungsformen der Botschaft sind (Vgl. dazu die Grundstruktur eines Kommunikationssystems; Köhler (1976), S. 166). Zu beachten ist, daß die Werbeträger die einsetzbaren Werbemittel determinieren. Spielräume ergeben sich lediglich durch Werbemittelvarianten, wie z.B. Größe einer Anzeige, Länge eines TV-Spots.
4) Vgl. ausf. Freter (1974), S. 24 f.

tionsstrategische Ansätze untersucht. Darüber hinaus werden Fragen der Botschaftsgestaltung in Abhängigkeit der eingesetzten Werbeträger erörtert.
Die behandelten Kommunikationsstrategien sind genereller Natur und in enger Beziehung zu übergeordneten Marketingstrategien definiert. So leiten sich aus einer internationalen bzw. lokalen sowie aus einer undifferenzierten bzw. differenzierten Marktbearbeitung die verschiedenen strategischen Vorgaben für die Kommunikation ab.

1.2 Grundlagen der Selektionsmöglichkeiten

Die Einführung privaten Fernsehens und neuartiger Übertragungsformen bedingt das künftige Selektionspotential dieser Medienkategorie.
Wie bereits angedeutet, sind die beiden Entwicklungen von unterschiedlicher Bedeutung. So ist es die Satellitentechnologie, die eine internationale Reichweite von TV-Programmen schafft. Für das lokale Fernsehen sind die Kabeltechnologie und sog. Low-Power-Frequenzen von Bedeutung.
Zielgruppenselektionsmöglichkeiten hingegen entstehen vorrangig durch Implikationen privatwirtschaftlicher Organisation der Sender. Die neuen Technologien haben hier - sofern nicht die Zielgruppenselektion in internationalen Programmen gemeint ist - lediglich Instrumentalcharakter im Hinblick auf die Einführung privaten Fernsehens (s.o.). Ausgehend von der bisherigen öffentlich-rechtlichen Angebotssituation, werden die Selektionsmöglichkeiten des privaten Fernsehens näher charakterisiert.

Das öffentlich-rechtliche Werbefernsehen ist gekennzeichnet durch Beschränkungen im Hinblick auf die Verfügbarkeit des Mediums, die in erster Linie in dessen gesetzlicher Konstituierung begründet sind. Im Staatsvertrag von 1961 wurden die Rahmenbedingungen für das

Werbefernsehen des ZDF und die Landesrundfunkanstalten der ARD dahingehend festgeschrieben, keine Werbung nach 20.00 Uhr sowie an Sonn- und Feiertagen zuzulassen.[1]
Die Gesamtdauer der Werbezeit wurde von den Ministerpräsidenten der Länder auf täglich 20 Minuten im Jahresdurchschnitt, höchstens jedoch 25 Minuten pro Sendetag begrenzt.[2]

Die Folge der beschriebenen Limitationen ist eine nicht bedarfsgerechte Angebotssituation beim öffentlich-rechtlichen Werbefernsehen. Die Nachfrage der werbetreibenden Industrie übersteigt die verfügbare Werbezeit eklatant; die Überbuchungen bei den Sendern beliefen sich - trotz abnehmender Tendenz - für das Jahr 1986 auf bis zu 45 % (ZDF).[3] Daher erfolgt die Vergabe der Werbezeiten in einem Zuteilungsverfahren, bei dem Auftragsgröße und Vorjahresvolumen entscheidende Einflußfaktoren sind.[4]
Hinzu kommt ein früher Buchungsschlußtermin (1. Oktober für die gesamten Belegungen des Folgejahres), der eine unflexible Planungssituation für den Einsatz des Werbefernsehens bedingt. So sind kurzfristige Dispositionen im Hinblick auf den Einkauf von Werbezeiten nicht möglich.[5]
Aufträge mit Rücktrittsrecht werden de facto nicht erfüllt, weil mit Priorität alle Festbuchungen berücksichtigt werden.[6]

Die Erweiterung des Angebotes um neue nationale sowie internationale und lokale Programme und die Einführung marktwirtschaftlicher Prinzipien sind geeignet, Einsatzbeschränkungen des Werbefernsehens zu beseitigen, wie sie bei einem TV-Monopol der öffentlich-rechtlichen Anstalten herrschen.
Für private Programmanbieter, die sich zu 100% aus Wer-

---

1) Vgl. Bauer et al. (1986b), 15.3.12, S. 1-11.
2) Beschluß der Ministerpräsidenten vom 8. November 1963.
3) Vgl. o.V. (1985r), S. 1.
4) Vgl. Cuntz (1985), S. 8.
5) Vgl. o.V. (1985x), S. 39.
6) Vgl. beispielhaft Rundfunkwerbung Stuttgart (1986); Hessischer Rundfunk (1986).

bung finanzieren[1], sieht der Gesetzgeber einen maximalen Werbeumfang von 20% der täglichen Sendezeit vor[2], eine im Vergleich zum Werbeanteil der öffentlich-rechtlichen Programme (ca. 3%) beträchtliche Erweiterung der Werbezeit. In Kombination mit der Ausdehnung der Programme auf gegenwärtig (Stand: Anfang 1987) 7 nationale bzw. internationale Vollprogramme und zahlreiche, vor allem lokale Teilzeitprogramme[3] ist die Möglichkeit einer Beseitigung des Nachfrageüberhangs gegeben.
Die Verbesserung der Verfügbarkeit des Mediums Fernsehen ist ein grundlegendes Merkmal erweiterter Einsatzmöglichkeiten.

Die Buchungsmodalitäten bei privaten Sendern, die gekennzeichnet sind durch unbürokratische Auftragsabwicklung mit kurzfristigen Buchungsmöglichkeiten[4], erlauben eine flexible Planungspraxis. Diese ist wiederum ein spezieller Aspekt des Einsatzpotentials von TV-Medien insbesondere für die lokale Kommunikationsstrategie des Handels (vgl. 3.2.2.1) sowie im Hinblick auf den Einkauf zielgruppenspezifischer Sendezeiten (vgl. 4.5.2).
Für den Einsatz des Werbefernsehens durch den Handel ist ferner konstituierend, daß durch die erweiterte Werbezeit der Zugang zum Medium für mittlere und kleinere Werbetreibende geschaffen wird, die bisher kaum eine Chance auf Zuteilung von Werbezeiten hatten.

Selektionsmöglichkeiten nach dem Ausstrahlungsgebiet entstehen durch die Verfügbarkeit von TV-Medien mit nationaler sowie internationaler und lokaler bzw. regionaler Reichweite. Innovative Einsatzmöglichkeiten werden dabei

---

1) Das ZDF z.B. finanzierte sich laut Haushaltsplan 1986 zu 60% aus Gebühren und zu 40% aus Werbeeinnahmen (vgl. ZDF-Werbefernsehen (1985), S. 5).
2) Einheitliche Bestimmung in allen Landesmediengesetzen (vgl. Mediengesetze der Bundesländer, dokumentiert in: Bauer et al. (1985b), 17.1-17.11) sowie im Medienstaatsvertrag (vgl. 2.2).
3) Vgl. Abb. 9 in Kap. 2.3.2.
4) Vgl. beispielhaft SAT 1 (1986b): Eine Buchung ist bei SAT 1 bis 3 Tage vor dem Sendetermin möglich.

durch internationale und lokale/regionale Programme repräsentiert.
War die Ausstrahlung von Fernsehprogrammen auf terrestrischem Wege durch ARD und ZDF - von geringfügigen "Überreichweiten" (sog. Spill-Over-Effekte) an den Grenzen zu den Nachbarländern abgesehen - auf das Gebiet der Bundesrepublik begrenzt, so ermöglicht die Satellitentechnologie transnationales Fernsehen. In den Kabelhaushalten der Bundesrepublik waren Ende 1986 zwei werbefinanzierte Programme empfangbar, die über den Fernmeldesatelliten ECS in 11 bzw. 13 europäische Länder verteilt werden.[1] Direktstrahlende Satelliten (voraussichtlich ab Herbst 1987) repräsentieren eine weitere Verteil- bzw. Empfangsform internationalen Fernsehens (vgl. 2.1.1).
Mit internationalen Satellitenprogrammen stehen erstmalig grenzüberschreitende TV-Werbeträger zur Verfügung, die bei einer internationalen Marktbearbeitung für die Absatzwerbung genutzt werden können (vgl. 3.1).

Die Möglichkeit räumlich begrenzter Zielgruppenansprache ist im öffentlich-rechtlichen Fernsehen in den Regionalprogrammen der ARD möglich, die in der Zeit von 18 bis 20 Uhr parallel in den verschiedenen Bundesländern ausgestrahlt werden. Damit sind die kleinsten Einheiten für eine regionale Fernsehwerbung in der ARD das Saarland und Berlin; der Nachfrage nach Teilbelegungen, vor allem in den großen Sendegebieten des Westdeutschen und Norddeutschen Rundfunks, kann nicht entsprochen werden.[2] Für Unternehmen mit lokal begrenztem Absatzgebiet und entsprechender Werbung kam von daher das Medium Fernsehen aufgrund zu hoher regionaler Fehlstreuung meist nicht in Frage.
Mit der Konstituierung lokalen Privatfernsehens kann dem wiederholt artikulierten Bedürfnis nach lokaler Werbe-

---

1) Vgl. Anhang 6.
2) Vgl. Pfifferling (1985), S. 3; zum Verbreitungsgebiet der einzelnen ARD-Sender Bauer et al. (1985a), 2.9.4, S. 2.

möglichkeit[1] Rechnung getragen werden.
Technische Verteilform lokaler Programme ist das Kabel, wobei die bevorzugte Verkabelung von Ballungsräumen das Entstehen von Sendestationen in diesen Gebieten fördert. Auf terrestrischem Wege kann Lokalfernsehen über Low-Power-Frequenzen verbreitet werden, nach denen die Deutsche Bundespost seit Mitte 1985 für die Nutzung durch örtliche Sendestationen sucht (vgl. 2.1.2, 2.1.3).
Die Kontribution lokalen Fernsehens für räumlich begrenzte Kommunikationsstrategien von Hersteller und Handel wird in Kapitel 3.2 untersucht.

Möglichkeiten der Zielgruppenselektion sind in privaten Programmen aufgrund der gezielten Plazierbarkeit von Fernsehspots im Programmangebot gegeben. In den öffentlich-rechtlichen Sendeanstalten ist die Schaltung von Spots in 4-5 verschiedenen Werbeblöcken möglich, die je nach Sender zwischen 17.30 und 20.00 Uhr überwiegend zu festen Zeiten in die Programmstruktur eingebunden sind.[2]
Der Werbetreibende hat dabei gewöhnlich weder einen Einfluß auf die Auswahl eines Blocks noch auf die Plazierung innerhalb eines Blocks.[3][4]

---

1) Vgl. Müller (1984), S. 581; Merkle (1984b), S. 303.
2) Vgl. Arbeitsgemeinschaft Rundfunkwerbung (1986), S. 64.
3) ZDF-Werbefernsehen (1985), S. 12 f.: "Wünsche zur Ausstrahlung im zeitlichen Zusammenhang mit einem bestimmten Rahmenprogramm oder die Bevorzugung bestimmter Werbeblöcke können nicht erfüllt werden; um eine gerechte Behandlung aller Werbetreibenden sicherzustellen, werden bei der Einplanung alle Sendetage und Werbeblöcke gleichmäßig berücksichtigt."
4) Beschränkungen im Hinblick auf die Plazierung werden in geringem Umfang durch den in der Praxis üblichen Einkauf von Sendezeiten durch Werbeagenturen gemildert. Obwohl von den Sendeanstalten Festaufträge mit Angabe des Werbetreibenden und des Produktes vorgesehen sind, werden oft Pool-Käufe von Werbezeiten durch große Agenturen getätigt.
Die eingekauften Zeiten können an die TV-Kunden der Agentur verteilt werden, wobei naturgemäß große Etats bevorzugt berücksichtigt werden.
Eine ähnliche Situation liegt vor, wenn Firmen mehrere Produkte im Fernsehen bewerben und sich von daher Spielräume hinsichtlich der Plazierung einzelner Spots ergeben.

Unter Berücksichtigung des inhaltlich breit streuenden Programmangebotes ist eine gezielte Ansprache spezieller Publikumssegmente nicht möglich. Diese Tatsache kommt in der Charakterisierung der Fernsehwerbung als "Getto einer ungezielten Massenansprache"[1] zum Ausdruck.

Private Programmanbieter ermöglichen ihren Werbekunden die Plazierung von Spots im Umfeld eines gewünschten Rahmenprogramms[2], wodurch die Perspektive einer zielgruppenspezifischen Differenzierung der Fernsehzuschauerschaft gegeben ist (vgl. 4.1).
Weitere Potentiale der Zielgruppenselektion in Abhängigkeit von der Nutzung bestimmter Programminhalte liegen in der Erweiterung des Programmangebotes um inhaltlich spezialisierte Kanäle (vgl. 4.1.2.1).
Unter Zielgruppengesichtspunkten relevant ist ferner die Verteilung der Werbeeinheiten über die gesamte Sendezeit, wodurch Defizite in der Erreichbarkeit spezieller Zielgruppen kompensiert werden können, wie sie beim öffentlich-rechtlichen Fernsehen durch die zeitliche Begrenzung der Werbemöglichkeiten vorliegen (vgl. 4.3.3).

Von Bedeutung für die grundsätzliche Erreichbarkeit von Zielpersonen sind Veränderungen im Hinblick auf die Wahrscheinlichkeit eines Kontaktes des Fernsehzuschauers mit der Werbebotschaft.
In diesem Zusammenhang spielen zunächst die Werbeeinblendungen in laufende Programme (Unterbrechungswerbung) eine Rolle, die in privaten Programmen zugelassen sind.[3]
Experten aus den Vereinigten Staaten schätzen die Kontaktchance einer derartigen "natürlichen" Programmunterbrechung auf 80 % gemessen an der Kontaktchance der ei-

---

1) Cuntz (1985), S. 8.
2) Vgl. beispielhaft SAT 1 (1986b); RTL plus (1986b); Müller (1985), S. 5 f.
3) Es sind im Medienstaatsvertrag (Art. 7, 6) die vorherige Ankündigung der Unterbrechung und eine Mindestdauer der Sendung von 60 Minuten als Voraussetzungen für Programmunterbrechungen durch Werbung definiert (vgl. o.V. (1987g), S. D 5).

gentlichen Sendung, während ein Werbeblock mit nur 50% Wahrscheinlichkeit gesehen wird.[1] Bemerkenswert sind darüber hinaus die zumindest gegenwärtig vergleichsweise kurzen "Werbeinseln" bei privaten Programmen[2], wohingegen bei ARD und ZDF, vor allem bei den späteren Werbeeinheiten, oft Längen bis zu 10 Minuten zustande kommen.[3]

Durch Programmunterbrechungen und kürzere Werbeeinheiten ist eine Programmstruktur gegeben, die der verstärkten Tendenz der Fernsehzuschauer, die Werbung durch Umschalten auf andere Programme slalomartig zu umgehen, entgegenwirken könnte. Diese, in den USA unter dem Begriff "Zapping" bekannte Praxis, die vor allem durch die hohe Ausstattungsquote der Fernsehgeräte mit Fernbedienung ermöglicht wird, stellt für die Werbetreibenden "ein sehr ernstes Thema" dar.[4]

---

1) Vgl. Merkle (1985), S. 192.
2) Vgl. beispielhaft RTL plus (1986b). Die durchschnittliche Länge einer Werbeinsel wird dort mit 5 Minuten angegeben.
3) Vgl. Stockmann (1984), S. 107.
4) o.V. (1986bu), S. 64.

2. Die Entwicklung privaten Fernsehens in der Bundesrepublik Deutschland

2.1 Technische Grundlagen

2.1.1 Satellitenrundfunk

Die Weltraum-Telekommunikation zur Abwicklung interkontinentalen Fernsprech- und Datenverkehrs sowie zur Übertragung von Fernsehbildern nahm mit dem amerikanischen Satelliten Telestar I 1962 ihren Anfang.
Eine wesentliche Innovation in der Satellitentechnik war der Einsatz geostationärer Systeme im Jahre 1963. Dabei bewegt sich der Satellit auf einer 36.000 km von der Erde entfernten Umlaufbahn in der Geschwindigkeit der Erdrotation, womit von der Erde aus gesehen ein "Quasi-Stillstand" des Satelliten erreicht wird. Die geostationäre Position ermöglicht einen 24-stündigen Einsatz des Satelliten.[1)]

2.1.1.1 Systemelemente

Für Sendung, Übertragung und Empfang eines Satellitensignals sind folgende Elemente notwendig:[2)]
- Studio oder Programmquelle zur Erzeugung von Signalen (Bild und Ton),
- Kabeleinrichtungen oder Richtfunkstrecken für die Zuleitung der Signale zur Erdfunkstelle,
- Sendeerdfunkstelle mit aufwendigen Parabolspiegelantennen (bis 30 m Durchmesser), die die Signale in gebündelter Form als Radiowellen zum Satelliten überträgt,
- geostationärer Satellit im Orbit, der die Signale mit einer Antenne empfängt und im sog. Transponder verstärkt, in andere Frequenzen umsetzt und zur Erde zu-

---

1) Vgl. Morgenstern (1984), S. 28 f.; Bauer et al. (1986a), 3.1.1, S. 1 ff.
2) Vgl. Ackermann (1984), S. 68.

rücksendet,

- Empfangserdfunkstelle, die wiederum mit Parabolantennen, deren Größe in Abhängigkeit technischer Parameter variiert (vgl. 2.1.1.2), die Funkwellen des Satelliten empfängt und aufbereitet.

2.1.1.2 Technische Parameter von Satellitensystemen

Die Nutzungsmöglichkeiten von Satellitensystemen ergeben sich im wesentlichen aus den folgenden Parametern.
Mit der sog. Leistungsflußdichte der Empfangssignale wird die Sendeleistung des Satelliten ausgedrückt, die ihrerseits den technischen Aufwand determiniert, der für den Empfang der Signale durch die Erdfunkstelle notwendig ist. Die Strahlungsleistung steht dabei in umgekehrt proportionalem Verhältnis zur Reflektorengröße der Parabolantennen auf der Empfangsseite.
Aus der Strahlungsleistung ergibt sich die gängige Unterscheidung der Satellitensysteme in

- Fernmeldesatelliten (auch: Verteilsatelliten)
- Rundfunksatelliten (auch: Direktfunksatelliten)
- Vielzwecksatelliten (auch: Hybride Satelliten, Medium-Power-Satelliten).[1]

Die Orbitposition[2] sowie die Dimensionierung und Ausrichtung des Empfangs-Equipments der Erdfunkstelle bestimmen die Versorgungskontur (Ausleuchtzone) des Satelliten auf der Erdoberfläche.[3]
Aufgrund der Limitierung der Positionen im Orbit werden diese jeweils von mehreren Ländern gleichzeitig genutzt. Aus der Aufteilung des für den Satellitenrundfunkdienst vorgesehenen Frequenzbereiches resultieren wiederum verschiedene Kanäle. Im Frequenzzuteilungsplan der weltwei-

1) Vgl. Müller-Römer (1985a), S. 539 ff.; Thiele (1984), S. 729 ff.; Bauer et al. (1986a), 3.1.1, S. 2.
2) Die Orbitposition bezeichnet eine geostationäre Sollposition als Lage des Satelliten über dem Äquator.
3) Es handelt sich wegen der Form der Parabolsendeantennen um ellipsenförmige Flächen.

ten Funkverwaltungskonferenz für den Satellitenrundfunk (Genf 1977) wurden 40 Kanäle pro Orbitposition eingeteilt, wobei jedem Land 5 Kanäle zugesprochen wurden. Die Nutzung der Kanäle ist den Ländern freigestellt. So ist die Kanalbelegung mit einem Fernsehprogramm bzw. mit maximal 16 digitalisierten Hörfunkprogrammen möglich.
Um Nachbarkanalstörungen verschiedener Satellitenkanäle zu verhindern, haben die Sendesignale unterschiedliche Polarisationsrichtungen.[1)]

2.1.1.3 Fernmeldesatelliten

Fernmeldesatelliten werden zur Verbreitung von Nachrichten und Rundfunkprogrammen von einer Stelle zu mehreren anderen Empfangsstellen eingesetzt.
Der Frequenzbereich dieser Satelliten ist den festen Funkdiensten zugeteilt, von daher dürfen auf diesem Wege übermittelte Programme nicht von der Allgemeinheit empfangen werden. Die Verteilung erfolgt - mit rundfunkrechtlicher Zustimmung der Bundesländer - über die Kabelnetze der Bundespost (vgl. 2.1.2). Dies bedeutet, daß nur jene Rundfunkteilnehmer, die an eine Kabelanlage angeschlossen sind, die über Fernmeldesatelliten verbreiteten Programme empfangen können.[2)]
Die Bundespost kann jedoch "auf Antrag in den Bereichen, in denen die Heranführung der Satellitensignale über ein örtliches, öffentliches Breitbandnetz in angemessener Zeit nicht möglich ist, eine Genehmigung zum Errichten und Betreiben einer (privaten, Anm. d. Verf.) Fernmelde-(Verteil)-Satellitenempfangseinrichtung unter Auflagen erteilen."[3)]

Fernmeldesatelliten sind charakterisiert durch eine im

---

1) Vgl. Bauer et al. (1986a), 3.1.1, S. 2 f., 3.1.2, S. 7 f.
2) Vgl. Müller-Römer (1985a), S. 539; Weinlein (1985), S. 29 f.
3) Deutsche Bundespost (1985), S. 1171.

Vergleich zu Rundfunksatelliten größere Kanalkapazität. Sie operieren ferner mit schwachen Sendeleistungen (20-30 Watt je Kanal), insofern ist eine aufwendige Technik beim Empfang in der Erdfunkstelle notwendig (Parabolantennen von mindestens 3-30 m Durchmesser).[1)]
Im Hinblick auf Betreiber und Ausstrahlungsbereich von Verteilsatelliten ist zu unterscheiden zwischen internationalen Systemen wie Intelsat, an dem ca. 100 Staaten beteiligt sind, regionalen Projekten wie dem 5 Satelliten umfassenden europäischen ECS-System und nationalen Fernmeldesatelliten wie dem deutschen Kopernikus.
Für den Satellitenempfang von Fernsehprogrammen sind insbesondere das ECS- und das Intelsat-System relevant.[2)]

2.1.1.4 Rundfunksatelliten

Rundfunksatelliten senden mit einer wesentlich stärkeren Leistung als Fernmeldesatelliten (z.B. 230 Watt beim deutschen TV-SAT). Die hohe Sendeleistung ermöglicht einen direkten Individualempfang mit kleinen Parabolantennen (50-60 cm Durchmesser). Mit diesem Antennenaufwand ist der störungsfreie Empfang innerhalb der Versorgungsgebiete verschiedener Satelliten möglich, die in der bereits angesprochenen Funkverwaltungskonferenz 1977 den einzelnen Ländern zugeordnet wurden.[3)]
Aufgrund von Leistungsreserven, die die Übertragungssicherheit auch bei ungünstigen Bedingungen garantieren, entstehen jedoch Überstrahlungen (technisch bedingte Spill-Over-Effekte), wodurch der Empfang ausländischer Satellitensignale möglich wird.[4)] Mit leistungsstärkeren Empfangsanlagen sowie ggf. zusätzlich ausgleichender Technik für differierende Polarisation oder Fernsehnorm

---

1) Vgl. Müller-Römer (1985c), S. 62 ff.; Messerschmidt (1985), S. 13 ff.
2) Vgl. Morgenstern (1984), S. 30 sowie Anhang 1 zu den Ausleuchtzonen des ECS und des Intelsat.
3) Vgl. Müller-Römer (1985b), S. 2; Bauer et al. (1986a), 3.9.3, S. 2 f.
4) Vgl. Bauer et al. (1986a), 3.1.2, S. 6.

ist die Anzahl der empfangbaren ausländischen Programme über die beschriebenen Overspills hinaus erheblich steigerbar.[1] Die Ausleuchtzonen des TV-SAT und des französischen TDF-1 in Abhängigkeit vom erforderlichen Parabolspiegel-Durchmesser zeigt Anhang 2.
Anfang der 90er Jahre werden planare (flache) Antennen auf dem Markt erwartet, die elektronisch auf verschiedene Satelliten ausgerichtet werden können.[2]

In Zusammenhang mit dem Einsatz direktstrahlender Satelliten spielt das neue Übertragungsverfahren D-2-MAC eine Rolle: Abgesehen von einer signifikanten Verbesserung der Ton- und Bildqualität, vergleichbar mit dem in Japan entwickelten hochauflösenden Fernsehen (High-Definition-TV), kann der erforderliche Durchmesser der Empfangsantenne gegenüber den gegenwärtigen Fernsehnormen (PAL, SECAM) um ca. 30 % reduziert werden. Darüber hinaus bietet D-2-MAC im Hinblick auf ein grenzüberschreitendes Satellitenfernsehen die Perspektive einer europaweit einheitlichen Übertragungsnorm.[3]

Neben TV-SAT und TDF-1 sind weitere Beispiele für direktstrahlende Satelliten der britische UNISAT, der skandinavische TELE-X und der italienische Olympus.[4]
Der Start des TV-SAT, zunächst für April 1985 vorgesehen, verzögerte sich vor allem aufgrund zweier Fehlstarts der Trägerrakete Ariane auf voraussichtlich Sommer 1987. Nach einer mehrmonatigen Einmeßphase ist die Programmaussendung somit ab Spätherbst 1987 möglich (operationelle Phase). Nach dem Start des Reservesatelliten (TV-SAT 2) frühestens Anfang 1990 steht ein zuverlässiges System zur Verfügung.[5]

---

1) Vgl. Thiele (1984), S. 730 f.
2) Vgl. Weinlein (1985), S. 32.
3) Vgl. Messerschmidt (1985), S. 11 ff.; Lahann (1985), S. 5 ff.; Ziemer (1985), S. 556 f.
4) Vgl. Bauer et al. (1986a), 3.4.2, S. 3 ff.; Roessler (1985), S. 549.
5) Vgl. Müller-Römer (1985b), S. 2 f.; Bauer et al. (1986a), 3.2.2, S. 1.

2.1.1.5 Vielzwecksatelliten (Medium-Power-Satelliten)

Vielzwecksatelliten werden als Satellitentypen der zweiten Generation bezeichnet. Sie verfügen über eine hohe Anzahl von Transpondern unterschiedlicher Leistungsfähigkeit und können damit für verschiedene Nutzungszwecke eingesetzt werden.[1] Für die Ausstrahlung von Rundfunksignalen werden starke Transponder genutzt, während z.B. für Fernmeldedienste mit schwächerer Leistung operiert werden kann.

Die im Vergleich zum direktstrahlenden Satelliten verringerte Sendeleistung ermöglicht die Unterbringung einer Vielzahl von Sendekanälen. Während ein Rundfunksatellit maximal 5 Programme bereitstellt, sind beim Satelliten mittlerer Sendeleistung aufgrund verbesserter Technik bei den Sendeantennen mit geringem Antennenmehraufwand (ca. 85 cm) bis zu 16 Programme in fast ganz Europa zu empfangen.

Es findet somit mit dem Medium-Power-Satelliten im Hinblick auf die Sendeleistung und die Empfangsausstattung eine Annäherung zwischen Fernmelde- und Rundfunksatellit statt. Hinzu kommt, daß durch die hohe Kanalanzahl auf diesem Satellitentypen erheblich geringere Betriebskosten pro Kanal als beim Rundfunksatelliten (25-28 Mio. DM Kanalmiete pro Jahr) anfallen werden.[2]

Die luxemburgischen Projekte Coronet[3] und ASTRA[4] sind Beispiele für Medium-Power-Satelliten. Die Bundesrepublik und Frankreich entwickeln seit Mitte 1984 ein Satellitensystem mittlerer Sendeleistung, ebenso wie die von den europäischen Fernmeldeverwaltungen getragene Organisation Eutelsat.

Der Satellit ASTRA soll als erster Medium-Power-Satellit im Mai 1987 gestartet werden.

---

1) Vgl. Kabel/Strätling (1984), S. 13 f.
2) Vgl. Müller-Römer (1986), S. 54; o.V. (1985t), S. 46; Messerschmidt (1985), S. 15 f.
3) Vgl. o.V. (1984b), S. 42 ff.
4) Vgl. Société Européenne des Satellites (1986); Hirsch (1986), S. 34 ff.

2.1.2 Programmverbreitung über Kabelnetze

2.1.2.1 Breitbandkabelnetze der Bundespost

Die wichtigsten Systemelemente des Kabelnetzes sind die Rundfunkempfangsstelle, die Verstärkerstelle und das eigentliche Verteilnetz. Hinzu kommen spezielle Verbindungsleitungen für die Verknüpfung größerer Netze untereinander und für die Heranführung von Programmen über Satellit bzw. Richtfunkstrecken.
An sog. Übergabepunkten endet das Kabelnetz der Bundespost; die privaten Breitbandanlagen (Hausinstallation) beginnen.

Nach dem Empfang der terrestrisch ausgestrahlten Programme in der Rundfunkempfangsstelle und der Verstärkung der Signale erfolgt die Verteilung - von einem zentralen Punkt ausgehend - zu den Teilnehmern.[1] Es handelt sich somit um ein Verteilnetz in Baumstruktur, das aufgrund seiner Auslegung nur für die drahtgebundene Verbreitung von Rundfunkprogrammen geeignet ist.[2]
Im Gegensatz zur schmalbandigen Telekommunikation (Telefon) mit einer Bandbreite bis zu 8000 Hertz ist für die kabelgebundene Übertragung von Fernsehbildern eine Bandbreite von mindestens 3 Mio. Hertz und somit ein Breitbandkabel erforderlich. Die Nutzung dieses Frequenzbereiches ermöglicht theoretisch die Übertragung von 35 Fernsehprogrammen.[3]

Der Aufbau des Kabelnetzes durch die Bundespost erfolgt unter Einsatz der konventionellen Kupferkoaxialtechnologie, die auf dem Prinzip elektromagnetischer Analogüber-

---

1) Vgl. Bauer et al. (1986a), 4.3.2, S. 1 ff.
2) Für Dienste im Rahmen der Individualkommunikation wie Telefon, BTX oder Fernschreiber sind Vermittlungsnetze in Sternstruktur erforderlich, die die individuelle Verbindung der Teilnehmer ermöglichen (vgl. Schulze (1984), S. 45 f.).
3) Vgl. Bauer et al. (1986a), 4.3.2, S. 2; Süverkrübbe/ Dinsel (1983), S. 546 f.

tragung über ein kreisförmiges Kupferkabel basiert. Glasfaserkabel (Lichtwellenleiter), die die Signale auf optischem Wege in digitalisierter Form übertragen, sind sowohl im Hinblick auf die fast unbeschränkte Verfügbarkeit des benötigten Rohstoffs (ausgeglühter Quarzsand) als auch wegen der erhöhten Übertragungskapazität sowie erheblich vereinfachter und preiswerter Verlegetechnik die zukunftsweisende Technologie.

Aufgrund des momentanen technischen Reifegrades und aus wirtschaftlichen Gründen kommt die Anwendung des Glasfaserkabels derzeit jedoch nicht in Frage.[1)2)]

Im Rahmen der künftigen Entwicklung der netzgebundenen Telekommunikation erfahren schmalbandige und breitbandige Kommunikation einerseits, Individual- und Verteilkommunikation andererseits eine stufenweise Integration: Mit Hilfe der Glasfasertechnologie erfolgt die Zusammenfassung gegenwärtig getrennt funktionierender schmalbandiger Individualkommunikationsnetze in einem einzigen Digitalnetz in Sternstruktur (Integrated Services Digital Network = ISDN; vorauss. 1988).[3)]

In einem weiteren Schritt wird ein breitbandiges ISDN als Dialognetz für Individualkommunikation implementiert (Bildtelefon, Videokonferenzen). Schließlich könnte ein solches integriertes Breitbandnetz zusätzlich für die Übermittlung von Rundfunkprogrammen und damit für Verteilkommunikation genutzt werden (Ende der 90er Jahre).

Im Zuge der beschriebenen Entwicklung wird die Deutsche Bundespost beim Ausbau der Fernmeldeinfrastruktur Koaxialkabelnetze durch Glasfasernetze zu sog. Overlaynetzen ergänzen, die ab etwa 1990 die Basis für das Breitbandige Dienstintegrierte Digitale Netz bilden.[4)]

---

1) Vgl. Hünseler (1985), S. 62; Schulz (1984), S. 42 f.; Bauer et al. (1986a), 4.3.2, S. 2.
2) Die in der Vergangenheit häufig kontrovers geführte Diskussion um Kupfer- bzw. Glasfaserverkabelung als alternative Strategien ist vor dem beschriebenen Hintergrund somit gegenstandslos.
3) Vgl. Thielmann (1985), S. 2 ff.
4) Vgl. Kanzow (1985), S. 1 ff.

2.1.2.2 Teilnehmeranschluß

Bei der Errichtung der in den privaten Zuständigkeitsbereich fallenden Hausinstallation des Kabelanschlusses durch das Handwerk gibt es verschiedene technische Möglichkeiten.[1]
So kann die Dachantenne demontiert werden und das vorhandene Antennennetz (Hausleitungsnetz) mit einer neuen Leitungsverbindung an den Übergabepunkt, meist im Keller des Hauses, angeschlossen werden. Bei Neubauten ist die Installation eines speziellen Hausleitungssystems möglich, quasi als "private Breitbandanlage". Dies kann in Baum- oder Sternstruktur geschehen, wobei letztere vor allem unter dem Aspekt der potentiellen Nutzung künftiger individueller und interaktiver Dienste empfohlen wird.

In die Kabelanlagen eingespeist und verbreitet werden zunächst die sog. ortsmöglich empfangbaren, d.h. drahtlos über terrestrische Sender ausgestrahlten Rundfunkprogramme. Hinzu kommen die am Ort nicht empfangbaren Programme, die über Fernmeldesatellit und Richtfunk zugeführt werden. Die Programme des direktstrahlenden Satelliten werden ebenfalls in den Kabelanlagen verteilt werden (vgl. 2.4). Voraussetzung für die Verteilung von Satellitenprogrammen über das Kabel ist der Anschluß des jeweiligen Kabelnetzes an eine Satellitenempfangsanlage der Post.[2]
Da ein Teil der Programme in den Kanälen des unteren und oberen Sonderbereiches des Frequenzspektrums angesiedelt ist[3], ist für den Empfang des gesamten Programmangebotes die <u>Sonderkanaltauglichkeit</u> des Fernsehgerätes Voraussetzung. Seit 1981 werden die angebotenen Geräte dieser Anforderung gerecht. Die Belegung benachbarter Frequenz-

---

1) Vgl. Bauer et al. (1986a), 4.3.3, S. 1 ff.; Bundesministerium für das Post- und Fernmeldewesen, Referat für Öffentlichkeitsarbeit (1984), S. 14 f.
2) Vgl. Bauer et al. (1986a), 4.3.2, S. 14 f.; 3.4.3, S. 13.
3) Vgl. zur Vorstellung der Bundespost über die Kanalbelegung der Breitbandkabelnetze Anhang 3.

kanäle mit Programmen bedingt gleichfalls eingeschränkte Empfangsvoraussetzungen für ältere Fernsehgeräte. So sind die vor 1981 hergestellten Fernsehempfänger nicht für den Nachbarkanalbetrieb angelegt.[1)]
Ende 1985 verfügten ca. 45% der Kabelhaushalte in der Bundesrepublik über die vollständigen Empfangsvoraussetzungen.[2)]

Eine weitere technische Ausstattung des Teilnehmeranschlusses wird durch die Gebührenabrechnung für die Programmzulieferung notwendig. So ist in der Fernmeldeordnung eine Wahlmöglichkeit des Kabelteilnehmers festgelegt, und zwar zwischen der Regelleistung (ortsmöglich empfangbare und besonders herangeführte Programme) und der Teilleistung (besonders herangeführte Programme, unter Beibehaltung der vorhandenen Dachantenne).[3)] Für die beschriebene Zwei-Paket-Lösung ist die Installation eines Filters und das Verlegen separater Anschlußleitungen erforderlich; zudem ergeben sich Abstimmungserfordernisse mit Nachbarn und Hausbesitzern.
Alternativ zu dieser Regelung arbeitet die Deutsche Bundespost an der Entwicklung eines fernsteuer- und adressierbaren Teilnehmersystems (FATS), das jedoch erhebliche Finanzierungsprobleme birgt.[4)]

2.1.2.3 Derzeitiger und künftiger Netzausbau

Ab Mitte 1984 gewannen medienökonomische gegenüber medienpolitischen Überlegungen beim Ausbau der Kabelnetze

---

1) Sonderkanal- bzw. Nachbarkanaluntauglichkeit eines Gerätes können durch einen zusätzlichen Konverter überwunden werden.
2) Vgl. Bauer et al. (1986a), 4.3.3, S. 9; Müller-Römer (1985a), S. 540 f.
3) Vgl. Bauer et al. (1986a), 4.3.2, S. 11 f.; 4.3.3, S. 7 ff.
4) Vgl. Falke (1984), S. 193 f.; Bauer et al. (1986a), 4.3.3, S. 9.

zunehmend an Bedeutung.[1]
So rückte die Bundespost von der zunächst angestrebten flächendeckenden Verkabelung der Bundesrepublik ab und verfolgt seitdem die Schaffung von Inselnetzen, die im Zuge der Entwicklung zu größeren Flächen zusammengeschlossen werden sollen. Stufenweise wird der Ausbau der Netze von dicht bebauten Gebieten in locker bebaute Gebiete ausgedehnt werden. Die Verkabelung dünn besiedelter, ländlicher Gebiete ist aus Rentabilitätsgründen (s.u.) nicht mehr vorgesehen.[2] Die Programmversorgung in diesen Gebieten, die ca 40 % der Fläche der Bundesrepublik mit ca. 20 % der Bevölkerung ausmachen, soll künftig durch den Einsatz von Rundfunksatelliten realisiert werden.
Wurden Rundfunksatellit und Breitbandkabel früher häufig als alternative Technologien diskutiert, so ist heute bei Politikern, Rundfunkanstalten und Bundespost der komplementäre Einsatz unstrittig. So ist vor allem zur Vermeidung eines Stadt-/Landgefälles bzw. im Sinne eines chancengleichen Zugangs aller Bürger zur Massenkommunikation die Implementierung einer derartigen integrierten Rundfunkversorgung unumgänglich.[3]
Abbildung 2 veranschaulicht das Prinzip eines kombinierten Einsatzes terrestrischer sowie kabel- und satellitengebundener Rundfunkversorgung.

Ausschlaggebend für die grundlegende Änderung der Verkabelungsstrategie war vor allem ein Gutachten des Bundesrechnungshofes (Juni 1984)[4], das in wesentlichen Eckdaten zur Ermittlung der Rentabilität bzw. Amortisationsdauer der Kabelnetze von den Annahmen der Bundespost abrückte. So wurden insbesondere bei den Größen, die Grundlage für die Gebührenkalkulation sind (Erstinvestitionen und jährliche Betriebskosten pro Übergabepunkt),

---

1) Vgl. Schrape/Witte (1985), S. 333 f.
2) Vgl. Bauer et al. (1986a), 4.3.4, S. 1 ff.; Weder (1985), S. 175 ff.
3) Vgl. Müller-Römer (1984), S. 50 ff.; Lahann (1985), S. 5.
4) Vgl. Bundesrechnungshof (1984).

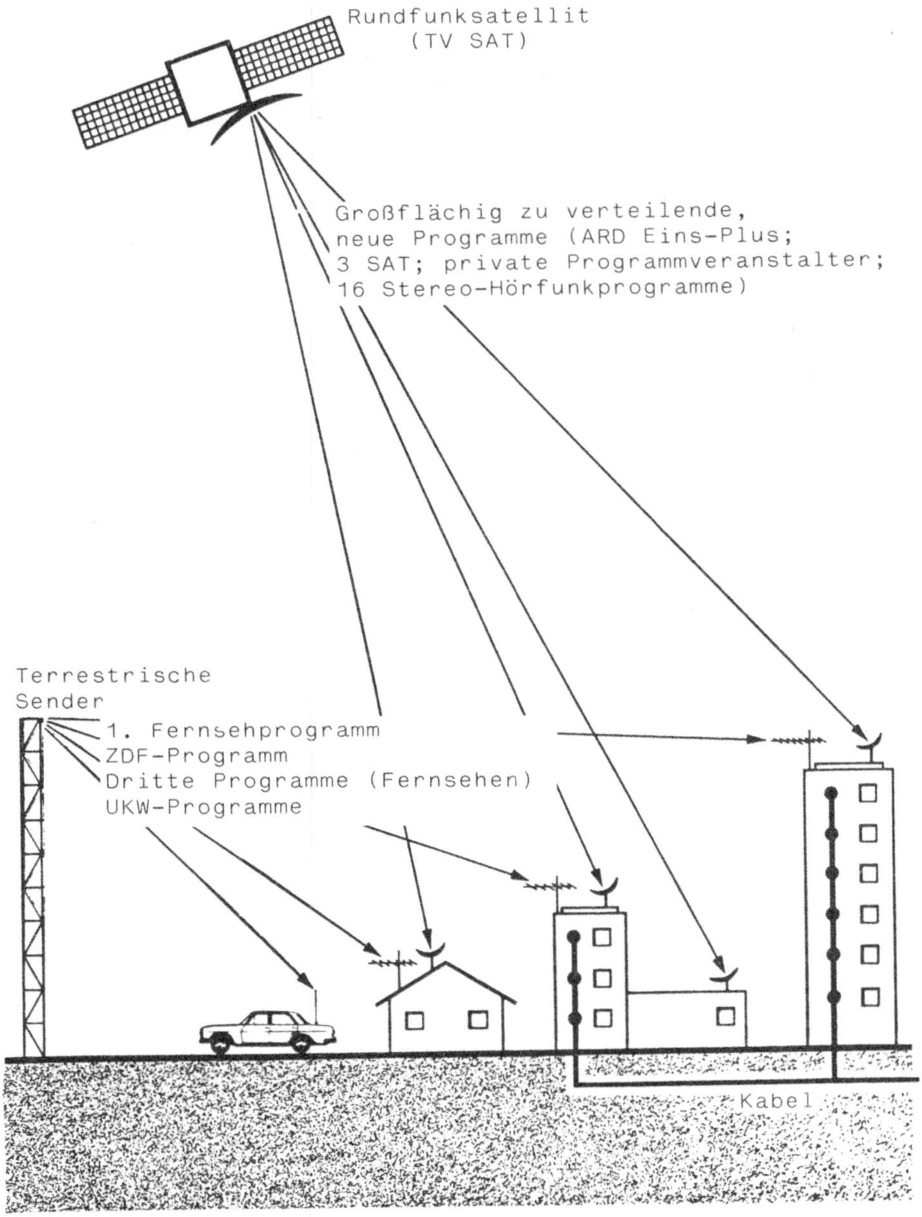

Abb. 2: Künftige integrierte Rundfunkversorgung
Quelle: Bauer et al. (1986a), 3.6.1/5.

z.T. erhebliche Abweichungen ermittelt. Der BRH kam zu dem Schluß, daß bei den von der Post zur damaligen Zeit festgesetzten Gebühren eine Amortisation der beabsichtigten Investitionen innerhalb der Nutzungsdauer nicht zu erwarten war. Auch im Hinblick auf die Anschlußdichte fielen die Prognosen des Rechnungshofes weit weniger optimistisch als die der Bundespost aus.[1)]

WITTE stützt in einer Studie weitgehend die Ausführungen des BRH. Darüber hinaus definiert er mit 7,3 Mio. anschließbaren und 4,4 Mio. effektiv an die Kabelinfrastruktur angeschlossenen Haushalten die Eintrittsschwelle in den Medienmarkt, der zu neuen Programmen und zu verstärkter Nachfrage nach Kabelanschlüssen führt.[2)]

Aufbauend auf den Ergebnissen dieser Gutachten gibt die Deutsche Bundespost Anfang 1985 die Sicherstellung der Rentabilität in einem mittelfristigen Zeitraum sowie das schnelle Erreichen der von WITTE geforderten Anschlußdichte als vorrangige Zielsetzungen an.
Nach posteigenen Prognosen wird die Größenordnung von 4 Mio. tatsächlich an das Kabelnetz angeschlossenen Haushalten 1987 erreicht sein. Abbildung 3 zeigt Stand und Entwicklung der Kabelnetze bis 1987 (veröffentlicht Mitte 1986), in Abbildung 4 ist der Zeitraum von 1981 bis 1986 grafisch dargestellt.[3)]
Nach neueren Angaben der Bundespost waren Ende 1986 6,8 Mio. Haushalte anschließbar, effektiv angeschlossen 2,3 Mio. Haushalte; die Projektion für Ende 1988 beläuft sich auf 10,9 Mio. anschließbare Haushalte.[4)]

Mit dem Ziel, einen zügigen Ausbau der Kabelnetze zu realisieren, sieht die Bundespost seit Anfang 1983 die Beteiligung privater Unternehmen an der Errichtung und am

1) Vgl. Weder (1984), S. 451 ff.
2) Vgl. Witte (1984), S. 10 ff.
3) Vgl. auch Anhang 4: Breitbandverteilnetze in der Bundesrepublik.
4) Vgl. o.V. (1987l), S. 4.

Jahresende	anschließbare Wohneinheiten in Mio.	anschließbare Wohneinheiten in % aller Haushalte[1)]	tatsächlich angeschlossene Wohneinheiten in Mio.	tatsächlich angeschlossene Wohneinheiten in % aller Haushalte
1982[2)]	0,639	2	0,3	1
1983[3)]	1,773	7	0,605	2
1984[3)]	2,896	11	1,018	4
1985[3)]	4,710	18	1,535	6
1986	6,4-6,9	26-28	2,3-2,7	9-10
1987	7,9-8,6	31-33	3,3-4,0	13-16

1) Gesamthaushalte einschl. Berlin (West) ca. 25,7 Millionen; davon ca. 22,5 Millionen Fernsehhaushalte.

2) Hochgerechnete Daten; alle Auswertungen früherer Jahre bezogen sich auf Übergabepunkte.

3) Bestandsdaten

Abb. 3: Stand und Entwicklung der Kabelnetze
Quelle: Deutsche Bundespost, 15.7.1986

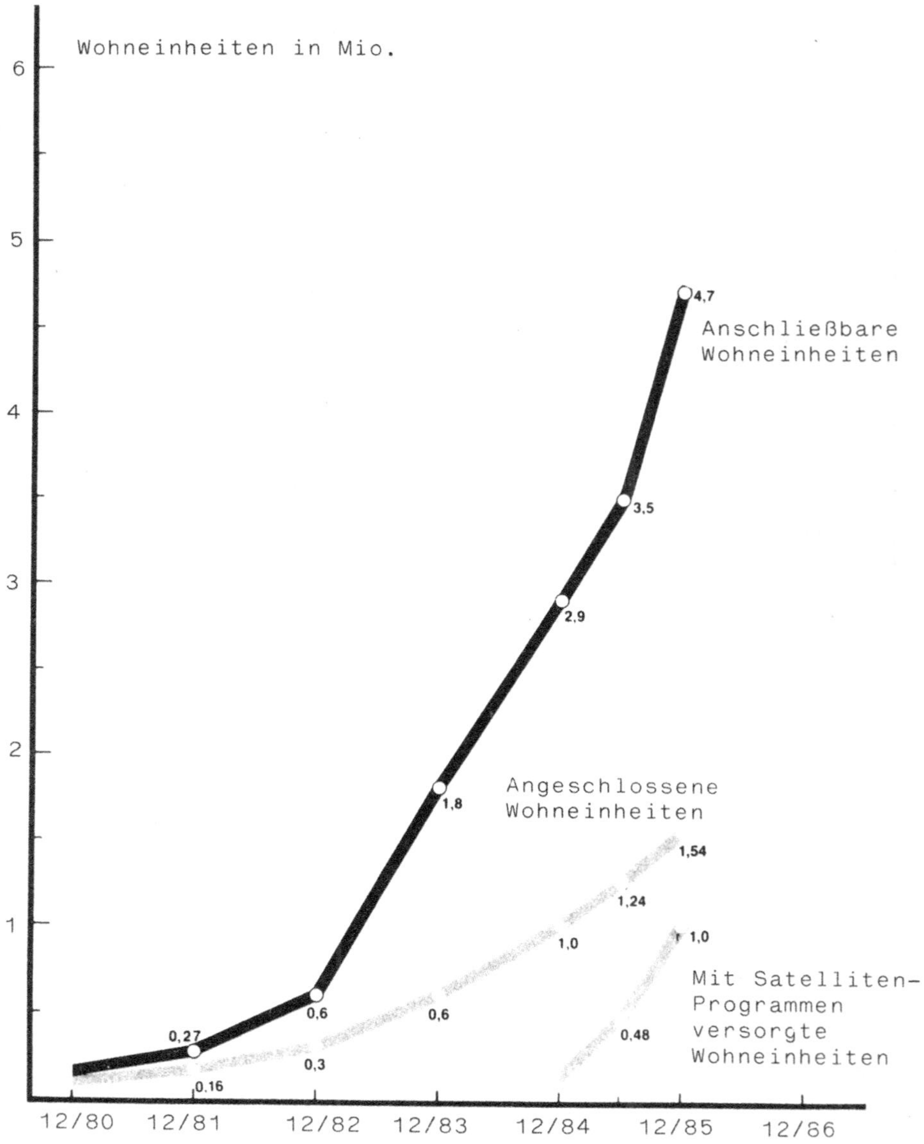

Abb. 4: Verlauf der Entwicklung der Kabelanschlüsse
Quelle: Deutsche Bundespost, Dezember 1985

Betrieb von Kabelnetzen vor.
In den Kooperationsmodellen A, B1 und B2 überträgt die Post Fernmelderechte auf Private. Danach übernehmen private Unternehmen in einer geschlossenen Ortschaft oder Stadt die Planung, die Errichtung, den Betrieb und die Vermarktung bzw. nur die Vermarktung der Verkabelung.
Es soll durch die Kooperation mit Privatfirmen das finanzielle Risiko der Verkabelung verteilt und vor allem eine gezielte Vermarktungsstrategie der Kabelanschlüsse verfolgt werden.[1)] Es sollen damit - unterstützt durch erhöhte Werbeetats der Bundespost[2)] - häufig kritisierte Defizite behoben werden. So wurde der Kabelanschluß vorrangig als ein technisches Gerät propagiert, der Nutzen eines erweiterten Programmangebotes hingegen kaum verdeutlicht. Diese Tatsache erklärt sich weitgehend aus der in der Bundesrepublik etablierten Trennung von Netzträgerschaft (Post) und Programmträgerschaft (Rundfunkveranstalter).[3)]

Spezialisierte Operatingfirmen führen nun im Sinne der Kooperationsmodelle die Vermarktung der Kabelanschlüsse durch. Diese betrifft vor allem die Kundenakquisition, bei der im Schwerpunkt Mittel der Direktwerbung wie Direct Mailings und persönliche Akquisition eingesetzt werden. Nach Installation des Kabelanschlusses werden weitere Leistungen angeboten bzw. übernommen, so z.B. die Einrichtung von Empfangsanlagen, Wartung, Verkauf oder Vermietung von Zusatzgeräten, Teilnehmerverwaltung und Inkasso.[4)]
Die Rentabilität des privaten Kabelmarketings muß zurückhaltend beurteilt werden; die geringe Zahl bisher zustande gekommener Kooperationsverträge mag dafür ein Indiz sein.[5)]

---

1) Vgl. Bauer et al. (1986a), 4.3.4, S. 5 ff.
2) Vgl. o.V. (1986bp), S. 1, S. 16; o.V. (1986br), S. 4.
3) Vgl. Lenhardt (1984), S. 182 f.
4) Vgl. Pitzer (1985b), S. 94 f.; o.V. (1985b), S. 50.
5) Vgl. Bauer et al. (1986a), 4.3.4, S. 7.

2.1.3 Terrestrisches Sendeverfahren

Frequenzen für das traditionelle Sendeverfahren, d.h. für die terrestrische Verbreitung von Fernsehprogrammen, stehen nur begrenzt zur Verfügung. In der Bundesrepublik ist der nach dem internationalen Rundfunkabkommen in Stockholm 1961 für die Ausstrahlung von Fernsehsignalen festgelegte Frequenzbereich zusätzlich eingeschränkt, z.B. durch TV-Netze der Stationierungskräfte und Astronomiefunkdienste. Von den 61 Fernsehkanälen können in der Bundesrepublik nur 38 genutzt werden.[1)]
Bei der Fernsehnetzplanung werden diese Kanäle wie ein Rautennetz über das Versorgungsgebiet gelegt, wobei die Eckpunkte mögliche Senderstandorte darstellen. Es sind bei der Planung drei technische Parameter zu beachten, die ihrerseits den Versorgungsradius eines Senders determinieren: die Wellenausbreitung, die u.a. von Topographie und Wetter abhängt, die Mindestfeldstärke, die für eine ausreichende Empfangsqualität notwendig ist und der Schutzabstand zu den Nachbarsendern, der gegenseitige Störungen ausschließt.[2)]
In der Bundesrepublik sind für die öffentlich-rechtlichen Programme 400 Grundnetzsender hoher Leistung sowie rund 5000 Füllsender für geografisch bedingte Versorgungslücken vorgesehen, mit denen insgesamt 99% der Bevölkerung erreicht werden.
Das terrestrische Frequenzspektrum für das Fernsehen galt damit als ausgeschöpft.[3)]

Auf Anregung einiger unionsregierter Länder beauftragte das Bundespostministerium im Februar und Juli 1985 die Oberpostdirektionen, Möglichkeiten für die terrestrische Verbreitung regionaler und lokaler Fernsehprogramme zu untersuchen. Es wurde damit ein Thema wieder aufgegrif-

---

1) Vgl. Barsig/Frederking (1986), S. 47; o.V. (1985v), S. 48.
2) Vgl. o.V. (1985v), S. 48.
3) Vgl. Bauer et al. (1986a), 2.9.4, S. 1 ff.; o.V. (1985v), S. 48.

fen, das Ende der 70er Jahre schon einmal mit dem Hinweis auf amerikanische Fernsehsysteme Gegenstand von Anfragen an die Bundespost war, denen damals jedoch ein abschlägiger Bescheid erteilt wurde.[1)]
Die erneute Suche nach terrestrischen Frequenzen hatte einen medienpolitischen Hintergrund: So gerieten insbesondere in den Kabelpilotprojekten Ludwigshafen und München private Anbieter lokaler Programme in finanzielle Schwierigkeiten; einige Veranstalter mußten den Sendebetrieb einstellen. Die Ursachen lagen in zu geringen Reichweiten und Werbeeinnahmen durch mangelnde Dichte der Verkabelung.[2)]
Auf terrestrischem Wege kann nun in begrenzten Versorgungsgebieten lokales Fernsehen ausgestrahlt werden, das grundsätzlich mit herkömmlichem Antennenaufwand und jedem Fernsehgerät empfangbar ist. Die Erdfrequenzen sind damit als Ergänzung zur Kabelinfrastruktur geeignet, "Starthilfe für die privaten Anbieter"[3)] zu leisten (vgl. auch 2.4).

Es wurden auf Anweisung der Bundespost zunächst lokale Frequenzen in Städten mit mehr als 100.000 Einwohnern gesucht; auf Wunsch einiger Bundesländer wurden später auch Städte unter dieser Einwohnergrenze in die Überprüfung einbezogen.
Die Messungen führten in 65 bundesdeutschen Städten zum Erfolg, in 53 dieser Städte wurde gar eine zweite terrestrische Frequenz ermittelt.[4)]
Die Frequenzen sind lediglich für lokale Sendestationen mit geringer Leistung und Reichweite nutzbar. Versorgt werden kann die jeweilige Stadt und ihre nähere Umgebung in einem Umkreis von maximal 10-20 Kilometern.[5)] Eine Erweiterung des Versorgungsradius ist von daher denkbar, daß einzelne lokale Netze mittels Richtfunkstrecken mit-

---

1) Vgl. Barsig/Frederking (1986), S. 47.
2) Vgl. Pitzer (1985a), S. 46 ff.; Steff-Wolfsjäger (1986), S. 164 ff.
3) o.V. (1985w), S. 49; Sturm (1986b), S. 16 f.
4) Vgl. o.V. (1987m), S. 7.
5) Vgl. o.V. (1985w), S. 49.

einander verbunden werden, was jedoch hohe Kosten verursachen würde.[1]

Bevor eine Inbetriebnahme terrestrischer Frequenzen möglich ist, muß eine Koordinierung mit anderen, bereits ausgestrahlten Programmen stattfinden. Im Bundesgebiet ist davon in erster Linie die ARD betroffen, die ihr erstes Programm über eigene Sender verbreitet, während die dritten Programme und das ZDF über Sender der Post ausgestrahlt werden und damit keine Abstimmungserfordernisse gegeben sind. Im Hinblick auf das benachbarte Ausland muß darüber hinaus vor allem eine Koordinierung mit der CSSR und der DDR erfolgen.[2]
In München wird seit Herbst 1986 lokales Fernsehen terrestrisch ausgestrahlt, in allen anderen Fällen ist frühestens im Laufe des Jahres 1987 mit einer Aufnahme des Sendebetriebes zu rechnen.[3]

Abbildung 5 beinhaltet eine Übersicht bisher ermittelter lokaler Sendemöglichkeiten, den Stand der Koordinierung, die voraussichtlich erreichbare Einwohnerzahl sowie den Zeitbedarf für die Inbetriebnahme des Senders.

2.2 Politische und rechtliche Rahmenbedingungen

Die Entwicklung privater Fernsehprogramme vollzieht sich unter vielfältigen Einflüssen politischer und rechtlicher Natur.
Neuartige Regelungsprobleme treten sowohl mit der privatwirtschaftlichen Konstituierung des Rundfunks als auch - insbesondere beim grenzüberschreitenden Satellitenfernsehen - durch neue Technologien auf. Die zeitgleiche Einführung beider Innovationen in der Bundesrepublik erklärt

1) Vgl. Steff-Wolfsjäger (1986), S. 168; Barsig/Frederking (1986), S. 50.
2) Vgl. Barsig/Frederking (1986), S. 49 f.
3) Vgl. o.V. (1986av), S. 7.

Stadt	Einw. (Tsd.)	Stand der Koordinierung (Inland)		voraussichtl. erreichbare Einw. (Tsd.)	Zeitbedarf für Realisierung(1) (Monate)
		eingeleitet	abgeschlossen		
München	1.277		x	1.000	
Ingolstadt	91	x		100	12
Augsburg	246			330	12
Kempten	57		x	50	18
Kaufbeuren/ Marktoberdorf	42		x	70	18
Rosenheim	52		x	100	18
Schweinfurt	52		x	68	18
Bamberg	71		x	105	12
Coburg	45		x	48	18
Bayreuth	72		x	83	12
Hof	52		x	33	12
Nürnberg	472		x(2)	760	12
Erlangen	101		x	100	12
Aschaffenburg	60		x	87	12
Würzburg	130			140	12
Ansbach	38		x	50	12
Regensburg	128		x	130	12
Straubing	42		x	50	12
Landshut	58		x	63	12
Passau	52		x	44	12
Weiden	43		x	45	12
Amberg	44		x	40	12
Ulm	99		x	146	18
Freiburg	179		x	130	12
Pforzheim	105		x	105	12
Bremen	536			686	12
Bremerhaven	136		x	140	24
Hamburg	1.600			1.400	18
Wiesbaden	269			100	18
Kassel	186	nicht erforderlich		200	12
Oldenburg	139		x	130	12
Braunschweig	255		x	250	12
Göttingen	133		x	116	18
Hannover	518			770	?
Hildesheim	102		x	110	18
Salzgitter	108		x	100	12-18
Wolfsburg			x	120	24
Cuxhaven	57		x	50	12
Bielefeld	304		x(2)	430	12
Paderborn	110		x(2)	120	12
Münster	274		x	270	18
Bottrop	113		x	180	12
Gelsenkirchen	291		x(2)	670	12
Recklinghausen	118		x	210	12
Düsseldorf	571		x(2)	560	24
Duisburg	528		x(2)	520	24
Essen	629			600	24
Krefeld	218		x(2)	520	24

Stadt	Einw. (Tsd.)	Stand der Koordinierung (Inland)		voraussichtl. erreichbare Einw. (Tsd.)	Zeitbedarf für Realisierung(1) (Monate)
		eingeleitet	abgeschlossen		
Mönchengladbach	256		x	200	24
Neuss	145		x	140	24
Mülheim/Ruhr	173		x(2)	170	
Dortmund	585		x(2)	500	18
Hamm	168		x	160	18
Bochum	387		x(2)	360	18
Aachen	241		x(2)	260	12
Berg.Gladbach	101		x(2)	70	36
Bonn	292		x(2)	270	24
Köln	932		x(2)	470	36
Leverkusen	157		x(2)	130	12
Kaiserslautern	99		x	80	12
Mainz	187		x	270	12
Koblenz	112		x	240	12
Saarbrücken	190		x	170	12
Kiel	246		x	320	12
Flensburg	87		x	107	18
Lübeck	213		x	210	18

1) nach Auftragserteilung
2) Standort wird von der DBP als "koordiniert" betrachtet

Abb. 5: Übersicht über die bisher ermittelten lokalen TV-Sendemöglichkeiten in Städten (freie terrestrische TV-Frequenzen)
Quelle: Bundespostministerium, Oktober 1986

das hohe Maß an ideologischer Überfrachtung, mit der die politische Diskussion über die Medienzukunft häufig behaftet war.

Als mögliche Konstitutionsprinzipien privaten Rundfunks wurden im 3. Fernsehurteil des Bundesverfassungsgerichts (1981) ein binnenplurales und ein außenplurales Modell vorgeschlagen.[1)]

Beim binnenpluralen Modell erteilt der Landesgesetzgeber einem privatrechtlichen Rundfunkveranstalter dann eine Lizenz, wenn Meinungsvielfalt in dessen Programmangebot sichergestellt ist. Über eine Aufsichtsinstanz können die maßgeblichen gesellschaftlichen Kräfte - wie beim Rundfunkrat des öffentlich-rechtlichen Systems - Einfluß auf das Programm ausüben.

Im außenpluralen Modell wird die der Rundfunkfreiheit entsprechende Ausgewogenheit und publizistische Vielfalt durch die Breite des Gesamtangebotes realisiert.

Das 4. Fernsehurteil (November 1986)[2)] legt für das duale Rundfunksystem mit dem inzwischen Realität gewordenen Privatfernsehen ein außenplurales Modell fest. Vielfalt und Ausgewogenheit werden dabei vor allem durch den öffentlich-rechtlichen Rundfunk realisiert, der damit "zur unverzichtbaren Voraussetzung des privaten Rundfunks"[3)] wird. Die Reduzierung der binnenpluralen Anforderungen bei privaten Veranstaltern auf einen "Minimalstandard"[4)] geschieht vor dem Hintergrund, daß das Gericht die wirtschaftliche Notwendigkeit massenattraktiver Programme für die aus Werbung finanzierte private Rundfunktätigkeit anerkennt.

---

1) Vgl. Urteil des Bundesverfassungsgerichts vom 16.6. 1981, dokumentiert in: Bauer et al. (1986b), 21.1.3, S. 1-27; ausführlich zum außenpluralen Organisationsmodell Berg (1983), S. 302 ff.

2) Vgl. Urteil des Bundesverfassungsgerichts vom 4.11. 1986, dokumentiert in: Bauer et al. (1986b), 21.1.4, S. 1-59.

3) Berg (1986), S. 802; vgl. auch Sturm (1986a), S. 6 ff.; Grimm (1987), S. 25 ff.

4) Berg (1986), S. 801.

Im Zusammenhang mit der Sicherung der Meinungsvielfalt sind Fragen der Medienverflechtung und -konzentration zu sehen.
Vor dem Hintergrund der Tatsache, daß überwiegend marktbeherrschende Zeitungs- und Zeitschriftenverleger private Sendelizenzen beantragten, warnte die Monopolkommission im sog. 5. Hauptgutachten vor einer Einschränkung der Meinungsvielfalt sowie vor der Bildung bzw. Verstärkung monopolistischer Marktstellungen. Ihren Empfehlungen zufolge sollte Verlegerkonzernen und regionalen marktbeherrschenden Zeitungsverlegern der Zugang zum Privatfernsehen nicht ermöglicht werden.[1)]
Bei Presse, Bundeswirtschaftsministerium und Kartellamt stieß das Gutachten der Kommission auf heftige Kritik, auch in den Landesmediengesetzen wurde den Forderungen nicht entsprochen.[2)] Rechtfertigung wurde zumeist in der Kapitalintensität privaten Fernsehens gesucht sowie in der Notwendigkeit einer starken Wettbewerbsposition privater Veranstalter gegenüber den etablierten öffentlich-rechtlichen Sendern.[3)] So sind die beschriebenen Befürchtungen von der Realität überholt worden: "Privatfunk ist zu einer fast ausschließlichen Angelegenheit der Verleger von Druckmedien geworden." Hinzu kommt, daß die Verlegergruppen bei der Vergabe von Sendelizenzen "ganz eindeutig bevorzugt" worden sind.[4)]
Markantestes Beispiel der Verflechtungs- und Konzentrationstendenz ist der Anbieter SAT 1, der als kartellartiger Zusammenschluß einer Vielzahl von Verlegern mit dominierendem Einfluß der Großunternehmen bezeichnet werden muß.[5)] Im regionalen und lokalen Bereich zeichnen sich zudem Doppel- bzw. Polymonopole durch multimediale

1) Vgl. Hendriks (1984), S. 924 ff.
2) Vgl. Hendriks (1984), S. 925; vgl. auch Bundesverband Deutscher Zeitungsverleger (1985), S. 769 ff.
3) Vgl. Weder (1986), S. 644 ff.; Blumenthal (1985) vertritt die Auffassung, daß Medienkonzentration zur Erreichung und Sicherung der Rentabilität neuer Programmangebote unverzichtbar ist.
4) Weder (1986), S. 644.
5) Vgl. Röper (1986), S. 282 ff.

Meinungsmacht ab: Monopolistische Tageszeitungsverleger werden gleichzeitig zu alleinigen Anbietern lokalen Fernsehens bzw. Hörfunks im Verbreitungsgebiet ihrer Zeitungen.[1)]

Das Problem der Medienverflechtung wird weiterhin in der Bundesrepublik kontrovers diskutiert.
So implizieren die Konzentrationsimpulse eine Verschlechterung der Marktzutrittschancen für neue Anbieter, dies wiederum hat negative Einflüsse auf die Glaubwürdigkeit eines privatwirtschaftlichen Mediensystems.[2)] Im 4. Fernsehurteil fordert das Verfassungsgericht im Hinblick auf die Sicherung der Meinungsvielfalt von den Landesgesetzgebern, Konzentrationstendenzen und vorherrschender Meinungsmacht insbesondere im regionalen und lokalen Bereich durch entsprechende Verfahrensregeln entgegenzuwirken. Zudem wird ein verdecktes oder offenes Presseprivileg für den Zugang zum Privatfunk ausgeschlossen.[3)]

Die Gestaltung der vom Verfassungsgericht vorgegebenen legislatorischen Handlungsspielräume obliegt wegen der Rundfunkhoheit der Länder den dortigen Parlamenten. Die Verhandlungen der Länderregierungen über einen Staatsvertrag als national einheitliche Rundfunkordnung waren wiederholt zum Scheitern verurteilt; Entscheidungen wurden im Hinblick auf den Urteilsspruch der Karlsruher Richter aufgeschoben.[4)] So war die medienpolitische Situation in der Bundesrepublik in der Vergangenheit häufig mit Begriffen zu charakterisieren wie "Kakophonie der Stimmen"[5)] und "Medienkleinstaaterei, die an die Vorzollvereinszeit des 19. Jahrhunderts erinnert"[6)].
Die bisher maßgeblichen Landesmediengesetze spiegeln in

1) Vgl. Röper (1985), S. 24 ff.; Kiefer (1985b), S. 727 ff.; Halefeldt (1985), S. 725.
2) Vgl. Kübler (1982), S. 560.
3) Vgl. Berg (1986), S. 802.
4) Vgl. Frenkel (1986), S. 3.
5) Mestmäcker (1985), S. 13.
6) Schmidt (1985), S. 5; vgl. ferner Späth (1984), S. 520 ff.; Barsig (1985), S. 17 f.; Gebel (1985), S. 46.

den Fragen, die für den Marktzutritt privater Anbieter von Relevanz sind, zum Teil sehr unterschiedliche medienpolitische Standorte wider. So differiert z.B. der Umfang der Zulassungsverfahren, die für die Antragsteller privater Rundfunklizenzen vorgesehen sind.[1)]
Auch die Werbebedingungen waren bundesweit nicht einheitlich.[2)] Dies hatte zur Folge, daß überregionale Programmanbieter, die über den Fernmeldesatelliten ausstrahlen (SAT 1, RTL plus), den kleinsten gemeinsamen Nenner zu suchen hatten: "Der rigoroseste Landesgesetzgeber triumphiert über liberale Bestimmungen anderer Länder."[3)]

Am 13. März 1987 erzielten die Regierungschefs der Länder Einigung über die Neuordnung des Rundfunkwesens.[4)] Der Medienstaatsvertrag (Unterzeichnung April 1987) ist insofern von entscheidender Bedeutung für die Entwicklung privaten Fernsehens, da er als einheitliche Rechtsgrundlage geeignet ist, "Klarheit für die Zukunftsplanungen der Rundfunkveranstalter in Deutschland" zu schaffen.[5)]
Politische Brisanz liegt hingegen in der im Staatsvertrag (Art. 5) ausdrücklich eingeräumten Möglichkeit einer Erweiterung der Werbezeit im öffentlich-rechtlichen Fernsehen. Die potentielle Einführung von Sonn- und Feiertagswerbung sowie die Aufhebung tageszeitlicher Begrenzungen sind in gleichem Maße als Wettbewerbsnachteil für private Anbieter zu werten wie die Werbung in bisher werbefreien öffentlich-rechtlichen Programmen (Hessen 3).[6)7)]

---

1) Vgl. Bauer et al. (1986b), 17.1-17.11.
2) Unterschiedliche Werbebestimmungen finden sich in den Gesetzentwürfen vor allem im Hinblick auf Zulässigkeit bzw. Ausgestaltung von Sponsorenwerbung, Sonntagswerbung sowie Werbung, die sich an Kinder und Jugendliche richtet.
3) SAT 1 (1985), S. 765.
4) Vgl. o.V. (1987d), S. 1, S. 2.
5) Bundesverband Kabel und Satellit e.V. (1987).
6) Vgl. Barsig (1987), S. 3; Ricker (1987), S. 22 f.; o.V. (1987e), S. 8.
7) Der Staatsvertrag schreibt eine Abschaffung der Werbung im dritten hessischen Fernsehprogramm bis 1991 vor.

Von Relevanz für die Entwicklung privaten Fernsehens ist ferner - auch wenn nicht ausdrücklich im Gesetz geregelt - die in den Bundesländern angewandte Praxis der Einspeisung der Programme in die Kabelnetze und der Zuteilung von Kabelkanälen.
So genießen die nationalen öffentlich-rechtlichen Programme sowie lokale Programme bei der Einspeisung Priorität, während die national ausgestrahlten privaten Programme zum Teil in den eingeschränkt empfangbaren Sonderkanälen des Frequenzspektrums untergebracht sind (vgl. Anhang 3).[1]

Die Zuteilung von Sendekanälen des Rundfunksatelliten an nationale Privatanbieter spielt vor dem Hintergrund der beträchtlichen Erweiterung des Zuschauerpotentials durch den Individualempfang (vgl. 2.4) eine herausragende Rolle.
In Anlehnung an die im Jahre 1986 zustandegekommenen Teilstaatsverträge einzelner Bundesländer (sog. "Süd"- und "Nordschiene")[2] ist im Staatsvertrag die Vergabe von 2 der 5 Kanäle auf dem TV-SAT an RTL plus bzw. SAT 1 vorgesehen. Den dritten Kanal wird ein bisher noch nicht feststehender privater Programmanbieter nutzen, der vierte und fünfte Kanal wurde der ARD bzw. dem ZDF zugeteilt.[3]

Die Erteilung der Nutzungslizenz für einen Satellitenkanal an einen nationalen Anbieter soll nach Vorstellung einiger Bundesländer mit der Vergabe terrestrischer Frequenzen gekoppelt sein.
So bietet sich als Organisationsprinzip lokalen oder regionalen Fernsehens, das aus Kostengründen meist auf wenige Stunden Sendezeit am Tag begrenzt sein wird, eine

---

1) Vgl. Groß (1983), S. 792; Bundesverband Kabel und Satellit e.V. (1985), S. 4.
2) Vgl. zu den Teilstaatsverträgen der nördlichen und südlichen Bundesländer Siepmann (1986), S. 18; zu den Länderberatungen über den Satellitenrundfunk Groß (1985), S. 289 ff.
3) Vgl. o.V. (1987d), S. 1.

Einbettung als lokales oder regionales "Fenster" in ein nationales Vollprogramm an (vgl. 3.2.4). Dieses "Mantelprogramm" kann von einem nationalen Privatanbieter gestellt werden, so daß neben der (nationalen) satellitengebundenen Ausstrahlung eine terrestrische Verbreitung des jeweiligen Programms in den entsprechenden lokalen Versorgungsräumen erfolgt. Bei der Vergabe der begehrten, weil mit herkömmlichem Antennenaufwand empfangbaren Low-Power-Frequenzen soll der Anbieter, dem der Kanal des TV-SAT zugesprochen wurde, bevorzugt bedient werden.[1)]

Im Zusammenhang mit der Zuteilung terrestrischer Frequenzen sei auf den politisch-rechtlichen Konflikt mit der ARD hingewiesen. So traten Verzögerungen in den Koordinierungsverfahren mit den ARD-Anstalten (vgl. 2.1.3) dadurch auf, daß diese selbst Anspruch auf die gefundenen Low-Power-Frequenzen erheben, die zur sog. Restversorgung genutzt werden sollen. Dabei berufen sich die Anstalten auf Regelungen in den Staatsverträgen, wonach eine Verpflichtung zur Vollversorgung im jeweiligen Sendegebiet besteht[2)], die noch nicht im gesamten Bundesgebiet erreicht ist.[3)]

Medienpolitische Impulse gehen ferner von der Bundespost aus, was in den vergangenen Jahren mit der Forderung einer Beschränkung auf deren Dienstleistungsfunktionen häufig kritisiert wurde.[4)] Vor allem die konträre Interessenlage der Post bei der kombinierten Programmausstrahlung via Kabel und Fernmeldesatellit bzw. im Hinblick auf den direktstrahlenden Satelliten blieb nicht ohne Folgen. Vor dem Hintergrund der zeitweise sehr umstrittenen[5)] kostenintensiven Verkabelung der Bundesrepublik schien

---

1) Vgl. Barsig/Frederking (1986), S. 50 f.; Hübner (1987), S. 117 ff.
2) Vgl. Bauer et al. (1986b), 15.3.4 (1), S. 2 f.
3) Vgl. Barsig/Frederking (1986), S. 49.
4) Vgl. Hennemann (1984), S. 71; o.V. (1984c), S. 36; Groß (1986), S. 254 ff.
5) Kritisiert wurden die Verkabelungspläne der Post insbesondere nach Publizierung des Gutachtens des Bundesrechnungshofes im Jahre 1984 (vgl. 2.1.2.3).

"die Bevorzugung des Fernmeldesatelliten" gegenüber dem Rundfunksatelliten "schon aus Kostengründen folgerichtig"[1]. Verzögerungen, wie sie durch die schleppende Komplettierung des TV-SAT-Systems mit dem TV-SAT 2 oder durch die Einführung der Satellitensendenorm D-2-MAC auftraten, wurden als Indiz für die beschriebene Zielsetzung gewertet.[2] Darüber hinaus wurde dem Postminister vorgeworfen, die Suche nach terrestrischen Frequenzen nicht in gleichem Maße wie den Aufbau der Kabelinfrastruktur forciert zu haben.[3]

Im Zuge der Entwicklung der Satellitentechnik erfolgte die Internationalisierung der traditionell nationalen TV-Medien. Damit verbunden sind eine Reihe von wirtschafts- und kulturpolitischen sowie völkerrechtlichen Fragen.[4]
International differierende rechtliche Bestimmungen sind insofern Hindernisse der transnationalen Ausstrahlung bzw. des Empfangs von Rundfunkprogrammen, daß die einzelnen Länder sich unter Berufung auf geltendes nationales Recht vor ausländischen Programmen schützen können. Die Angleichung einzelstaatlicher Rechtsvorschriften ist damit Voraussetzung eines gemeinsamen europäischen Rundfunkmarktes, der geeignet ist, die "europäische Identität" zu stärken, vor allem aber von "handfesteren wirtschaftlichen Interessen"[5] getragen ist.

Die Vorschläge der EG-Kommission von 1984 und 1986 zielen auf die Schaffung einer einheitlichen Rechtsgrundlage mit lediglich solchen Vorschriften, die zur Errichtung eines gemeinsamen Rundfunkmarktes notwendig sind.[6] Implizit ist dabei eine Angleichung der innerstaatlichen Vorschriften, d.h. die Beseitigung etwaiger rechtlicher Be-

1) o.V. (1985y), S. 36.
2) Vgl. Müller-Römer (1985a), S. 540; Müller-Römer (1985b), S. 3.
3) Vgl. Steff-Wolfsjäger (1986), S. 164.
4) Vgl. ausf. Mestmäcker (1985), S. 16 ff.
5) Hanke (1986), S. 34.
6) Vgl. EG-Kommission (1984 und 1986).

schränkungen in den Mitgliedstaaten.[1] Vor dem geschilderten Hintergrund werden die Vorstellungen der Kommission mit dem Stichwort "Harmonisierung durch Liberalisierung" charakterisiert.[2]

Die Kommission bezieht sich auf die europäische Menschenrechtskonvention, in der das Recht auf Meinungsfreiheit und Freiheit zum Empfang und zur Mitteilung von Nachrichten und Ideen (Prinzip des "free flow of information") verankert sind.[3]
Darüber hinaus seien Fernsehsendungen Dienstleistungen im Sinne der für die Wirtschaftsintegration geltenden Normen des Vertrages von Rom und unterlägen von daher dem Diskriminierungsverbot aus Gründen der Staatsangehörigkeit.[4]

Die EG-Richtlinien zielen insbesondere auf eine Harmonisierung der Bestimmungen zu Werbung[5], Jugendschutz und Autorenrechten.
Das maximale Werbevolumen wird mit 15% der täglichen Sendezeit vorgegeben, Unterbrecherwerbung wird zugelassen ebenso wie die Finanzierung von Sendungen durch Interessengruppen (Sponsoring). Werbung für alkoholische Getränke soll erlaubt, für Tabakerzeugnisse hingegen verboten werden. Ferner wird den Mitgliedstaaten die Möglichkeit des Verbotes oder der Beschränkung von Sonn- oder Feiertagswerbung eingeräumt.[6][7]
Bemerkenswert ist, daß die Kommission bei einigen der Werberichtlinien den Mitgliedstaaten zugesteht, für in-

---

1) Vgl. Schwartz (1982), S. 529 f.
2) Vgl. Fiuczynski (1984), S. 564.
3) Vgl. Froschmaier (1985), S. 118; Albrecht/Braun (1982), S. 118 ff.
4) Vgl. Mestmäcker (1985), S. 16; Rückel (1986), S. 32.
5) Vgl. ausf. zu den einzelstaatlichen Vorschriften der Fernsehwerbung in den EG-Mitgliedstaaten Thang Hùng (1985), S. 89 ff.
6) Vgl. EG-Kommission (1986), Art. 7, 9, 10, 12, 13, 14.
7) Die Bestimmungen zu Werbevolumen sowie Sonn- und Feiertagswerbung wurden mit der Forderung erhöhter Marktchancen für private Anbieter als zu rigide kritisiert (vgl. Rückel (1986), S. 33).

ländische Sender und Werbetreibende ausführlichere oder strengere Vorschriften anzuwenden.[1] Diese Bestimmung wurde mit dem Begriff der "Inländerdiskriminierung" kommentiert, die wiederum den Grundsätzen des EG-Vertrages entgegensteht.[2]

Ordnungspolitisch nicht unbedenklich sind die vorgeschlagenen protektionistischen Maßnahmen zur Förderung der Herstellung und Verbreitung von Fernsehprogrammen aus der Gemeinschaft, die einen potentiellen Verdrängungswettbewerb mit Anbietern aus Übersee vermeiden sollen. So sind alle Anbieter gehalten, 30% ihrer nicht aus Nachrichten, Sportereignissen, Spielshows und Werbung bestehenden Sendezeit für Produktionen aus der Gemeinschaft zu reservieren; nach Ablauf von 3 Jahren ist eine Anhebung dieser Quote auf 60% möglich.[3]

2.3 Akzeptanz neuer Fernsehangebote

Die Akzeptanz seitens potentieller Nutzer reflektiert das Durchsetzungspotential neuer Programmangebote am Markt.[4] Die im vorliegenden Zusammenhang relevanten Ebenen der Akzeptanz sind die unternehmensbezogene Akzeptanz einerseits, die konsumentenbezogene Akzeptanz andererseits. Beide stehen in einem interdependenten Verhältnis zueinander (vgl. 2.4).

---

1) Vgl. EG-Kommission (1986), Art. 13,2.
2) Fiuczynski (1984), S. 563.
3) Vgl. EG-Kommission (1986), Art. 2; Rückel (1986), S. 33.
4) Vgl. Meffert (1985), S. 31.

2.3.1 Akzeptanz auf Unternehmensseite

Die unternehmensbezogene Akzeptanz drückt sich in der Adoption neuer Fernsehmedien als Werbeträger im Rahmen der Kommunikationspolitik aus.
Grundsätzlich lassen sich nach MEFFERT die Bestimmungsfaktoren der Akzeptanz neuer medialer Angebote im Unternehmen systematisieren in unternehmensspezifische Determinanten, die ihrerseits Merkmale der Entscheidungsträger sowie organisationsspezifische Merkmale umfassen und medienspezifische Determinanten, wobei wiederum Merkmale der Medienkonzeption und Merkmale der Medien selbst zu unterscheiden sind. Abbildung 6 zeigt die Determinanten unternehmensbezogener Akzeptanz im einzelnen.

Unternehmensspezifische Akzeptanzfaktoren sind in erster Linie dann von Relevanz, wenn es sich um die Implementierung neuer Kommunikationstechnologien in einem Unternehmen und deren innerbetriebliche Auswirkungen handelt (z.B. BTX, Videokonferenzen, Teletex).[1]
Beim potentiellen Einsatz neuer Fernsehmedien als Instrumente der Kommunikationspolitik sind somit vorrangig medienspezifische Merkmale als akzeptanzbestimmende Faktoren von Bedeutung.
Merkmale der Medienkonzeption betreffen Einsatzkonzepte und Bedarfsbewußtsein im Unternehmen hinsichtlich der medialen Angebote. So sind "konkrete Vorstellungen von den mit dem Medieneinsatz verfolgten Zielen, den zu erfüllenden Aufgaben und den anzusprechenden Zielgruppen .. unabdingbare Voraussetzung" für die unternehmensbezogene Mediennutzung.[2]

---

1) Vgl. Meffert (1985), S. 32 f.
2) Meffert (1985), S. 34.

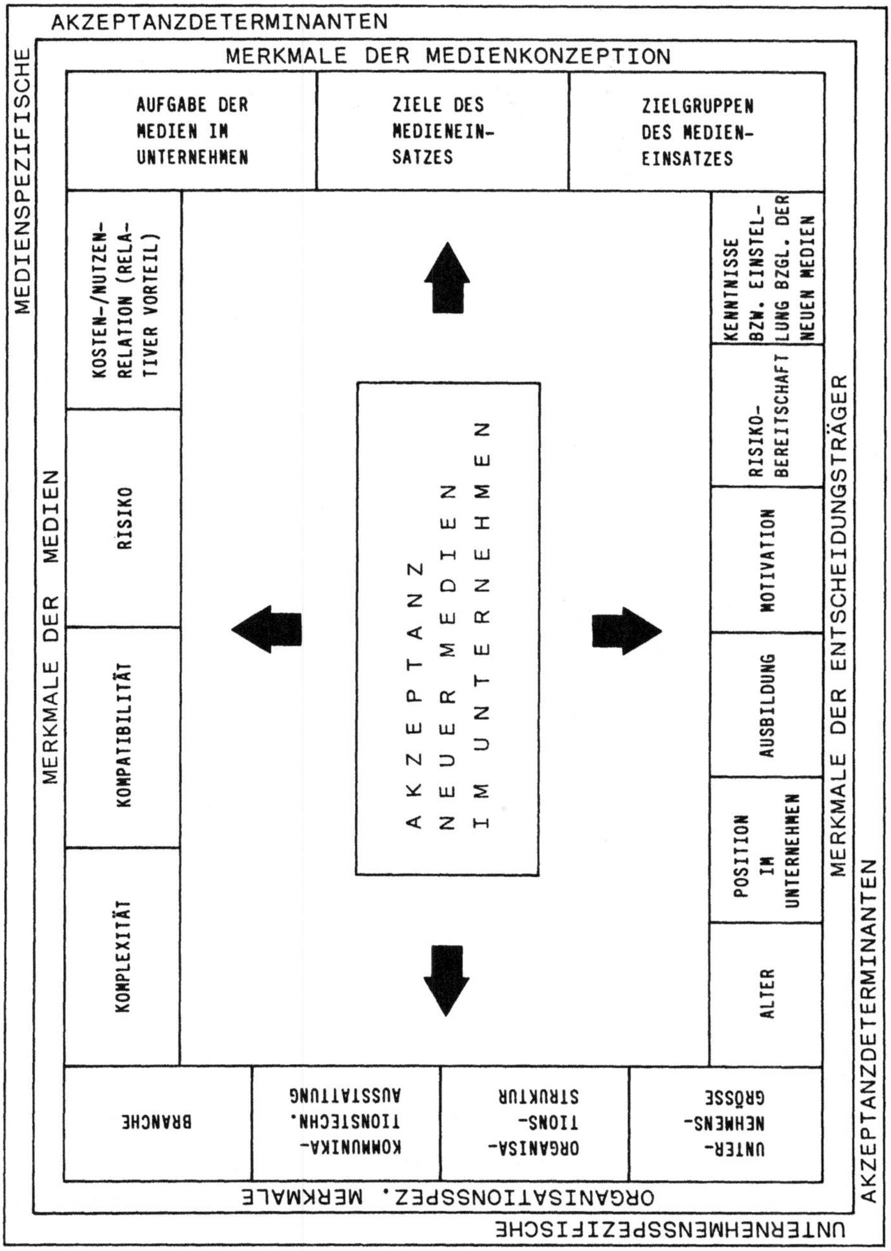

Abb. 6: Determinanten der Akzeptanz neuer Medien im Unternehmen
Quelle: Meffert (1985), S. 33

Mit den hier behandelten kommunikationsstrategischen Ansätzen, die im Hinblick auf die innovativen Einsatzmöglichkeiten privater Fernsehangebote gewählt wurden, werden Konzepte für den Medieneinsatz zum Ausgangspunkt der Untersuchung. Die Ebene der Bedarfsrelevanz ist dabei vor allem im Sinne der Einsetzbarkeit von Fernsehmedien in diesen Kommunikationsstrategien zu verstehen.

Von den Merkmalen des Mediums selbst ist für die Themenstellung des Werbeträgereinsatzes vorrangig der Aspekt der Kosten-Nutzen-Relation von Bedeutung.
Mit der Untersuchung des Einsatzpotentials neuer Fernsehangebote für verschiedene Kommunikationsstrategien liegt der Schwerpunkt der vorliegenden Arbeit auf einer qualitativen Nutzenkomponente.
Der quantitative Nutzen ist durch die mit den Programmen jeweils erzielbaren Reichweiten repräsentiert. Dieser Aspekt wird im Sinne von Potentialgrößen im Kapitel 2.4 und - als Bestimmungsfaktor des Nutzungspotentials - im Zusammenhang mit dem Einsatz der Programme in der Kommunikationspolitik untersucht. Der erzielbare quantitative Nutzen weist zudem unmittelbar auf die Adoption privater Programmangebote durch den Konsumenten (vgl. 2.3.2).

Unternehmensspezifische Faktoren werden, sofern sie für die Themenstellung von Relevanz sind, ebenfalls als Determinanten der Nutzungsmöglichkeiten diskutiert: So spielen bei einem Einsatz des internationalen Satellitenfernsehens Fragen der Organisationsstruktur eine Rolle (vgl. 3.1.3.1.4). Ferner ist anzumerken, daß grundsätzlich bei allen im Rahmen der vorliegenden Untersuchung behandelten innovativen Einsatzformen privater Programme eine entsprechende Aufgeschlossenheit der Entscheidungsträger Voraussetzung ist (vgl. Kap. 5).

2.3.2 Akzeptanz auf Konsumentenseite

Hinsichtlich der Akzeptanz neuer Programme durch den Konsumenten lassen sich wiederum medienspezifische Determinanten und konsumentenbezogene Determinanten unterscheiden.
Sofern technischer Zusatzbedarf für den Empfang notwendig ist, wie dies bei den über Satellit und Kabel ausgestrahlten Programmen der Fall ist, entscheiden Kosten-Nutzen-Aspekte über die Akzeptanz beim Verbraucher.

Die Kosten für einen Kabelanschluß setzen sich zusammen aus der einmaligen Anschlußgebühr und den monatlichen Gebühren. Die Anschlußgebühr für eine Wohneinheit beträgt 675 DM. Es ist eine Staffelung der Gebühren entsprechend den angeschlossenen Wohneinheiten vorgesehen; so beträgt die Anschlußgebühr je Wohneinheit ab 40 Wohneinheiten 86,19 DM, ab der hundertsten Wohneinheit 10 DM.
Vom Übergabepunkt aus muß die hausinterne Verkabelung privat finanziert werden.
Die monatlichen Gebühren für die Regelleistung, die die am Ort empfangbaren Programme und besonders herangeführte Programme umfaßt, belaufen sich auf 9 DM (zusätzlich zu den Rundfunkgebühren). Wird die bisherige Antennenanlage beibehalten und nur die Teilleistung (besonders herangeführte Programme) via Kabel empfangen, fallen monatlich 3 DM Gebühren an.[1)]

Die Kosten für den Satellitendirektempfang richten sich wiederum nach der Zahl der an eine Empfangsanlage angeschlossenen Wohneinheiten und nach der Stückzahl der gefertigten Antennen. In bezug auf den letztgenannten Aspekt muß angemerkt werden, daß die Industrie aufgrund technisch bedingter Verzögerungen der Marktentwicklung (Fehlstarts der Trägerrakete, Einführung D-2-MAC) und politischer Probleme (vgl. 2.2) zu einer Großserienfer-

---

1) Vgl. Bauer et al. (1986a), 4.3.1, S. 20, S. 27 ff.; Bundesministerium für das Post und Fernmeldewesen, Referat für Öffentlichkeitsarbeit (1984), S. 15 f.

tigung mit entsprechend günstigen Preisen für den Teilnehmer in den nächsten Jahren nicht in der Lage sein wird.[1)]

Abbildung 7 enthält die Preise für die notwendige Antennenausstattung ohne Befestigungsmaterial und Montagekosten. Der größere Spiegeldurchmesser wird für den Empfang des deutschen und des französischen Rundfunksatelliten benötigt. Beim Satellitendirektempfang über Gemeinschaftsantennenanlagen kann der Antennenaufwand auf die einzelnen Haushalte verteilt werden.

	0,6 m Spiegeldurchmesser 1 Polarisationsebene	1,2 m Spiegeldurchmesser 2 Polarisationsebenen
geringe Stückzahl	1.300 DM	2.500 DM
Stückzahl ab 100.000 pro Jahr	800 DM	1.400 DM

Abb. 7: Kosten für den Satellitendirektempfang (Antennen)
Quelle: Bauer et al. (1986a), 3.4.3, S. 14

Abbildung 8 zeigt die Kosten für das Vorsatzgerät und die Innenbaugruppe, die zur Frequenzumsetzung und zur Normumwandlung benötigt werden bzw. den Geräte-Mehrpreis bei integrierter Ausstattung.

1) Vgl. Müller-Römer (1986), S. 52.

	Vorsatzgerät/ Innenbaugruppe (Frequenzumsetzung, Normumwandlung)	Geräte-Mehrpreis für integrierte Innenbaugruppe und Normumwandlung
geringe Stückzahl	1.200 DM	1.000 DM
Stückzahl ab 100.000 pro Jahr	850 DM	500 DM

Abb. 8: Kosten für den Satellitendirektempfang (Ausstattung der Empfangsgeräte)
Quelle: Bauer et al. (1986a), 3.4.3, S. 14

Bei der Anschaffung technischer Ausstattung für den Empfang neuer Fernsehprogramme spielt als konsumentenbezogene Determinante privater Akzeptanz der Kaufkraftspielraum eine Rolle, d.h. der Anteil am privaten Verbrauch, der für Medien- und Kommunikationsausgaben verfügbar ist.

Die Prognose des Kaufkraftpotentials erfolgt in der Regel als Ableitung aus einem umfangreichen volkswirtschaftlichen Datenzusammenhang. Beispielhaft sei auf die Studien der Prognos AG (1979 und 1983) verwiesen, in denen - gemessen an der Entwicklung des gesamten privaten Verbrauchs - real überproportionale Zuwächse der Kommunikationsausgaben mit Umschichtungen zugunsten der elektronischen Medien prognostiziert werden.[1] Ähnliche Entwicklungstendenzen werden in weiteren Untersuchungen zu diesem Thema konstatiert.[2] Einschränkungen im Hinblick auf das Kabel- und Satellitenfernsehen ergeben sich jedoch von daher, daß ein großer Teil des Medien- und Kommunikationsbudgets zur Erhaltung des Versorgungsniveaus und zur Abdeckung des höherwertigen Ersatzbedarfs verwendet werden muß.[3]

1) Vgl. Schrape (1983), S. 537 ff.
2) Vgl. Starnick (1985), S. 3; Hearne (1985), S. 20.
3) Vgl. Prognos AG (1986), S. 73.

Entgegengesetzten Auffassungen zufolge, sind für die Durchsetzung neuartiger Medienangebote die Kosten der Empfangstechnik und somit entsprechende Kaufkraftpotentiale von untergeordneter Bedeutung. Vielmehr war z.B. bei der Einführung des Radios und des Fernsehens ein wahrgenommener signifikanter Nutzen entscheidend.[1)]
Diese Annahme befindet sich im Einklang mit einer vergleichenden Untersuchung zur Entwicklung des Kabelfernsehens in Westeuropa, in der kein Zusammenhang zwischen dem privaten Verbrauch bzw. der Höhe des Medien- und Kommunikationsbudgets einerseits und der Kabelanschlußdichte in verschiedenen europäischen Ländern andererseits festgestellt werden konnte.[2)]

Der Nutzen der Kabel- und Satellitentechnik für den Konsumenten liegt in der Bereitstellung neuer Fernsehprogramme, d.h. einer beträchtlichen Erweiterung des bisherigen Programmangebotes.[3)] So wurden in den Kabelpilotprojekten München und Ludwigshafen insgesamt 16 bzw. 19 Programme angeboten[4)]; die Übertragungskapazität des Kabels ist steigerbar bis zu 35 Fernsehkanälen.
Verglichen mit dem Kabel nimmt sich der mit "regulärem" Antennenaufwand mögliche Empfang von 4 zusätzlichen Programmen eines Rundfunksatelliten eher bescheiden aus. Demgegenüber ermöglicht der direkt empfangbare Medium-Power-Satellit eine Auswahl von 16 Kanälen (vgl. 2.1.1.4; 2.1.1.5).
Das Gesamtprogrammangebot umfaßt die etablierten öffentlich-rechtlichen Programme (ARD, ZDF, 3. Programme), deutsche öffentlich-rechtliche Satellitenprogramme (Eins Plus der ARD; 3 SAT des ZDF), etablierte ausländische Programme (z.B. FR 1, FR 3 (französisch), ORF 1, ORF 2)

---

1) Vgl. Hearne (1985), S. 10.
2) Vgl. Schrape/Witte (1985), S. 338.
3) Als möglicher weiterer Akzeptanzfaktor der Kabeltechnologie für den Konsumenten sei auf die potentielle Nutzung künftiger Kabeldienste verwiesen, z.B. Pay-TV, Kabeltext sowie interaktive Dienstleistungen, z.B. Teleshopping und -banking (vgl. Whitten (1983), S. 240).
4) Vgl. Dehm et al. (1985), S. 8.

sowie das private Programmangebot, das sich wiederum aufgliedert in bundesweite Programme, regionale bzw. lokale Angebote und internationale Programme.[1] Inhaltlich lassen sich breit angelegte Angebote und spezialisierte Kanäle (z.B. Musikprogramme) unterscheiden.

Abbildung 9 zeigt eine Übersicht des privaten Programmangebotes einschließlich Art des Empfangs, Inhalt des Programms, Sendezeiten und Verbreitungsgebiet.
Die Programmvielfalt durch Einspeisung zusätzlicher, mit normalem Antennenaufwand ortsüblich nicht empfangbarer Programme wurde in verschiedenen Befragungen sowohl während der deutschen Kabelpilotprojekte als auch in den europäischen Nachbarländern als ausschlaggebender Akzeptanzfaktor des Kabelfernsehens ermittelt. Zu berücksichtigen ist dabei jedoch, daß ein abnehmender Grenznutzen bei der Erhöhung der Programmauswahl unterstellt werden muß.[2]
Die private Wertschätzung einer erhöhten Programmvielfalt ist vor dem Hintergrund einer Entwicklung der Mediennutzung zu sehen, die durch eine Differenzierung der Kommunikationsbedürfnisse der Rezipienten gekennzeichnet ist. Die Folge ist eine "Privatisierung" im Sinne einer Individualisierung von Medienangeboten und -nutzung.[3]
Die Ausweitung des Angebotes um internationale, lokale und neue nationale Programme impliziert erhöhte Freiheitsgrade und individuellere Nutzungsmöglichkeiten im Bereich des Fernsehkonsums. Inhaltlich spezialisierte Programme privater Anbieter sind ebenfalls als Beitrag zu differenzierten Kommunikationsbedürfnissen der Konsumenten zu werten.[4]

---

1) Vgl. Vogler (1985a), S. 62 f.
2) Vgl. Schrape/Witte (1985), S. 355, S. 359.
3) Kutter (1985), S. 57.
4) Vgl. Merkle (1982), S. 524 f.; Merkle (1984a), S. 160 f.; Kutter (1985), S. 61; Stolte (1982), S. 294 f.

PRIVATE TV-PROGRAMME BUNDESWEIT

Veranstalter	Art der Verbreitung	Programm	Sendezeiten	Hauptverbreitungsgebiet
SAT 1	Kabel + terrestrisch	Allgemeinprogramm	8-10 Std. täglich	bundesweit + Österreich im Kabel, terrestrisch in Teilen der BRD
RTL plus	Kabel + terrestrisch	Allgemeinprogramm	8-9 Std. täglich	terrestrisch in Luxemburg, Saarland, Rheinland-Pfalz, bundesweit im Kabel + Österreich
musicbox	Kabel + terrestrisch	Jugendunterhaltungsprogramm mit Musik und Informationen	tägl. 24 Std.	bundesweit, außer Hessen
Unser Kleines Theater Volkstheater + Lebenshilfe	Kabel + terrestrisch	Theateraufzeichnungen und Lebenshilfe	nach Austrahlungsgebiet verschieden	Kabel München, Intelsat bundesweit, Kabel Berlin, Ludwigshafen, terrestrisch München
Eureka TV GmbH	Kabel	Newschannel	tägl. 06.00-12.00 18.00-24.00	bundesweit

PRIVATE TV-PROGRAMME REGIONAL

Region Rhein-Neckar

EPF	Kabel	Regionalmagazin	Mo.-Fr. tägl. 60 Min. 17.30-18.30	Ludwigshafen, Mannheim, Vorderpfalz als Sat-1 Fenster
PRIBAG Private Bayerische AV und TV Gesellschaft	Kabel + terrestrisch	Wirtschaftssendung	30 Min./Woche	Kabel Berlin, Ludwigshafen, München + terrestrisch München
RNF LIFE	Kabel	Regionalmagazin "life is life"	Mo.-Fr. 18.05-18.35	Kabelnetze Mannheim, Ludwigshafen/Vorderpfalz, Heidelberg als RTL plus-Fenster

Veranstalter	Art der Verbreitung	Programm	Sendezeiten	Hauptverbreitungsgebiet
BERLIN				
Nachtschau	Kabel	Unterhaltungsmagazin, Kunst, Musik, Horoskop, Partnerwahl und Erotik-Videos	wöchentl. 4 Std.	Berlin
LIVIC-Berlin	Kabel	Live-Musik Theater Service	Fr. 20.30-22.00 So. 19.00-20.30	Berlin
Videobox Berlin	Kabel	Videofilm-Trailer	wöchentl. 1 Std. 4 x Wdh.	Berlin
TD-1 (Türkisch-deutschsprachige Kabel TV)	Kabel	türk./dt. Regionalprogramm	tägl. 10 Std.	Berlin
MÜNCHEN, Kanal 4				
TV weiß blau und Tele-Zeitung	Kabel + terrestrisch	informatives, unterhaltendes Lokal-Programm	werktags 18.30-19.45 So. 18.00-19.45	Raum München
musicbox	Kabel + terrestrisch	Jugendunterhaltungsprogramm mit Musik und Information	So.-Fr. 16.00-18.00 Sa. 15.30-17.30	Raum München
Freising im Bild	Kabel + terrestrisch	Lokalmagazin	Mo.+ So. 14tg. Mi. wöchentl.	Raum München
Unser kleines Theater	Kabel + terrestrisch	Theateraufzeichnungen und Lebenshilfe	Do. 19.45-22.45	Raum München
MAZ-Studio München	Kabel + terrestrisch	Musik und Kulturprogramm	Mo., 14tg. 18.00-18.30	Raum München
Bruckmann Medien GmbH Bruckmann Verlag	Kabel + terrestrisch	Zauber der Berge Magazin für Bergfreunde Das Bergwetter	Do., 14tg. 18.00-18.30 Do., wöchentl. 19.30	Raum München
PRIBAG Private Bayerische AV und TV Gesellschaft	Kabel + terrestrisch	Wirtschaftsmagazin "Wirtschaftsforum"	Mo. 19.45-20.15 Fr. 18.00-18.30	Raum München (Kabel+terr.)+ Berlin (Kabel)

Veranstalter	Art der Verbreitung	Programm	Sendezeiten	Hauptverbreitungsgebiet
C.A.M.P. TV	Kabel + terrestrisch	Touristik-Magazin	Sa. 17.30-18.30	Raum München (Kabel+terr.)+ Berlin (Kabel)
Multi-Tel GmbH	Kabel + terrestrisch	Sportblende	Di. 18.00-18.30	Raum München
INGOLSTADT				
RFI Regional-fernsehen Ingolstadt	Kabel	Lokalmagazin	2,5 St./Woche Fr. 19.00-20.00 Di. 19.30-20.00 So. 11.00-12.00	Ingolstadt
Stadtfernsehen Ingolstadt IN-TV	Kabel	lok. Stadtfern-sehen, Sport	wöchentl. 1 Std.	Ingolstadt
AV audiovi-sion	Kabel	kulturelles und soziales Programm	Mo.-Sa. 10.15-22.20 So. 10.15-22.50	Ingolstadt
TV weiß blau Ingolstadt	Kabel	regionales + internationales Programm	tägl. 20.00-21.15 Sa. 20.00-21.45	Ingolstadt

INTERNATIONALE TV-PROGRAMME BUNDESWEIT

Sky Channel	Kabel	Allgemeinprogramm Unterhaltung Musik	täglich 07.45-01.00	Europa
Super Channel	Kabel	Allgemeinprogramm Unterhaltung Musik	täglich 24 Std.	Europa

Abb. 9: Das private Programmangebot (bundesweite regionale und internationale TV-Programme)
Quelle: Kabel & Satellit (1987)

Die Videorecordernutzung ist ein weiterer Gesichtspunkt der Mediennutzung, der für die Akzeptanz neuer Programmangebote von Bedeutung ist.
So wird zwischen der Verbreitung und Nutzung von Videorecordern und der Entwicklung neuer Fernsehmedien aufgrund des ähnlichen Funktionsprofils, insbesondere was das Potential der Programmselektion anbelangt, ein Zusammenhang vermutet. Meist wird eine hohe Versorgung mit Videorecordern, wie sie z.B. in der Bundesrepublik gegeben ist[1], als hemmender Faktor für die Durchsetzung von Kabel- und Satellitenfernsehen beurteilt.[2] Diese Einschätzung bestätigt sich bei einem Vergleich der Entwicklung des Kabelfernsehens mit der Videorecorderdiffusion für die meisten europäischen Länder.[3]
Andererseits sprechen Untersuchungsergebnisse für die Tendenz zur komplementären Nutzung von Videorecordern bei erweitertem Programmangebot durch Kabel und Satellit: Durch Aufzeichnung der Programme wird ein individueller, zeitversetzter Fernsehkonsum möglich.[4]

Die Entwicklung der Mediennutzungsdauer determiniert die Nachfrage nach neuen Programmangeboten in zeitlicher Hinsicht.
Es wird gemeinhin eine Zunahme der durchschnittlichen täglichen Freizeit der Bundesbürger prognostiziert[5], womit ein erhöhter Spielraum für die Mediennutzung gegeben ist. Eine Tendenz zu umfangreicherer Mediennutzung ist aus Annahmen über qualitative Veränderungen der disponiblen Zeit abzuleiten. So wird nach MÜLLER-WICHMANN die "Zerrissenheit der Zeit" zunehmen und in der Folge mangels Möglichkeiten zu "regelmäßigen, institutionalisierten Aktivitäten" der Konsum insbesondere neuartiger Angebote (Kabelfernsehen, Video) als spontan eingesetzter

1) Vgl. o.V. (1984a), S. 120 ff.
2) Vgl. Buß (1980), S. 745 ff.
3) Vgl. Schrape/Witte (1985), S. 337, S. 350 f.
4) Vgl. Wiedemann/Pfifferling (1983), S. 570 ff.
5) Vgl. Prognos (1986), S. 74.

"Lückenfüller" steigen.[1]
Eine dem Medienkonsum abträgliche Entwicklung wird hingegen durch den Trend zu aktiver Freizeitbeschäftigung repräsentiert.[2]

Nach Ansicht von Fachleuten und Prognoseinstituten wird die durchschnittliche tägliche Fernsehdauer auch bei erweitertem Programmangebot weitgehend stabil bleiben.[3]
Diese Tendenz zeichnete sich im Zuge der Begleitforschung der Kabelpilotprojekte in den Kabelhaushalten ab.[4] Allenfalls bei Kindern sowie bei älteren Menschen, Arbeitslosen und Hausfrauen ist ein gestiegener Fernsehkonsum bei vermehrtem Programmangebot zu beobachten bzw. zu erwarten.[5]
Aus den nur begrenzt vorhandenen Wachstumsspielräumen in der Fernsehnutzungsdauer ergibt sich für neue Programmangebote, daß sich diese zum größten Teil im Verdrängungswettbewerb mit den etablierten Programmen durchsetzen müssen.

Mit der Technologieaufgeschlossenheit der Konsumenten soll schließlich ein Akzeptanzfaktor aufgezeigt werden, der dem "externen Bedingungsrahmen"[6] für die Diffusion neuer Fernsehmedien bzw. Übertragungsformen zuzurechnen ist. In der Bundesrepublik war lange Zeit eine skeptische Grundhaltung in der Bevölkerung hinsichtlich technischer Innovationen vorherrschend.[7] Demgemäß wird die Reaktion potentieller privater Nutzer auf elektronische Kommunikationsangebote als entsprechend unflexibel charakterisiert.[8]
Demgegenüber steht jedoch die Eigendynamik der Entstehung

---

1) Müller-Wichmann (1985), S. 477 f.
2) Vgl. Prognos (1986), S. 74; Maletzke (1986), S. 192.
3) Vgl. Kiefer (1985a), S. 97.
4) Vgl. Scheithauer (1985), S. 535 f.; Mohn (1986), S. 631; Dehm et al. (1985), S. 6.
5) Vgl. Maletzke (1986), S. 192 f.
6) Meffert (1985), S. 31.
7) Meffert (1985, S. 31) spricht von einer "weit verbreiteten Technologiefeindlichkeit".
8) Vgl. Ogilvy & Mather Euromedia (1985), S. 1.

einer Informations- und Kommunikationsgesellschaft, in der innovative Technologien Schlüsselfunktionen einnehmen.[1] In diesem Gesamtzusammenhang ist im Zuge der Entwicklung ein Abbau eventueller Reaktanzen wahrscheinlich.[2]

2.4 Entwicklungsperspektiven privaten Fernsehens

Es wurden in den vorangegangenen Ausführungen die wesentlichen Rahmenbedingungen und Einflußfaktoren für die Diffusion privaten Fernsehens aufgezeigt. Von grundlegender Bedeutung für die weitere Entwicklung ist die technische Verteilform, die für die verschiedenen Programme notwendig ist bzw. eingesetzt wird.
So sind die national verbreiteten deutschen bzw. internationalen Programme gegenwärtig auf die Kombination von Fernmeldesatellit und Kabel angewiesen, lokale Programme werden über das Kabel und terrestrische Frequenzen verbreitet. Für die nationalen Anbieter besteht überdies die Möglichkeit einer zusätzlichen Programmausstrahlung über lokale Erdfrequenzen.

Die effektiven technischen Reichweiten der wichtigsten in der Bundesrepublik empfangbaren privaten Satellitenprogramme im Dezember 1986 sind aus Abbildung 10 zu ersehen. Zugrunde gelegt ist die Anzahl der Kabelhaushalte, vermindert nach Maßgabe des Anschlusses der Kabelnetze an eine Satellitenempfangsanlage, der Empfangsvoraussetzungen der Fernsehgeräte (vgl. 2.1.2.2) sowie der Einspeisungspraxis in den Bundesländern.

---

1) Vgl. Disch (1985), S. 3; Wössner (1984), S. 17 ff.
2) Vgl. o.V. (1985f), S. 148 f.

TV-Anbieter	Tatsächlich erreichbare Haushalte in den Ländern (in Tausend)											Haushalte gesamt	
	Bayern	Baden-Württemberg	Berlin	Bremen	Hamburg	Hessen	Niedersachsen	NRW	Rheinland-Pfalz	Saarland	Schleswig-Holstein	bundesweit Dez.	bundesweit Nov.
RTL plus[1)]	173	115	255	36	42	1	210	354	207	310	67	1770	1583
SAT 1[2)]	240	119	255	44	42	1	221	371	84	116	70	1463	1322
KMP-musicbox	234	66	168	29	23		219	205	79		31	1054	866
Sky Channel	159	94	168	31	23	1	132	229	77	13	41	968	888
Music Box	100	94	168		23	1	129	215	65	13	39	877	805
Eureka-TV											23	23	18

Abb. 10: Effektive technische Reichweite der Satellitenprogramme (Dezember 1986)
Quelle: o.V. (1987c), S. 7

Für die weitere Entwicklung des Fernmeldesatellitenempfangs ist vor allem die künftige Nachfrage nach Kabelanschlüssen von Relevanz (vgl. 2.1.2.3). Im Hinblick auf den Anschluß der verkabelten Haushalte an eine Satellitenempfangsanlage soll nach Angaben der Deutschen Bundespost die Ende 1985 gegebene Quote von 70% auf 92% bis Ende 1987 und mittelfristig auf 95% gesteigert werden. Bei den restlichen 5% der anschließbaren Haushalte ist eine Heranführung von Fernmeldesatellitenprogrammen mit vertretbarem wirtschaftlichen Aufwand nicht möglich.[3)]
Eine potentielle Erhöhung der Reichweiten kann durch den privaten Empfang von Signalen des Fernmeldesatelliten über (Groß-)Gemeinschaftsantennen erzielt werden, den die

1) 450.000 Haushalte, im Saarland etwa 310.000 und in Rheinland-Pfalz etwa 140.000, können RTL plus über terrestrische Frequenzen empfangen.
2) SAT 1 wird über terrestrische TV-Frequenzen zusätzlich in München, Mainz und Koblenz verbreitet; die Zahl der empfangbaren Haushalte ist noch nicht ermittelt.
3) Vgl. Bauer et al. (1986a), 4.3.4, S. 16.

Bundespost künftig zulassen will.[1)]

Mit Aufnahme des Programmbetriebes über den TV-SAT wird die Vollversorgung des Bundesgebietes mit Satellitenprogrammen theoretisch möglich.
Es kann dann mit einer zügigen Diffusion der Programme gerechnet werden, da diese sowohl über Einzelempfangsantennenanlagen (13 Mio. Haushalte) als auch kostengünstig über (Groß-)Gemeinschaftsantennenanlagen (9 Mio. Haushalte) sowie über die Kabelnetze verbreitet werden können. Es ist davon auszugehen, daß 1989/90 ca. 7-8 Mio. Haushalte, d.h. 16-19 Mio. Menschen in der Bundesrepublik Satellitenprogramme empfangen können.[2)]
Ein erneuter Entwicklungsschub ist ab Anfang der 90er Jahre mit dem Einsatz direktempfangbarer Satelliten mittlerer Sendeleistung zu erwarten, da diese aufgrund der größeren Programmauswahl ein günstigeres Kosten-Nutzen-Verhältnis für den Konsumenten repräsentieren (vgl. 2.3.2).

Mit den in erster Linie für die lokale Rundfunkversorgung relevanten Low-Power-Frequenzen eröffnet sich insbesondere für die bundesweiten Anbieter SAT 1 und RTL plus die Perspektive einer beachtlichen Erhöhung der gegenwärtigen Reichweiten. So sind nach einer Schätzung des SAT 1-Geschäftsführers Doetz "ein Drittel der Fernsehhaushalte in der Bundesrepublik durch Low Power erreichbar"[3)], dies entspräche einem Potential von 8 Mio. Haushalten.
Die von der Kabelinfrastruktur unabhängige Programmverteilung wäre somit vor allem in einem mittelfristigen Zeitraum für die Diffusion sowohl lokaler als auch nationaler privater Programme von Bedeutung, zumal eine baldige Nutzung terrestrischer Frequenzen möglich ist (vgl. 2.1.3).

---

1) Vgl. Bauer et al. (1986a), 4.3.4, S. 3.; vgl. auch Kap. 3.1.3.2.2 der vorliegenden Arbeit.
2) Vgl. Bauer et al. (1986a), 3.6.1, S. 2.
3) Zit. nach Barsig/Frederking (1986), S. 46; vgl. auch Preissner-Polte (1986), S. 185.

Generell hat sich die Entwicklung privater Fernsehangebote sehr viel langsamer vollzogen als ursprünglich erhofft. "Goldgräberstimmung"[1] und "euphorischen Wachstumshoffnungen" der Anbieter zu Beginn des Sendebetriebes folgte "ernüchterte Resignation"[2].
Programmkosten bis zu 250 Mio. DM pro Jahr für ein Vollprogramm[3] standen anfänglich minimale Einnahmen gegenüber. Die Werbeerträge bei SAT 1 betrugen im ersten Jahr des Sendebetriebes nicht einmal 5% der Aufwendungen.[4]
Im Jahr 1986 konnten die Sender ihre Einnahmen deutlich erhöhen; so verzeichnete z.B. SAT 1 eine Verdreifachung der Werbeumsätze im Vergleich zum Vorjahr.[5] Dennoch vermutet Prognos, daß vor dem Hintergrund der Entwicklung der technischen Reichweiten die Rentabilitätsgrenze für private Anbieter kaum vor 1990 zu erreichen sein wird.[6]
Die langen Kapitalrückflußzeiten sind insbesondere für kleinere oder auf regionale/lokale Märkte beschränkte Veranstalter problematisch.
Im Hinblick auf die potentielle Anzahl national ausgestrahlter bundesdeutscher Programme sei auf die wiederholt aufgestellte These verwiesen, "der Werbemarkt biete nur Volumen für zwei, allenfalls für drei überregionale TV-Programme"[7].

Grundsätzlich vollzieht sich die Entwicklung des privaten Fernsehens in einem durch interdependente Beziehungen gekennzeichneten Rahmen:

- Einnahmen der Sender, die zur Programmfinanzierung notwendig sind, rekrutieren sich aus Werbung.
- Die Attraktivität der Programme als Werbeträger steht wiederum in positiver Beziehung zur Zuschauerzahl (Reichweite).
- Die effektiven Reichweiten hängen in hohem Maße von

1) o.V. (1986bt), S. 30.
2) Prognos (1986), S. 74.
3) Vgl. o.V. (1985u), S. 117.
4) Vgl. o.V. (1985o), S. 14.
5) Vgl. o.V. (1987f), S. 6.
6) Vgl. Brieger (1986), S. 7.
7) Röper (1986), S. 281.

der Qualität der angebotenen Programme ab.

- Im Zuge steigender Werbeeinnahmen der Sender ist wiederum mit einer erhöhten Programmqualität zu rechnen.

Valide Aussagen zur Wertschätzung der Programmqualität durch die Zuschauer werden erst in einigen Jahren möglich sein; erste Erhebungen belegen jedoch eine positive Resonanz des Publikums vor allem im Hinblick auf die Programme von RTL plus und SAT 1.[1)]

Abbildung 11 zeigt den beschriebenen Entwicklungskreislauf privaten Fernsehens.

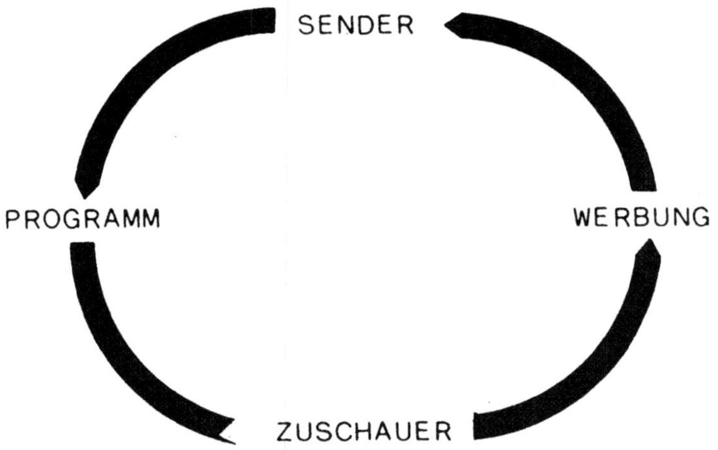

Abb. 11: Entwicklungskreislauf privaten Fernsehens

---

1) Vgl. o.V. (1985p), S. 53; o.V. (1985h), S. 40 f.; o.V. (1986az), S. 40 f.

3. Selektion nach Ausstrahlungsgebieten

3.1 Bedeutung des Satellitenfernsehens für international operierende Unternehmen

3.1.1 Kommunikationsstrategien internationaler Unternehmen

In den folgenden Kapiteln werden grundlegende kommunikationsstrategische Ansätze internationaler Unternehmen vorgestellt.
Im Rahmen der vorliegenden Arbeit kann dies nur als zusammenfassende Übersicht geschehen. Es handelt sich um eine grob schematisierende Darstellung mit dem Ziel, die Ausgangsüberlegungen, die den einzelnen Ansätzen zugrunde liegen, sowie die prägnanten Unterschiede herauszuarbeiten. Wichtigstes Diskriminierungsmerkmal ist dabei der internationale Standardisierungsgrad der Kommunikationsmaßnahmen.

Eine Untersuchung möglicher Vor- und Nachteile der einzelnen Konzepte würde den Rahmen der Arbeit sprengen. Die Diskussion darüber wird gegenwärtig in der aktuellen Literatur ausführlich und sehr konträr geführt. Dabei ist ein hohes Maß an Polemisierung feststellbar sowie die Tendenz zu einer generalisierten Argumentation, die die marken- und unternehmensindividuelle Situation vernachlässigt.[1)]

3.1.1.1 International differenzierte Kommunikationsstrategie

Die international differenzierte Kommunikationsstrategie ist Teil einer Marketingpolitik, die bei den weltweiten

1) Vgl. beispielhaft Nickel (1986), S. 12 f.; O'Toole (1985), S. 62; o.V. (1986ao), S. 59; o.V. (1986ba), S. 17; o.V. (1986an), S. 1.

Unterschieden der nationalen Märkte ansetzt.
Signifikante Unterschiede der Länder, die sich durch volkswirtschaftliche, politisch-rechtliche und kulturelle Umweltfaktoren sowie wirtschaftsstrukturelle Merkmale charakterisieren lassen, bedingen internationale Differenzierungen der Marketingmaßnahmen.[1)]
Demzufolge werden lokal abgestimmte Kommunikationsstrategien konzipiert, die den spezifischen Eigenarten des jeweiligen Marktes, z.B. im Hinblick auf umweltbezogene (s.o.) und konsumentenbezogene (demografische, sozioökonomische, psychografische) Merkmale gerecht werden.[2)]

Die Kommunikationskonzepte eines internationalen Unternehmens fallen bei einer solchen Strategie weltweit unterschiedlich aus; eventuelle Ähnlichkeiten untereinander wären nicht gesteuert, sondern zufällig.[3)]

3.1.1.2 Globale Kommunikationsstrategie

Eine international standardisierte (globale) Marketingstrategie ist die der differenzierten Marktbearbeitung entgegenstehende Extremstrategie.
Grundannahme ist dabei zunächst eine Globalisierung der Märkte durch Verbesserung des internationalen Transfers von Waren, Kapital und Information (raum-zeitliche Konvergenz).[4)]
LEVITT betont darüber hinaus die weltweite Homogenisierung des Verbraucherverhaltens durch Angleichungen der Lebensstile, Konsumwünsche und -präferenzen (bedarfliche Konvergenz).[5)]

Absatzpolitische Konsequenz dieser Entwicklung ist die globale Bearbeitung eines Weltmarktes mit standardisier-

1) Vgl. Kotler (1984), S. 444 ff.; Terpstra (1978), S. 18 ff.
2) Vgl. Terpstra (1978), S. 403 ff.
3) Vgl. Terpstra (1978), S. 405.
4) Vgl. Bauer (1985), S. 144.
5) Vgl. Levitt (1984), S. 63.

ten Konzepten der Produkt-, Preis-, Distributions- und Kommunikationspolitik.[1]
Dabei finden vorhandene internationale Heterogenitäten, z.B. hinsichtlich rechtlicher Bestimmungen insofern Berücksichtigung, daß fallweise eine notwendige Differenzierung der Marketinginstrumente vorgenommen wird. Im Gegensatz zur Differenzierungsstrategie stehen jedoch nicht die Unterschiede, sondern die Gemeinsamkeiten im Vordergrund: "International so viel Standardisierung wie möglich und vor Ort so viel Differenzierung wie nötig."[2]

Zielsetzung globaler Strategien ist die Erschließung von Kostensenkungspotentialen, die sich bei einer standardisierten Vermarktung von Weltprodukten in den Bereichen Produktion, Kommunikation und Vertrieb ergeben. Diese können wiederum für eine wettbewerbsorientierte Preispolitik genutzt werden, die (z.B. als aggressive Niedrigpreispolitik) eine Stärkung der internationalen Wettbewerbsposition anstrebt.[3]
Zudem lassen sich bei globalen Marketingmaßnahmen, speziell bei zentralen Werbekampagnen, Synergievorteile eines internationalen Planungs- und Entwicklungsprozesses nutzen. So kann die Erarbeitung weltweiter Lösungen durch einen Dialog zwischen den Unternehmensniederlassungen der Länder gestützt und durch internationalen Erfahrungstransfer eine Optimierung des Werbekonzeptes erzielt werden.[4]

---

1) Vgl. Levitt (1984), S. 46 ff.
2) Krekeler (1986), S. 8; vgl. ferner Levitt (1984), S. 47.
Ansatzpunkte für eine Operationalisierung dieser Faustregel könnten Forschungsergebnisse des Comparative Marketing, einer neuen Teildisziplin des Internationalen Marketing, liefern. Es werden dort Gleichheiten, Ähnlichkeiten und Unterschiede internationaler Marketingsysteme und -praktiken analysiert und quantifiziert (vgl. Soldner (1983), S. 140).
3) Vgl. Bauer (1985), S. 145; Keegan (1984), S. 460 f.
4) Vgl. Grey (1984), S. 20 ff.; o.V. (1983a), S. 208 f.; Pütter (1985), S. 3 f.

Abschließend soll auf eine spezielle Ausprägung globaler Marketing- bzw. Kommunikationsansätze hingewiesen werden, die vor allem im Hinblick auf die später zu diskutierenden Einsatzmöglichkeiten des Satellitenfernsehens von Bedeutung ist: die Strategie der globalen Abgrenzung von Marktsegmenten.

Ausgangspunkt der Strategie ist auch hier die bedarfliche Konvergenz der nationalen Märkte (s.o.). Im Gegensatz zu einer üblichen standardisierten Strategie, die sich an einem "fiktiven Durchschnittskonsumenten" orientiert, wird hier nicht eine globale Homogenisierung individueller Bedürfnisse angenommen, sondern vielmehr eine Angleichung von "gruppen- oder teilmarktspezifischen Bedürfnissen"[1].

Wie bei der national begrenzten Absatzpolitik geht es darum, ausreichend große homogene Marktsegmente zu bilden. Die Segmentierung wird dabei nicht nach Regionen, sondern nach grenzüberschreitenden Zielgruppen vorgenommen, definiert nach soziodemografischen und vor allem psychografischen Kriterien.[2][3]

3.1.1.3 Multinationale Kommunikationsstrategie mit Dachkampagnen

Die internationale Dachkampagne ist als Mischform zwischen den Extremstrategien einer differenzierten bzw. globalen Kommunikationsstrategie zu begreifen.

---

1) Bauer (1985), S. 145; vgl. ferner Meffert (1986a), S. 107.

2) Vgl. o.V. (1986bg), S. 13; Görke (1985b), S. 62. Letzterer schreibt: "Es gibt größere soziodemographische Unterschiede zwischen z.B. dem Kerngebiet Manhattan und dem Stadtteil Bronx ... als zwischen dem Kerngebiet Manhattan und dem siebten Arrondissement von Paris."
Terpstra zeigt Ähnlichkeiten gesellschaftlicher Gruppen auf, die die Bildung internationaler Marktsegmente erlauben, so z.B. der internationale "Jet-Set" sowie internationale Jugend-Zielgruppen (vgl. Terpstra (1978), S. 407).

3) Vgl. zur Marktsegmentierung sowie möglichen Segmentierungskritierien ausf. Kap. 4.2.2 der Arbeit.

Als Rahmenstrategie wird mit derartigen Prototypkampagnen ein Gesamtkonzept vorgegeben, das die internationale Kontinuität in Identität und Positionierung eines Produktes sicherstellt.[1)]
Im Sinne einer "pattern standardization" wird der internationalen Kommunikationspolitik ein mehr oder weniger strenger Rahmen vorgegeben, der sich z.B. in allgemeinen Werbezielen, Gestaltungsrichtlinien oder Basiselementen der Werbebotschaft ausdrücken kann.

Die Dachkampagne liefert die Grundlage für notwendige Anpassungen und Differenzierungen auf nationaler Ebene.[2)]
Dies kann in unterschiedlichem Umfang sowie im Hinblick auf verschiedene Entscheidungsbereiche der Kommunikationspolitik erfolgen.
So begründet KILLOUGH, der bei einer Werbebotschaft zwischen der Produktaussage und dem Kreativprodukt als werblicher Umsetzung der Produktaussage unterscheidet, eine multinationale Kommunikationsstrategie mit den unterschiedlichen Standardisierungsmöglichkeiten beider Parameter. Während eine internationale Übertragung der Produktaussage häufig möglich ist, kann eine Standardisierung des Kreativproduktes (visuelle und verbale Botschaftselemente) an kulturellen, kommunikativen und gesetzlichen Hindernissen scheitern.[3)]
KILLOUGH schlägt vor, zentrale Elemente des Kreativproduktes, die für einen Transfer geeignet sind, z.B. visuelle Ideen, Musik und produktrelevante Erinnerungshilfen, international beizubehalten und mit national differenzierten Bestandteilen zu ergänzen.
Die Kampagnen entstehen somit für die nationalen Märkte im "Bausteinsystem" aus standardisierten und differenzierten Elementen.

---

1) Vgl. Dunn (1976), S. 50 ff. (Beispiele für multinationale Dachkampagnen von neun internationalen Unternehmen); Meffert/ Althans (1982), S. 135.
2) Vgl. Peebles/Ryans/Vernon (1978), S. 28 ff.
3) Vgl. o.V. (1983a), S. 208 f. (deutsche Übersetzung des Killough-Beitrages).

MEFFERT und ALTHANS erwähnen als Beispiel für eine multinationale Prototypkampagne eine internationale Kommunikationsstrategie mit dem Basismedium Fernsehen, die aufgrund mangelnder Verfügbarkeit dieses Mediums in einigen Ländern modifiziert und auf alternative Medien zugeschnitten werden muß.[1)]

3.1.2 Einsatzpotential des Satellitenfernsehens für die internationalen Kommunikationsstrategien

Es soll im folgenden das grundsätzliche Einsatzpotential des internationalen Satellitenfernsehens als Werbeträger im Rahmen der dargestellten strategischen Ansätze aufgezeigt werden.

Vor dem Hintergrund der Ausstrahlungsgebiete des Satellitenfernsehens kann zunächst der Begriff der Internationalität präzisiert werden. So erstrecken sich die Ausleuchtzonen der Fernmelde- und Rundfunksatelliten in Abhängigkeit vom Empfangsequipment auf verschieden große Teile Europas (vgl. Anhang 1 und 2).
Entsprechend der Reichweite des Mediums ergibt sich damit eine Relevanz des Satellitenfernsehens für eine internationale, europaweite Kommunikationsstrategie. Diese kann wiederum entweder auf Europa begrenzt oder Teil einer weltweiten Strategie sein.
Ausgehend von der gegenwärtigen Mediensituation in Europa erschließt sich der Stellenwert des paneuropäischen Satellitenfernsehens für grenzüberschreitende Kommunikationskonzepte.

Die Mediaszene der Auslandsmärkte spielt in der internationalen Kommunikationsplanung eine wesentliche Rolle. Sie ist neben Größe und Struktur der Märkte, kulturellen und sprachlichen Gegebenheiten sowie Verfügbarkeit von

---

1) Vgl. Meffert/Althans (1982), S. 135.

Marktforschungs- und Werbeagenturen ein bedeutsamer situativer Umweltfaktor, der die Möglichkeiten internationaler Kommunikation determiniert.[1)]
So ist für internationale Standardisierungen in der Kommunikationspolitik eine vergleichbare Mediensituation im Sinne von Art und Verfügbarkeit der Medien, die die Erreichbarkeit definierter Zielgruppen gewährleistet, unabdingbare Voraussetzung: "Nur wenn die gleichen bzw. ähnliche Medien zur Verfügung stehen, läßt sich die angestrebte Einheitlichkeit des Vorgehens in mehreren Ländern realisieren."[2)]

Die Mediensituation in Europa ist gekennzeichnet durch ein hohes Maß an Heterogenität sowohl im Bereich der Print- als auch der elektronischen Medien Fernsehen und Hörfunk.
Die Studien "The Media Scene in Europe" (1978 und 1985) dokumentieren für 17 europäische Länder die klassischen Medienkategorien TV, Funk, Zeitungen, Publikumszeitschriften, Kino und Plakat nach einheitlichen Kriterien, so daß europaweite Synopsen möglich sind.[3)]
Danach weisen die Printmedien vor allem im Hinblick auf die Anzahl der Objekte und die daraus resultierenden Reichweiten sowie die Lesegewohnheiten der Rezipienten erhebliche Unterschiede auf.

Auf dem Gebiet der TV-Medien ergeben sich ähnliche Einschränkungen für internationale Kampagnenstandardisierungen. So ist die Verfügbarkeit dieses Werbeträgers zunächst dadurch begrenzt, daß Werbung in den nationalen TV-Programmen Dänemarks, Norwegens und Schwedens nicht zugelassen ist.
Darüber hinaus sind Schwankungen im verfügbaren täglichen Werbevolumen für das Fernsehen zwischen 620 Minuten (Italien) und 27 Minuten (Finnland) zu verzeichnen, wobei für die meisten europäischen Länder ein Nachfrageüberhang

---

1) Vgl. Meffert/Althans (1982), S. 134 f.
2) Althans (1982), S. 72.
3) Vgl. Gruner + Jahr/SSC&B Lintas (1978 und 1985).

typisch ist.
Plazierungsmöglichkeiten im Sinne einer Auswahl des genauen Zeitpunktes der Spotausstrahlung sind - wie in der Bundesrepublik - auch in einigen weiteren Ländern nicht gegeben. In Österreich, Frankreich, den Niederlanden, der Schweiz und der Bundesrepublik muß die Buchung für die gesamten Werbezeiten eines Jahres im Herbst des Vorjahres erfolgt sein.
Hinsichtlich rechtlicher Bestimmungen liegen die Unterschiede vor allem in den Restriktionen für Zigaretten- und Alkoholwerbung sowie für diverse andere Produktkategorien.
Anhang 5 zeigt die Einsatzbedingungen des Mediums TV in Europa.

Ein weiteres ausschlaggebendes Kriterium für die Mediaselektion in der internationalen Kommunikationspolitik sind die Belegungskosten. Im europäischen Vergleich stellen sich die Tausendkontaktpreise ausgewählter Medienkategorien, indiziert auf Basis des Mediums Fernsehen, wie in Abbildung 12 dar.

Die z.T. erheblichen Kostenunterschiede haben vor allem Auswirkungen auf die Budgetplanung, die sich damit einer standardisierten Vorgehensweise entzieht.[1]
Darüber hinaus ist die Schaltung standardisierter Kampagnen mit international in gleichem Verhältnis eingesetzten Basis- und Zusatzmedien bei krassen Preisunterschieden aus wirtschaftlichen Gründen nicht sinnvoll. So muß in Italien 55mal soviel für eine ganzseitige Tageszeitungsanzeige aufgewendet werden wie für einen Fernsehspot (30 sec.); in der Bundesrepublik kostet die Zeitungsanzeige doppelt soviel wie die TV-Werbung. In Großbritannien hingegen liegen die Kosten für Zeitungswerbung deutlich (40 %) unter denjenigen für Fernsehwerbung.

---

1) Vgl. Althans (1982), S. 76.

	Fern-sehen 30 sec.	Radio 30 sec.	Zeit-schriften 1/2 S.; 4c	Zeitungen 1/1 S.; sw
Österreich	100	45	236	112
Belgien	100	50	84	307
Schweiz	100	-	186	74
Deutschland	100	28	120	230
Spanien	100	20	171	244
Frankreich	100	-	91	252
England	100	38	88	64
Griechenland	100	57	301	416
Italien	100	25	1066	5466
Irland	100	63	264	444
Niederlande	100	10	56	194
Portugal	100	24	1538	351
Finnland	100	-	65	140

Abb. 12: Tausendkontaktkosten ausgewählter Medien in Europa
Quelle: o.V. (1985l), S. 48

Aus der Heterogenität der europäischen Medienlandschaft ergibt sich, daß eine international einheitliche Mediastrategie nicht möglich ist.
Folglich ist die Erarbeitung länderspezifisch differenzierter Streupläne erforderlich, die der jeweiligen nationalen Situation im Hinblick auf Art und Verfügbarkeit der Medien gerecht werden.[1)]
Selbst die Belegung eines europaweiten Basismediums mit Einschaltung national verschiedener Zusatzmedien scheitert in Ermangelung eines hinsichtlich Verfügbarkeit, Reichweite und Kosten international einheitlichen Me-

1) Vgl. Kernebeck (1979), S. 14 ff.; der oben geschilderte Zusammenhang wird bei Kernebeck am Beispiel der internationalen Mediaplanung der Firma Uniroyal verdeutlicht, bei der ein differenzierter Media-Mix für fünf europäische Länder erarbeitet wurde.

diums.[1]

Am Beispiel einer Kommunikationsstrategie mit dem Basismedium TV zeigen sich die Begrenzungen eines international standardisierten Vorgehens besonders deutlich: Generelle Werbeverbote, Frequenzmangel etc. (s.o.) erzwingen zumindest in einigen Ländern das Ausweichen auf alternative Medien (z.B. Printmedien). Damit verbunden sind naturgemäß Differenzierungsnotwendigkeiten im Hinblick auf eine mediengerechte Gestaltung der Botschaft sowie ein erhöhter Aufwand im Bereich der Mediaplanung, z.B. durch notwendige Informationsbeschaffung.

Mit werbefinanzierten europäischen Satellitenprogrammen sind erstmalig supranationale Fernsehmedien verfügbar, die als Werbeträger einer internationalen Kommunikationspolitik genutzt werden können.
Von den insgesamt 25 Satellitenprogrammen, die derzeit (Anm.: Stand Oktober/November 1986) über ECS und Intelsat senden, ist in 13 Kanälen die Plazierung von Werbung möglich.[2] Grundsätzlich lassen sich - auch für die Zukunft - <u>drei Programmtypen</u> im Satellitenfernsehen unterscheiden:

1. Nationale Programme, die durch die Satellitentechnik grenzüberschreitend empfangbar sind,
2. Sprachraumprogramme, z.B. in französischer Sprache, die europäisch ausgestrahlt werden und
3. transnationale Europaprogramme, die in englischer Sprache oder mehrsprachig verbreitet werden.[3]

Für die vorliegende Themenstellung von vorrangigem Interesse sind die Programme der zuletzt genannten Kategorie, da nur ihnen aufgrund von Verbreitungsgebiet und Sprachlichkeit ein gesamteuropäischer Charakter zugesprochen werden kann.

---

1) Vgl. Meffert (1986b), S. 130.
2) Vgl. Übersicht im Anhang 6.
3) Vgl. Dill (1986), S. 27.

Es gehören dazu Programme in öffentlich-rechtlicher Trägerschaft wie das niederländisch-irisch-italienisch-deutsche Gemeinschaftsprojekt Europa-TV[1)], typischer sind jedoch private Sender wie die englischsprachigen Programme Sky Channel und Super Channel (ab Januar 1987). Diese im Hinblick auf die Programmgestaltung von vornherein europäisch konzipierten Kanäle bieten Unterhaltung unterschiedlicher Ausprägung an.[2)]
Empfangbar sind diese Programme zur Zeit in 13 Ländern vor allem Nord- und Mitteleuropas. Nicht eingeschlossen ist wegen nicht vorhandener Kabelinfrastruktur der Mittelmeerraum (Portugal, Italien, Griechenland).
Die tägliche Sendezeit beträgt bei Sky Channel 15 bis 17, bei Super Channel 24 Stunden. Dabei sind 6 Minuten stündlich an Werbezeit verfügbar.[3)]

Im Hinblick auf die Faktoren, die einen internationalen Einsatz des Mediums TV einschränken, ergibt sich durch das europäische Satellitenfernsehen im einzelnen:
Unter dem Gesichtspunkt der <u>Verfügbarkeit</u> des Mediums bietet sich über das Satellitenfernsehen die Möglichkeit der TV-Werbung in jenen Ländern, in denen die Fernsehwerbung in den nationalen Anstalten generell verboten ist. Frequenzmangel bzw. Nicht-Zuteilung von Werbezeit kann durch die erhebliche Erweiterung der verfügbaren Zeit überwunden werden.
Es besteht die Möglichkeit der <u>Plazierung</u> von TV-Spots während der gesamten Sendezeit, ferner sind wesentlich größere Freiheitsgrade im Hinblick auf gezielte Plazierungswünsche gegeben.
Die <u>Buchungsmodalitäten</u> bei den europäischen Satelliten-Kanälen zeichnen sich durch hohe Flexibilität aus.[4)]

---

1) Anmerkung: Europa-TV wurde Ende 1986 vorläufig eingestellt (vgl. Dill (1987), S. 4).
2) Vgl. zur Positionierung der Programme ausführlich Cox/Bradshaw (1984), S. 588 ff.; Frederking (1986), S. 102 ff.; o.V. (1985e), S. 68 ff.; o.V. (1986bl), S. 7 f.
3) Vgl. Sky Channel (1985); Super Channel (1987).
4) Vgl. Sky Channel (1985); Super Channel (1986).

Hinsichtlich rechtlicher Regularien im Zusammenhang mit grenzüberschreitendem Satellitenfernsehen ist im Zuge der EG-Medienpolitik mit einer Harmonisierung der wesentlichen Rechtsbestimmungen (Urheberrecht, Jugendschutz, Werbung) zu rechnen.
Darüber hinaus ist in den von der EG-Kommission vorgeschlagenen Richtlinien eine Liberalisierung im Bereich der werberechtlichen Bestimmungen im Hinblick auf Werbevolumen, Unterbrecherwerbung und Sponsoring vorgesehen (vgl. 2.2).

Somit werden durch das Auftreten der europäischen Satellitensender nationale Schranken hinsichtlich Zugang zum Medium und Verfügbarkeit abgebaut, die bisher einen europaweiten Einsatz des Mediums behinderten.
Wie auch auf nationaler Ebene wird durch die Zulassung privater internationaler Veranstalter eine Erweiterung der Einsatzmöglichkeiten im Bereich der Fernsehwerbung geschaffen (Plazierung, Buchung, Werbeformen).
Zudem stellt das Satellitenfernsehen in seiner Eigenschaft als europaweites bzw. weite Teile Europas umfassendes Medium einen im Gegensatz zu national begrenzten Medien zentral für alle Länder einsetzbaren Werbeträger dar.
Somit liefern supranationale Satellitenprogramme im doppelten Sinne einen Beitrag zur Harmonisierung der europäischen Medienszene.

Wie in den obigen Ausführungen bereits angedeutet, ist dieser Tatbestand lediglich für international ganz oder teilweise standardisierte Kommunikationsstrategien von Bedeutung. Ein paneuropäischer Werbeträger, mit dem europaweit einheitliche Werbebotschaften in alle Empfangsländer gestreut werden, widerspricht in seinem Wesen einer Vorgehensweise, bei der eine länderspezifisch differenzierte Kommunikation verfolgt wird. Insofern ist ein sinnvoller Einsatz des Satellitenfernsehens im Rahmen einer international differenzierten Kommunikationspolitik nicht realisierbar.

Für die Extremstrategie einer international einheitlichen Kommunikation, die den höchsten Grad der Standardisierung aufweist, läßt sich das grundsätzliche Einsatzpotential des europäischen Satellitenfernsehens am deutlichsten nachweisen.
Restriktionen und Heterogenität in der internationalen Medienszene allgemein und im Medium TV können, wie oben gezeigt, ein wesentlicher Störfaktor in der Umsetzung einer derartigen Politik sein.
Harmonisierung und Liberalisierung der internationalen TV-Werbung können künftig - forciert durch die Öffnung der nationalen Fernsehmärkte - das Gewicht des Werbefernsehens in der Mediaselektion einer globalen Kommunikation stärken. Insbesondere für international einheitlich werbende Unternehmen, bei denen das Fernsehen ohnehin eine zentrale Rolle in der Kommunikationspolitik spielt und die in vielen Ländern auf andere Medien ausweichen mußten, ist ein "ungehindert grenzüberschreitendes"[1], international einsetzbares TV-Medium ein geeigneter Werbeträger.

Die spezifische Charakteristik des Mediums, das mit <u>einer</u> Ausstrahlung eine paneuropäische Zielgruppe erreicht, wird den Grundsätzen einer globalen Strategie gerecht: Die zentrale Einschaltung des Satellitenfernsehens für ein internationales Ausstrahlungsgebiet entspricht der Standardisierung der Kommunikationsmaßnahmen für einen internationalen Gesamtmarkt.
Die gezielt thematisierte Internationalität der Produkte, die eine globale Kommunikationsstrategie häufig kennzeichnet[2], findet sich im Einklang mit dem Image der Satellitenprogramme, die als europäische Medien konzipiert sind. So bietet sich der Einsatz des Satellitenfernsehens zum Aufbau oder zur Stützung eines internationalen Images

1) Pütter (1985), S. 9.
2) Vgl. Raithel (1984), S. 228 ff.

an.[1]

Im Kunden- bzw. Produktportfolio des Senders Sky Channel befindet sich im Gegensatz zum nationalen Fernsehen eine Reihe von derartigen "internationalen" Produkten.[2] Dazu gehören Produkte bzw. Dienstleistungen, die international positioniert sind, wie Kreditkartensysteme, Fluglinien und Reisen sowie Produkte mit einem Image "westlich geprägter Internationalität"[3], so z.B. Prestigeprodukte, wie exklusive Kosmetika und hochwertige Uhren. Im Programm von Sky Channel sind beide Kategorien im Hinblick auf den Werbeanteil stark expandierend.[4] Die Internationalität des Mediums selbst wie auch das auf eine europäische Zielgruppe ausgerichtete Programmumfeld bedingen positive Ausstrahlungseffekte auf Werbebotschaften für diese Produkte in europäischen Sendern.

Durch die Schaltung einheitlicher Werbung, die zur gleichen Zeit in alle Länder ausgestrahlt wird, bietet sich vor allem für eine europaweite, globale Kommunikationsstrategie die Möglichkeit, gezielt paneuropäische Markenbildung zu unterstützen und Marktunterschiede abzubauen (vgl. 3.1.3.1.2). Der Einsatz des Satellitenfernsehens kann damit eine Voraussetzung schaffen, ein international einheitliches Kommunikationsprofil zu realisieren.

Auch unter einem anderen Aspekt leistet das Satellitenfernsehen mit seinen langfristigen Auswirkungen einen Beitrag, der die Durchführung globaler Kommunikationsstrategien unterstützt: Internationale Medien - insbesondere die impactstarken TV-Medien - forcieren ihrerseits eine Annäherung der Zielgruppen in Lebensstil und Konsumgewohnheiten (vgl. 3.1.4), womit einer der Grundannahmen des Global Marketing entsprochen wird.

---

1) Vgl. o.V. (1985m), S. 20.
2) Vgl. Anhang 7; ausführlich zu den für das Werbefernsehen typischen Produktkategorien (Ernährung, Körperpflege, Reinigung, Pharmazie) Baumann (1985), S. 15.
3) Berekoven (1985), S. 294.
4) Vgl. Sky Channel (1986a), S. 11.

Es wird deutlich, daß durch den Einsatz eines europaweit einheitlichen Mediums eine spezifische Wirksamkeit erzielt werden kann, die bei Schaltung standardisierter Botschaften in den nationalen TV-Anstalten - freier Zugang und unbegrenzte Verfügbarkeit unterstellt - nicht erreichbar wäre. Dies entspricht dem Synergiegedanken globaler Strategien, wonach durch Integration länderspezifischer Maßnahmen zu einem Gesamtkonzept ein höherer Zielerreichungsgrad angestrebt wird (vgl. 3.1.1.2).

Ein charakteristisches Merkmal der simultanen Ansprache internationaler Zielgruppen über Satellitenfernsehen sind Kostendegressionseffekte, die im Fall einer globalen Strategie am stärksten ausgeprägt sind. Es können sich Einsparungen im Overhead-Bereich bei der Entwicklung einer europaweit standardisierten TV-Kampagne sowie Entlastungen bei Mediaplanung und Mediaeinkauf ergeben.
So werden die nationalen Mediapläne bzw. -einkäufe durch die zentrale Belegung eines Mediums mit internationaler Abdeckung teilweise überflüssig. Dies gilt jedoch nur für den Fall, daß Substituierungen im Werbebudget zugunsten des Satellitenfernsehens vorgenommen werden. Zudem sind derartige Einsparungen schwer quantifizierbar und werden von ihrer Größenordnung her kaum einen Abbau der betroffenen Personalkosten rechtfertigen. Darüber hinaus bedingt die zentralisierte Vorgehensweise unter Umständen einen zusätzlichen Aufwand zur Koordination der einzelnen Länder (vgl. 3.1.3.1.4).

Überlegungen, wonach aufgrund geringerer fixer und variabler Kosten internationaler Fernsehveranstalter die Tausenderpreise für Werbezeit in diesen Programmen langfristig niedriger liegen werden als in nationalen Programmen, können gegenwärtig noch nicht verifiziert werden. Die Preisgestaltung internationaler TV-Anbieter wird in hohem Maße abhängig sein von den künftigen Marktverhältnissen: Bei genügend vorhandener Nachfrage nach Sendezeit werden die Preisunterschiede zu nationalen Sendern allenfalls marginal sein, während bei einem generellen Angebotsüberhang internationale Anbieter aufgrund der günstigeren Kostensituation am ehesten mit Preisrücknahmen reagieren könnten.

Die maßgeblichen Kostenvorteile bei einer standardisierten europaweiten TV-Kampagne im Satellitenfernsehen ergeben sich im Bereich der Produktionskosten.
Die Kosten für die Herstellung eines Commercials liegen gegenwärtig in der Bundesrepublik zwischen 150.000 und 400.000 DM mit steigender Tendenz.[1)] So geht der Trend in den USA zu immer aufwendigeren Werbefilmen, die z.T. bis zu 1 Mio. Dollar, im extremsten Fall 4 Mio. Dollar Produktionsaufwand erfordern.[2)]
Insbesondere bei einer Kampagne in einem grenzüberschreitenden Medium werden - verglichen mit nationalen Produktionen - eher aufwendige Spots notwendig sein, um eine Durchsetzung im internationalen Wettbewerb zu gewährleisten: "Globale TV-Ideen müssen ungemein kraftvoll und kreativ sein, sonst setzen sie sich nicht durch."[3)]

Es können im Rahmen international entwickelter und finanzierter Kampagnen jedoch Ideen realisiert werden, für die in nationalen Produktionsetats kein Finanzierungspotential besteht.
Hinzu kommt, daß das Satellitenfernsehen die Möglichkeit bietet, einen Fernsehspot herzustellen und zu schalten, der eine europaweite Zielgruppe erreicht. Trotz gegebenenfalls vergleichsweise hoher Herstellungskosten der Werbemittel können sich wegen der einmalig anfallenden Kosten bei standardisierten Kampagnen somit erhebliche Einsparungen ergeben, zumal, wenn derartige Konzepte über einen längeren Zeitraum eingesetzt werden. Auf diese

---

1) Quelle: Team BBDO.
2) Vgl. Lürzer (1986), S. 52; White (1986), S. 2.
Nach White stiegen aufgrund des erhöhten Anspruchsniveaus die Produktionskosten für TV-Spots doppelt so stark wie alle anderen Kosten im Zeitraum von 1979-1984.
3) Görke (1985a), S. 51.

Weise konnte im Falle einer international ausgestrahlten Kampagne für British Airways trotz Produktionskosten von über 1 Mio. DM für den TV-Spot das Produktionskostenbudget im Jahr der Entstehung des Commercials von 17 % auf 5 % des Gesamtmarketingetats gesenkt werden.[1)]

Die Kostenentlastungen durch globale Satellitenkampagnen können dazu genutzt werden, Umverteilungen im Marketing- bzw. Kommunikationsbudget vorzunehmen, z.B. zur Erhöhung der Einschaltfrequenzen in TV oder anderen Medien, d.h. zur Verstärkung des Werbedrucks.[2)]
Bei einer entsprechenden Bedeutung des europäischen Satellitenfernsehens und vor allem für diejenigen Unternehmen, die TV schwerpunktmäßig in ihrer Kommunikationspolitik einsetzen, bedeutet dies einen erheblichen Wettbewerbsvorteil gegenüber national differenziert werbenden Unternehmen.

Bei der Abgrenzung globaler Marktsegmente im Sinne der unter 3.1.1.3 dargestellten Strategie ist das spezielle Einsatzpotential des Satellitenfernsehens in Programmgestaltung und Struktur der Zuschauerschaft begründet.
Der Einsatz eines europaweit einheitlichen Mediums wird diesem Konzept zunächst von daher eher gerecht als eine standardisierte Werbung in den jeweiligen nationalen TV-Anstalten, weil zu vermuten ist, daß bei diesem Ansatz aufgrund des europaweit identischen Programminhaltes eine vergleichsweise höhere Homogenität der Zielgruppen gegeben ist.

Vor allem aber können Zielgruppen angesprochen werden, die bisher über nationales TV schwer oder gar nicht zu erreichen waren.
Ein Beispiel dafür sind Nachrichtensendungen in den Morgenstunden ("Frühstücksfernsehen"), wie sie z.B. in England bereits üblich sind, die sich an Führungsschichtmit-

---

1) Vgl. Görke (1985a), S. 51.
2) Eine solche Strategie verfolgt Coca Cola International (vgl. Pütter (1985), S. 9).

glieder richten. Ähnlich positioniert ist das Wirtschaftsmagazin "Business Programme" des Senders Sky Channel.[1)]
Diese Zielgruppe war bisher nur über spezielle Zeitschriftentitel (z.B. Time, Newsweek) ansprechbar; die Werbung in den nationalen breitstreuenden Fernsehmedien wäre mit zu hohen Streuverlusten verbunden gewesen.
Die Soziodemografie des Publikums europäischer Satellitenprogramme ist nach Auffassung der Programmanbieter gekennzeichnet durch jüngeres Alter, höheres Bildungsniveau und überdurchschnittliches Einkommen.[2)] So erreichen jene Unternehmen, die TV-Werbung für hochwertige Elektronik (Kameras, Stereoanlagen), Tageszeitungen und Büroausstattungen in den europäischen Programmen lancieren[3)], eine tendenziell "up-market" angesiedelte Zielgruppe.
Nach Ansicht eines Werbetreibenden können sogar "elitäre Fernsehverweigerer" erreicht werden, die das Satelliten-TV als Alternative zum nationalen Fernsehen nutzen.[4)]

Eine verstärkte Bedeutung von Sparten- bzw. Zielgruppenprogrammen zeigt sich z.B. bei Satellitenkanälen, die ausschließlich Videoclips und Musikprogramme ausstrahlen (Music Box[5)], Sky Beat, in Vorbereitung[6)]), sowie bei speziellen Sportkanälen (z.B. Screen Sport, gegenwärtig nur in Großbritannien). Neben derartigen Sparten<u>kanälen</u> geht der Trend im Satellitenfernsehen zu schwerpunktmäßig konzipierten <u>Programmbestandteilen</u> für klar umrissene Zielgruppen. Neben dem oben erwähnten Frühstücksfernsehen sind dies insbesondere Programme für Hausfrauen, Jugend-

---

1) Vgl. Wülffing (1987), S. 27.
2) Vgl. Sky Channel (1986a), S. 11; Dill (1986), S. 27. In einer von Sky Channel in Auftrag gegebenen Studie bestätigte sich das tendenziell jüngere Alter des Publikums; ein vergleichsweise höherer Anteil englischsprachiger Zuschauer kann in diesem Zusammenhang als Indiz für einen höheren Bildungsstand gewertet werden (vgl. Sky Channel (1986b), S. 4 f., S. 35).
3) Vgl. Anhang 7.
4) o.V. (1985m), S. 20
5) Anmerkung: Music Box wird seit Anfang 1987 als Programmschwerpunkt im Super Channel ausgestrahlt.
6) Vgl. o.V. (1986bc), S. 6.

liche (Musikprogramme) sowie Sendeblöcke für Kinder, wie das in Sky Channel samstags und sonntags über jeweils 4 Stunden ausgestrahlte Programm "Fun Factory". Entsprechend ist ein kontinuierlich steigender Anteil an TV-Werbung feststellbar, die an diese Zielgruppen gerichtet ist, z.B. für Schallplatten und Spielzeug.[1)]
Die Möglichkeit eines europaweiten "Narrowcasting" durch Plazierung von Werbung in Special Interest-Kanälen bzw. im Umfeld von Zielgruppensendungen bietet sich insbesondere bei der hier behandelten Strategie an, bei der die Ansprache von internationalen Zielgruppenkontingenten im Vordergrund steht (vgl. auch Kap. 4).

Im Rahmen des Multinationalen Marketing kann eine paneuropäische Kampagne via Satellit als Zusatzmedium flankierend zu nationaler Basiswerbung eingesetzt werden. Dies kann z.B. mit der Zielsetzung geschehen, mit einer europaweit einheitlichen Botschaft gezielt ein integratives Moment zu addieren.
Eine andere Sichtweise läge vor, wenn das Satellitenfernsehen als paneuropäisches Basismedium geplant würde. Die Satellitenwerbung bildet dann im Sinne einer Dachkampagne eine Konstante in der Kommunikationspolitik, während die jeweilige nationale Werbung die Differenzierungsnotwendigkeiten berücksichtigt.

In jedem Fall impliziert der Einsatz des Satellitenfernsehens bei einer multinationalen Strategie die Unterscheidung zwischen europäischer und national abgestimmter TV-Kampagne.[2)]
Eine Differenzierung ist dabei in inhaltlicher, sprachlicher und audiovisueller Hinsicht denkbar.
Ein Beispiel für unterschiedliche inhaltliche Schwerpunkte ist die Haushaltsgerätewerbung von Siemens, bei der

1) Vgl. Sky Channel (1986a), S. 10 f. und S. 16 ff.
2) Der Einsatz unterschiedlicher Medien, z.B. TV auf internationaler, Print- oder andere Medien auf nationaler Ebene, wäre gleichermaßen als Maßnahme des multinationalen Marketing interpretierbar.

die nationalen Spots "verkäuferisch angelegt" sind, während in Sky Channel "mehr Markenthematik" eingebracht wird.[1] Die werbliche Zielsetzung der nationalen Werbung ist in diesem Fall eher auf die Erzielung unmittelbarer Absatzerfolge gerichtet, während die internationalen Spots der Markenpflege und dem längerfristigen Aufbau des Images dienen.
Im Hinblick auf die sprachliche Dimension wäre eine Anpassung an nationale Gegebenheiten innerhalb einer paneuropäischen Kampagne - nach dem Bausteinprinzip - bei einer Übersetzung der gesprochenen Botschaftsanteile in die jeweilige Landessprache möglich, und zwar mittels Synchronisation bzw. Untertiteleinblendung bei ansonsten standardisierten TV-Spots.

Die audiovisuelle Dimension ist bei der visuellen Umsetzung der Werbeinhalte und bei der Unterlegung von TV-Spots mit Musik betroffen. So könnten z.B. bei einer Kampagne mit Produktpräsenter bei international gleicher Produktaussage in Abstimmung mit nationalen Präferenzen unterschiedliche Personen eingesetzt werden. Extrem wäre eine grundlegend andere visuelle Darstellung gleicher Inhalte in den jeweils nationalen Werbefilmen.

Es ist zu beachten, daß der Grad der Differenzierung in den aufgeführten Beispielen verschieden hoch ist. So wiegen Unterschiede in der inhaltlichen Dimension grundsätzlich schwerer als Differenzierungen in sprachlicher oder audiovisueller Hinsicht.
Innerhalb der inhaltlichen Dimension vermittelt eine internationale Kampagne, bei der z.B. auf nationaler Ebene zusätzliche Promotion-Spots zeitweise geschaltet werden, eine einheitlichere Anmutung als eine Konzeption, bei der international Image- oder Corporate-Werbung, national produktbezogene Werbung eingesetzt wird.

Abbildung 13 zeigt die verschiedenen Dimensionen mit Beispielen für die internationale und die nationale TV-Werbung.

---

1) o.V. (1985m), S. 20.

	Inhaltliche Dimension			Sprachliche Dimension	Audiovisuelle Dimension	
Internationale Satelliten-kampagne	Marken-thematik, Image	Marken-familie	Produkt-werbung	Synchroni-sierte Spots/ Einblendung von Unter-titeln	Internatio-nal bekann-ter Produkt-präsenter	Interna-tional bekannte Musik
Nationale Werbemaß-nahmen	Verkäufe-rische Werbung	Einzel-marken	Zusätzliche Promotion-maßnahmen	Landessprache	National bekannter Produkt-präsenter	National bekannte Musik

Abb. 13: Differenzierungsmöglichkeiten zwischen internationaler Satellitenkampagne und nationalen Werbemaßnahmen im Sinne des Multinationalen Marketing

3.1.3 Determinanten der Einsatzmöglichkeiten

Nach dem theoretischen Einsatzpotential für verschiedene internationale Kommunikationsstrategien soll eine Charakterisierung der Einsatzmöglichkeiten und -bedingungen des europäischen Satellitenfernsehens in Abhängigkeit von ausgewählten Bestimmungsgrößen vorgenommen werden. Es sind dies einerseits unternehmensinterne Determinanten, worunter Merkmale der Markenpolitik, des Produktes, der Botschaft und als strukturelle Determinante Merkmale der Organisationsstruktur zusammengefaßt werden, andererseits als unternehmensexterne Determinanten Entwicklungsstand und -perspektiven des europäischen Satellitenfernsehens.

Die Ausprägungen dieser Einflußgrößen bestimmen die Nutzungsmöglichkeiten des Satellitenfernsehens als Werbeträger in einer internationalen Kommunikationsstrategie.

3.1.3.1 Unternehmensinterne Determinanten

3.1.3.1.1 Markenpolitik

Der Markenpolitik werden grundlegende markenstrategische Entscheidungen sowie Maßnahmen der Markenbildung, z.B. Festlegung von Markennamen und -zeichen, subsumiert.[1)]

Der Markenname dient der Identifikation und differenzierten Wahrnehmung eines Produktes und ist insofern zentraler Bestandteil einer Werbebotschaft.
Der standardisierte Einsatz von TV-Medien ist nur dann möglich, wenn die Produkte eines international operierenden Unternehmens unter gleichem Namen in den verschiedenen Ländern vermarktet werden.
Eine in allen Auslandsmärkten einheitliche Namensgebung für die Produkte internationaler Markenartikler ist je-

---

1) Vgl. Kotler (1984), S. 482 ff.

doch keineswegs zwangsläufig.
Unterschiedliche Namen können der Widerspiegelung länderspezifischer sprachlicher Eigenarten dienen[1] oder die Folge rechtlicher Restriktionen in einem Auslandsmarkt sein.[2]
Die Firma Henkel ist ein Beispiel dafür, daß die Namensvielfalt der Produktpalette auf den europäischen Märkten eine wesentliche Restriktion für standardisierte Werbung im europäischen Satellitenfernsehen sein kann.[3]

Eine Lösung wären gezielte Angleichungen bzw. Adaptionen im Bereich des Markennamens, um Möglichkeiten grenzüberschreitenden Werbefernsehens nutzen zu können.
Für die Werbung im internationalen Satellitenfernsehen scheinen sich insbesondere Markennamen zu eignen, die international leicht aussprechbar und verständlich sind (Pepsi Cola, Mars).[4]
Im Hinblick auf einen möglichst geringen Sprachanteil in internationalen Spots (s.u.) sind Markennamen von Vorteil, die Verwendungszweck oder Wirksamkeit eines Produktes prägnant kommunizieren und visuelle Elemente der TV-Botschaft unterstützen (Medinait, Clearasil, Head and Shoulders Shampoo).[5]

Die Einheitlichkeit des Markenzeichens sollte vor dem Hintergrund einer standardisierten Kampagne gleichfalls gegeben sein. Das Markenzeichen ist dabei als visueller Faktor einsetzbar, der für den Aufbau einer internationa-

---

1) Ein Beispiel ist das Waschmittel "Perwoll" von Henkel, das in Italien als "Perlana" vermarktet wird.
2) Reynolds Tobacco mußte die weltweite Menthol-Zigarette "Salem" als "Reyno" auf den deutschen Markt bringen, weil Reemtsma in der Bundesrepublik über das Recht an dem Namen "Salem" verfügte.
Vgl. zum internationalen Markenschutz Herstatt (1985), S. 205 ff.
3) Vgl. o.V. (1986au), S. 16.
4) Anmerkung: Es handelt sich bei diesen und den im folgenden zitierten Namensbeispielen um Produkte, die im Satellitenfernsehen beworben werden.
5) Vgl. Herstatt (1985), S. 242 f. Derartige Markennamen werden dort als unmittelbar produktbeschreibend charakterisiert.

len Identität und die Erhöhung des Wiedererkennungswertes von Bedeutung ist.
In einer Satellitenkampagne der österreichischen Firma Puck für Motorroller kommt dem Markenzeichen insofern informierende Funktion zu, daß es am Ende des Commercials anstelle einer Nennung des Markennamens eingeblendet wird.

Von den markenpolitischen Grundsatzentscheidungen ist für die standardisierte TV-Kommunikation vor allem die Strategie der Markenfamilien - im Gegensatz zu Einzelmarken - hervorzuheben.
Bei einem Familiennamen für alle Produkte (Renault), Familiennamen für einzelne Produktlinien (Iglo) und individuellen Produktnamen, die mit dem Namen des Unternehmens verknüpft sind (Kellogg's), ist ein Element des Markennamens für alle Produkte bzw. einzelne Produktlinien konstant.[1)]
Eine international einheitliche TV-Kampagne profitiert bei diesen Ansätzen von den Standardisierungen im Bereich des Markennamens. Sie stützen die angestrebte internationale Kontinuität im werblichen Auftritt und können eventuelle Unterschiede hinsichtlich des Entwicklungsniveaus eines Produktes auf den einzelnen Märkten (vgl. 3.1.3.1.2) insofern in gewissem Umfang kompensieren, als von Ausstrahlungseffekten der Produkte untereinander im Hinblick auf Markenbekanntheit und Wiedererkennungswert auszugehen ist.[2)]

3.1.3.1.2 Produkt

Unter dem Aspekt der äußeren Erscheinungsform eines Produktes ist eine gleiche bzw. ähnliche Verpackung grundsätzlich eine Voraussetzung international einheitlicher Werbung. Insbesondere in einer Werbebotschaft, die sich

---

1) Vgl. Kotler (1984), S. 486.
2) Vgl. Herstatt (1985), S. 227 ff.

eher auf visuelle als auf sprachliche Elemente stützen wird (s.u.), kann der Verpackung in ihrer Informationsfunktion[1] ein erhöhter Stellenwert zukommen.[2]

Produktspezifische Merkmale sind aussagefähige Determinanten zur Erklärung der Möglichkeiten eines international einheitlichen Vorgehens in der Kommunikationspolitik. So betont BEREKOVEN die Bedeutung der folgenden Merkmale für standardisierte Werbekonzeptionen.[3]
Je eindeutiger die Verwendungsmöglichkeiten eines Produktes sind, desto einheitlicher kann die Botschaftsgestaltung für die einzelnen Länder erfolgen.
Ein bestimmender Grundnutzen schafft international ähnliche Voraussetzungen für die Kommunikation (z.B. technische Produkte).[4]
Je neuartiger und erklärungsbedürftiger ein Produkt auf einem Markt verglichen mit anderen Märkten ist, desto eher ergibt sich daraus die Notwendigkeit national differenzierter Ansätze in der Botschaftsgestaltung.

Für die Schaltung standardisierter Werbekonzeptionen in einem europäischen Satellitenprogramm ergibt sich die Bedeutung dieser Merkmale wiederum aus den Implikationen des Mediums im Hinblick auf den Einsatz gesprochener Botschaftsanteile. So können Neuartigkeit und Erklärungsbedürftigkeit eines Produktes - abgesehen von internationalen Marktunterschieden - schon allein aus sprachlichen Gründen restriktive Faktoren für die Einschaltung des Satellitenfernsehens sein.
Liegen beide Faktoren in Kombination vor, so wird der

---

1) Vgl. Ellinger (1966), S. 259 f.; vgl. ausführlich zu den Funktionen der Verpackung Meffert (1986c), S. 406 f.
2) Wegen der Standardisierungserfordernisse der Verpackung bei einer einheitlichen Werbestrategie bietet sich die zentrale Herstellung einer Packung für alle Länder an, bei der die internationale Verständlichkeit der Textbestandteile durch Multilingualität oder Beschränkung der Texte erreicht wird.
3) Vgl. Berekoven (1978), S. 173 f.
4) Vgl. auch o.V. (1983a), S. 209.

verstärkte Einsatz sprachlicher Elemente, die über den Produktnutzen instruieren, eher notwendig sein als bei wenig erklärungsbedürftigen Produkten in einer bekannten Produktkategorie.
Damit wäre in allen nicht englischsprachigen Ländern aufgrund etwaiger Verständnisprobleme ein potentieller Störfaktor in der Kommunikation gegeben.

Eine mögliche Lösung liegt in einem solchen Fall in einer Gestaltung internationaler Fernsehspots mit verstärkter Betonung visueller Elemente, die die informierende und erklärende Funktion der Sprache unterstützen oder ganz bzw. teilweise übernehmen.
Insbesondere bei einem bestimmenden Grundnutzen und eindeutigen Verwendungsmöglichkeiten bietet das Fernsehen die Möglichkeit einer impactstarken Darstellung der Produktvorteile mit optischen Mitteln. Ein Beispiel dafür ist ein Satelliten-TV-Spot von BMW, bei dem der Vorteil einer Anti-Blockiereinrichtung für das Bremssystem mit Hilfe der Computeranimation visualisiert wird.

Restriktiv für eine international standardisierte Werbekonzeption können sich divergierende Entwicklungsniveaus eines Produktes in verschiedenen Märkten auswirken. Diese wiederum sind eine Folge international unterschiedlicher Einführungszeitpunkte. Nach einer Umfrage bei international operierenden Unternehmen gab der überwiegende Teil der Befragten (75 %) an, Produkte erst <u>nach</u> erfolgreicher nationaler Einführung international zu vermarkten.[1)]
Eine empirische Erhebung von ALTHANS über die Startzeitpunkte europaweiter Kampagnen ergab, daß 45 % der Kampagnen zu unterschiedlichen Zeitpunkten gestartet wurden, wobei die zeitliche Diskrepanz in gut 40 % der Fälle mehr als 12 Monate betrug.[2)]

---

1) Vgl. Beuttel/Simmerl/Escherle (1980), S. 106 f.
2) Vgl. Althans (1982), S. 164 f.

Eine Systematisierung der dadurch bedingten Entwicklungsunterschiede liefert ein Vergleich der Produktlebenszyklen für einzelne Märkte. Danach treten bei unterschiedlichen Einführungszeitpunkten in den betrachteten Auslandsmärkten Verschiebungen der Phasen auf, die ein Produkt in seiner Entwicklung durchläuft. Im extremsten Fall wird ein Produkt international eingeführt, das sich im Inland bereits in der Degenerationsphase befindet.[1)2)]

Eine Implikation des Produktlebenszyklus-Konzeptes ist die phasenspezifisch differenzierte Kommunikationsstrategie. Sind in der Einführungsphase die Vermittlung von Informationen und die Erhöhung der Bekanntheit vorrangige kommunikative Zielsetzungen, so stehen in der Wachstums- und Reifephase Aufbau und Intensivierung von Markentreue sowie Abgrenzung gegenüber Konkurrenzangeboten im Vordergrund.[3)]
Eine für alle Phasen des Produktlebenszyklus konstante Werbekonzeption, die damit unabhängig von der jeweiligen Entwicklungsstufe des Produktes in allen Auslandsmärkten einsetzbar wäre, ist unter diesem Gesichtspunkt schwer durchsetzbar.

Während bei international einheitlichen Werbekonzeptionen unter Einschaltung nationaler Medien der sukzessive Einsatz phasenspezifisch differenzierter Werbung denkbar ist[4)], stellt das Satellitenfernsehen höhere Anforderungen an den Standardisierungsgrad internationaler Kampagnen: Die Werbebotschaft wird zeitgleich in alle Empfangsländer ausgestrahlt.
Durch entsprechende technische Einrichtungen (Decoder) ist zwar, z.B. bei Sky Channel, der Ausschluß einzelner

---

1) Vgl. Althans (1982), S. 16.
2) Vgl. ausführlich zum Konzept des Lebenszyklus Bidlingmaier (1973), S. 259 ff.; Meffert (1986c), S. 369 ff.
3) Vgl. Bidlingmaier (1973), S. 260 ff.
4) Vgl. Althans (1982), S. 34 f.

Länder vom Empfang des Satellitenprogramms denkbar[1], wodurch eine selektive Ausstrahlung von TV-Spots in die gewünschten, d.h. in gleichen bzw. ähnlichen Lebenszyklusphasen befindlichen Länder, theoretisch möglich ist. Eine derartige Konstellation entspricht jedoch weder dem Konzept internationaler Satellitensender, noch wäre sie wegen der damit verbundenen hohen Kosten wirtschaftlich sinnvoll.[2]

So kann im Fall europaweit differierender PLZ-Phasen ein globaler Einsatz des Satellitenfernsehens nur bedingt realisiert werden. Eher angebracht erscheint eine Vorgehensweise, bei der übergreifende Werbekonzepte international geschaltet werden und bei der - im Sinne des Multinationalen Marketing - die dem jeweiligen Entwicklungsstand des Produktes adäquate Werbung über nationale Medien gestreut wird.
Derartige übergreifende Ansätze können dabei gezielt so gestaltet sein, daß der Aufbau eines international einheitlichen Produktprofils gefördert und damit eine Annäherung der Diskrepanzen in den Auslandsmärkten erzielt wird.

Abgesehen von einer möglichen integrierenden Funktion des Satellitenfernsehens, sollen zum Problem internationaler Marktunterschiede relativierend einige Kritikpunkte am Konzept des Produktlebenszyklus angeführt werden.
Hinsichtlich des Geltungsbereiches muß festgestellt werden, daß das Konzept grundsätzlich nur für neuartige Produkte Anwendung finden kann. Bei Produktvariationen, die den größten Teil der auf dem Markt befindlichen Marken

---

1) Diese technische Möglichkeit wird zum gegenwärtigen Zeitpunkt von Sky Channel benutzt, wenn rechtliche Restriktionen in einem Land (hier: Schweiz) die Ausstrahlung von Werbung für eine Produktkategorie (hier: pharmazeutische Erzeugnisse) verhindern.
2) Quelle: Sky Channel.

ausmachen[1], ist wegen der Anknüpfung an vorhandene Produkte die modelltypische Charakteristik der Einführungsphase zumindest abgeschwächt.[2]
Da aber die Unterschiede in den Anforderungen an die Werbekonzeption zwischen Einführungsphase und nachgelagerten Phasen besonders augenfällig sind, ist die notwendige Differenzierung der Botschaft vor diesem Hintergrund für viele Produkte vergleichsweise geringer.

Ein weiterer Kritikpunkt betrifft die schematisierende Systematik des Lebenszykluskonzeptes. Vor allem die Zwangsläufigkeit einer degenerativen Phase, die zum Absterben des Produktes führt, kann in Frage gestellt werden: "There is no such thing as brand life cycle. Brands can be kept vital and tired brands can be revived."[3]
Daraus folgt für rückläufige Phasen der Produktentwicklung die Notwendigkeit eines aufmerksamkeitswirksamen Werbeauftritts zur Erhöhung der Präsenz des Produktes, der damit starke Parallelität zur Einführungswerbung aufweist. Insofern ist z.B. für Produkte, die - wie häufig von internationalen Unternehmen praktiziert - erst bei Sättigungserscheinungen im nationalen Markt international eingeführt werden[4], eine zeitgleiche standardisierte Kampagne über Satellitenfernsehen durchaus sinnvoll, insbesondere wenn es sich um Convenience-Güter handelt, die im Rahmen einer Markteinführung wenig erklärungsbedürftig sind.

---

1) Vgl. Berekoven (1985), S. 292.
2) Vgl. Bidlingmaier (1973), S. 257.
3) Baumwoll (1986), S. 18.
4) Vgl. Beuttel/Simmerl/Escherle (1980), S. 106 f. Danach gaben 46,6 % eine derartige Strategie internationaler Marktbearbeitung an.

3.1.3.1.3 Botschaft

Die wesentliche Implikation des Satellitenfernsehens, die für die Gestaltung der Botschaft und deren Aufnahme durch die Adressaten von Bedeutung ist, ist dessen Eigenschaft als vorwiegend englischsprachiges Medium.[1]
Auch die Konzeption von Werbung in den internationalen Programmen ist von den Sendern grundsätzlich in englischer Sprache vorgesehen[2] und scheint darüber hinaus im Sinne einer adäquaten Einbettung in das Programm sinnvoll. Markenname oder Slogan können jedoch in einer abweichenden Sprache erscheinen.[3]

Grundsätzlich ist die Möglichkeit gegeben, Botschaften in der jeweiligen Sprache des Empfangslandes zu synchronisieren und auszustrahlen (vgl. Fußnote 1). Diese Vorgehensweise ist jedoch wegen sprachlicher Schwierigkeiten bei der Synchronisation (s.u.) nicht unproblematisch und wird dementsprechend von den Werbetreibenden nicht genutzt.[4]
Eine Unterlegung mit anderssprachigen Untertiteln scheint mit der Charakteristik einer Werbebotschaft wenig kompatibel. Das "Sub-Titling" wird außerdem - wenn überhaupt - weitestgehend in Ländern positiv beurteilt, die ohnehin einen hohen englischsprechenden Bevölkerungsanteil auf-

---

1) Mit dem Einsatz von Rundfunksatelliten (ab 1987) ist die simultane Ausstrahlung von Programmen in vier bis fünf Sprachen über entsprechende Tonkanäle der Satelliten technisch möglich. Es bestehen derzeit jedoch ungelöste Probleme bei der erforderlichen zeitgleichen Synchronisation.
Eine Einschränkung der fremdsprachigen Positionierung der Sender ergibt sich ferner durch gezielten Programmaustausch zwischen internationalen Sendern und deutschen Programmen (z.B. Sky Channel, deutsche Musicbox; vgl. o.V. (1986be), S. 9 f.).

2) "That as Sky Channel is an English language service, advertisements must be primarily in English." (Sky Channel, 1985).

3) Vgl. o.V. (1985e), S. 72.

4) Quelle: Sky Channel.

weisen.[1)]

Somit ist die Verbreitung der englischen Sprache ein entscheidender Faktor sowohl für die Programmakzeptanz als auch für das Verständnis gesprochener Anteile der Werbebotschaft.
Unzweifelhaft ist Englisch die am weitesten verbreitete Fremdsprache in Europa. Hinsichtlich der Anteile der englischsprechenden an der gesamten Bevölkerung gibt es Indizien, die z.B. darauf hinweisen, daß diese Anteile in Norwegen, Dänemark, Schweden und in den Niederlanden höher liegen als im übrigen Europa.[2)]
Es liegen Forschungsergebnisse vor, wonach bei etwa 50 % aller Erwachsenen in Europa die Sprachkenntnisse ausreichend sind, um ein Programm in englischer Sprache zu verfolgen.[3)]

In einer Studie, die von Sky Channel in europäischen Kabelhaushalten durchgeführt wurde (Herbst 1985)[4)], gaben 43 % der befragten Personen an, Fernsehprogramme in englischer Sprache sehr gut bzw. gut zu verstehen, während 57 % diese nicht sehr gut oder überhaupt nicht verstanden.[5)]
Nach Ländern differenziert, zeigte sich wiederum ein deutliches Gefälle zwischen den skandinavischen Ländern und den Niederlanden, in denen jeweils 61 % der Grundgesamtheit englische Fernsehprogramme sehr gut bzw. gut verstehen, und der Bundesrepublik Deutschland (24 %), Schweiz

---

1) Vgl. o.V. (1986bd), S. 15.
2) Vgl. o.V. (1986bd), S. 11.
3) Vgl. o.V. (1986ay), S. 35.
4) Vgl. Sky Channel (1986b und c). Es handelt sich um eine paneuropäische Erhebung unter Einschaltung von 11 nationalen Marktforschungsinstituten bei 2.275 Kabelfernsehzuschauern, die im Ausstrahlungsgebiet des Senders durchgeführt wurde.
5) Bei den Sky Channel-Zuschauern lagen die Anteile bei 62 bzw. 38 %.

(22 %), den französischsprachigen Ländern (13 %)[1] und Belgien (12 %).[2]

Bemerkenswert ist, daß die Sky Channel-Programme von einem höheren Anteil der Bevölkerung gesehen werden, als er in den amtlichen Statistiken als englischsprachig ausgewiesen ist.[3] Es wurden laut Sky Channel sogar bei Zuschauern mit geringen bzw. keinen Englischkenntnissen noch akzeptable wöchentliche Reichweiten erzielt.[4]
Diese Tatsache ist vermutlich darauf zurückzuführen, daß eine in ein audiovisuelles Medium eingebundene Fremdsprache tendenziell niedrigere Anforderungen an das Sprachverständnis stellt, insbesondere wenn es sich um Inhalte des Unterhaltungssektors handelt.
Weiterhin ist zu bedenken, daß vor allem Kinder und Jugendliche eher geringere Verständnisprobleme bei einem fremdsprachigen Fernsehprogramm haben und diese Bevölkerungsanteile künftig, nicht zuletzt durch grenzüberschreitende Medien, früher und verstärkt mit fremden Sprachen in Kontakt kommen werden.[5]

In einer von British Airways durchgeführten Marktforschungsuntersuchung zum sprachlichen Verständnis ihrer im Satellitenfernsehen ausgestrahlten englischen TV-Werbung zeigte sich, daß der Inhalt des englischen Spots überwiegend besser erinnert wurde als der eines Vergleichsspots in der Muttersprache der Testpersonen. Dies wurde auf die erhöhte Aufmerksamkeit zurückgeführt, die zum Verstehen der Botschaft in einer Fremdsprache von den Rezipienten aufgewandt wird.[6]

---

1) Aufgrund der niedrigen Aufgeschlossenheit gegenüber Fremdsprachen in den französischsprachigen Ländern schließen einige Experten diese Länder als potentielle Zuschauerschaft für englische Programme generell aus (vgl. o.V. (1986bd), S. 12).
2) Vgl. Anhang 8.
3) Vgl. o.V. (1986bd), S. 11.
4) Vgl. o.V. (1985e), S. 72.
5) Die Sendungen für Kinder und Jugendliche sind im Sky Channel-Programm unter diesem Gesichtspunkt gezielt sprachpädagogisch konzipiert.
6) Quelle: Sky Channel.

Die obigen Ausführungen machen deutlich, daß die Sprachlichkeit paneuropäischer Programme bzw. Werbung nur bedingt ein restriktiver Faktor für den internationalen Einsatz des neuen Werbeträgers ist.
Dennoch sind insbesondere für Werbebotschaften Verständnisprobleme durch die englische Sprache nicht zu unterschätzende Störelemente, zumal durch die komprimierte Ansprache in einem TV-Spot die Möglichkeit einer Sinnerschließung aus dem Zusammenhang, wie bei längeren Programmteilen, meist nicht gegeben sein dürfte.

Dies deutet darauf hin, daß bei der Gestaltung von Werbebotschaften für internationale Fernsehmedien der Verwendung nonverbaler Elemente verstärkte Bedeutung zukommt.
Dazu gehört zunächst die Musik als "Form einer globalen Sprache"[1]. Ein Beispiel ist ein supranationaler TV-Spot von Benetton, in dem Musik das Hauptgestaltungselement bei völligem Verzicht auf Sprachunterlegung ist.[2]
Zudem ist eine Verlagerung von sprachlichen zu visuellen Mitteln indiziert. Verbale Anteile sollten - wenn nötig - so eingesetzt werden, daß sie visuelle Lösungen unterstützen und verstärken und so wenig wie möglich zusätzliche Information liefern.
Diese Strategie der redundanten Betextung von Bildern ist nach einer experimentellen Untersuchung im Bereich der TV-Werbung generell derjenigen Vorgehensweise überlegen, bei der im Text nicht visualisierte Sachverhalte angesprochen werden (komplementäre Texte).[3]

---

1) o.V. (1983a), S. 209; ausführlich zur Bedeutung des Gestaltungselementes Musik Demkowych (1986), S. 5; Thöner (1986), S. 21 ff.; Tauchnitz (1985), S. 57 ff.
2) Durch einen Zusammenschnitt verschiedener Nationalhymnen wird die internationale Positionierung der Marke kommuniziert.
3) Vgl. Winterhoff-Spurk/Schmitt (1985), S. 142 ff.
Im Rahmen der Untersuchung ergab der Vergleich zwischen redundanter und komplementärer Version bessere Ergebnisse für die redundante Lösung hinsichtlich Bildwahrnehmung, Bilderinnerung und produktbezogener Werbewirkung.

Die Notwendigkeit der Betonung darstellerischer Botschaftsanteile bei paneuropäischer Werbung findet sich in Einklang mit der Forderung nach mehr Bildersprache im Gegensatz zu vorwiegend verbal-informativer Botschaftsgestaltung, und zwar unabhängig von der Art des Produktes. So weist KROEBER-RIEL nach, daß zum einen auf diese Weise eine erhöhte Erlebnisqualität in der Werbebotschaft geschaffen wird, zum anderen die Werbewirkung insofern erhöht werden kann, als Markenbewußtsein und verhaltensrelevante Erinnerungen zu einem großen Teil an visuelle Vorstellungen gekoppelt sind.[1)]
Eine Strategie der eingeschränkten sprachlichen Kommunikation ist zudem geeignet, einer Informationsüberlastung des Konsumenten, die durch die erhöhte Anzahl der Werbespots im privaten Rundfunk eintreten kann (vgl. auch 4.4.1), vorzubeugen.[2)]

Bei der Gestaltung internationaler Spots für das Satellitenfernsehen bietet sich speziell der Einsatz von Ideen, Symbolen und Anspielungen an, die durch Film- und Fernsehmedien international penetriert sind. So sind im Zuge des heute üblichen weltweiten Programmtransfers im Bereich der audiovisuellen Medien eine Reihe solcher Symbole entstanden, die bei einem internationalen Publikum gleiche oder ähnliche Assoziationen wecken.[3)] Für die Umsetzung globaler Kommunikationskonzepte kann diesen Elementen eine Schlüsselfunktion zukommen.
Beispielhaft sei auf einen von der Firma Schweppes produzierten englischen Spot verwiesen, bei dem Symbole aus der inzwischen in 91 Ländern der Erde ausgestrahlten amerikanischen TV-Serie "Dallas" verwendet worden sind.[4)]

Ein weiteres Problem, das sich im Zusammenhang mit der Gestaltung internationaler TV-Botschaften stellt, ist die

1) Vgl. Kroeber-Riel (1985), S. 84 ff.
2) Vgl. o.V. (1986bi), S. 76.
3) Vgl. Lynn/Reinhard (1984), S. 49; Bessler (1983), S. 1 ff.
4) Vgl. Görke (1985b), S. 62.

Frage, ob nationale Fernsehspots nach entsprechender sprachlicher Anpassung (Synchronisation) geschaltet werden sollen oder statt dessen die internationale Werbung im Satellitenfernsehen speziell gestaltet und produziert werden soll.
Dabei sind zunächst die grundsätzlichen Schwierigkeiten zu beachten, die einer Übertragung nationaler Werbekonzeptionen auf internationale Märkte im Wege stehen können. Diese beruhen z.B. auf internationalen Divergenzen durch kulturelle Besonderheiten oder auf einer unterschiedlichen Konkurrenzsituation.[1)]
Bei Einschaltung des Satellitenfernsehens ergibt sich darüber hinaus eine besondere Situation aufgrund der Eigenart des Mediums.
Es wurde gezeigt, daß das internationale Satellitenfernsehen wegen seiner europaweiten Abdeckung und seines internationalen Images ein spezifisches Einsatzpotential im Rahmen einer internationalen Kommunikationsstrategie bietet. Prägnante Beispiele dafür sind übergreifende Werbekonzepte, die dem Aufbau einer internationalen Identität oder der Überwindung von Marktunterschieden dienen. Es ist unmittelbar einsichtig, daß eine gezielte Nutzung dieser Möglichkeiten in der Regel nur dann vorliegt, wenn spezielle Botschaften konzipiert werden, die diesen Zielsetzungen gerecht werden.

Für eine Gestaltung in spezieller Abstimmung mit dem Medium spricht außerdem das im Vergleich zu nationalen Fernsehmedien aufgrund seiner internationalen Positionierung unterschiedliche Programmumfeld der europäischen

---

1) Eine umfassende Untersuchung über die bei einer Übertragung von Werbekonzeptionen relevanten Einflußgrößen liefert ALTHANS. Es wird dabei jedoch nicht explizit zwischen einer Übertragung vorliegender nationaler Konzeptionen und einer von vornherein international standardisierten Gestaltung unterschieden (vgl. Althans (1982), S. 13).
Dennoch kann davon ausgegangen werden, daß einer gezielten Konzipierung übergreifender Botschaften für den internationalen Markt weniger im Wege steht als einer Übertragung von Entwürfen, die ggf. auf nationale Spezifika abgestimmt sind.

Sender. Der Notwendigkeit einer Anpassung an das Programm kommt verstärkte Bedeutung zu, wenn Spots im Umfeld internationaler Zielgruppen- oder Spartenprogramme plaziert werden sollen. So zeigt z.B. ein in Music Box geschalteter Spot von Nestlé (Nescafé) in seiner Ausgestaltung insofern Parallelen zu diesem Programm, als er, im Unterschied zu nationaler TV-Werbung für die Marke, extrem wenig Text und einen hohen Musikanteil aufweist und das Produkt eher jugendlich positioniert ist.[1)]

Der Transfer bzw. die Adaption vorliegender nationaler TV-Konzepte ist zudem unter sprachlichen Gesichtspunkten nicht unbedenklich. Neben den spezifischen Implikationen internationaler TV-Botschaften im Hinblick auf das Verhältnis Text/Bild ist dies vor allem die erforderliche englische Synchronisation anderssprachiger Spots und dadurch bedingte etwaige Qualitätsverluste.
Abgesehen davon, daß die Synchronisation von Textanteilen, die von einer sichtbaren Person gesprochen werden, häufig einer Originalvertonung aufgrund der nicht identischen Artikulationsmimik unterlegen ist[2)], scheitern direkte Korrespondenzübersetzungen oft an der Abhängigkeit der Sprache vom jeweiligen sozio-kulturellen und ethnischen Kontext.[3)] Die daraus resultierenden interkulturellen Divergenzen im Sprachverständnis und bei den durch die Sprache hervorgerufenen Assoziationen können allenfalls durch eine professionelle Adaption von Werbetexten überwunden werden.[4)]
Zudem ist bei idiomatischen Ausdrücken oder kurz-prägnanten Wendungen, wie sie z.B. bei Slogans häufig verwendet werden, für eine Adaption unter Umständen eine aufwendi-

---

1) Vgl. zur Abstimmung zwischen Botschaft und Programm ausführlich Kap. 4.4.2.1.
2) Vgl. Harig (1986), S. 65 f.
3) Vgl. Kroeber-Riel (1984), S. 564 ff.
4) Eine derartige Anpassung internationaler Kampagnen unter Berücksichtigung sprachlich-kultureller Unterschiede wird z.B. von Spezialagenturen durchgeführt (vgl. Perré (1986a), S. 22 ff.).

gere Umschreibung notwendig[1], was zu zeitlichen Verschiebungen bei der Synchronvertonung des Commercials führt.

Der größte Teil der gegenwärtig über europäische Satellitensender ausgestrahlten Commercials wird von nationalen Fernsehanstalten entsprechend synchronisiert übernommen, während nur wenige Spots speziell für die internationale Schaltung hergestellt werden.[2]
Unter Berücksichtigung der zur Zeit relativ geringen Reichweiten des europäischen Satellitenfernsehens (vgl. 3.1.3.2.1) ist diese Vorgehensweise daraus erklärbar, daß die Produktion einer Kampagne für dieses Medium aus Kostengründen nicht zu rechtfertigen ist.

3.1.3.1.4 Organisationsstruktur

Sowohl bei grundlegenden Entscheidungen über den Einsatz des Werbeträgers Satellitenfernsehen im Rahmen der Mediaselektion als auch in den nachfolgenden Phasen der Abwicklung (Einkauf bzw. Buchung, Abrechnung) spielt die organisatorische Struktur des international operierenden Unternehmens eine bedeutende Rolle. Angesprochen ist dabei vor allem die Frage nach dem Ablauf von Entscheidungsprozessen innerhalb einer internationalen Organisation: "Who does what, where?"[3]
Die Verteilung der Entscheidungskompetenz findet ihren Ausdruck im Grad der Zentralisation bzw. Dezentralisation der Organisation. Ein hoher Zentralisationsgrad liegt vor, wenn die Unternehmenszentrale durch die Vorgabe von Richtlinien und Weisungen die Auslandsniederlassungen an zentral festgelegte Ziele bindet. Entsprechend sind in einer dezentralen Organisationsform erheblich höhere Freiheitsgrade des lokalen Managements angelegt, das im

1) Vgl. Perré (1986b), S. 14.
2) Vgl. o.V. (1985e), S. 72.
3) Terpstra (1978), S. 563.

Rahmen von Zielvorgaben autonom handeln kann.[1]
Nach AYLMER wird die Verteilung der Entscheidungsbefugnisse in internationalen Organisationen zum einen determiniert durch die relative Bedeutung der internationalen Operationen, zum anderen durch die relative Bedeutung der jeweiligen Auslandsniederlassung innerhalb des Unternehmens. So wird bei umfangreichen Auslandsaktivitäten eines Unternehmens die Konzentration der Entscheidungskompetenz in der Unternehmenszentrale gefördert, während eine entsprechende Größe der einzelnen Niederlassung wiederum die Autonomie des dortigen Managements begünstigt.[2]

Bei einer hohen Selbständigkeit nationaler Organisationseinheiten sind Widerstände des zuständigen Managements gegen ein grenzübergreifend einheitliches Medium nicht auszuschließen. Die zentrale Buchung von Sendezeiten in Satellitenprogrammen für alle Europaniederlassungen eines Unternehmens kann deren Autonomie, die in der Regel gekoppelt ist mit der Erfolgsverantwortlichkeit, zuwiderlaufen. So ist die Identifikation des Managements mit autonom getroffenen Entscheidungen tendenziell höher als bei zentral entschiedenen "zudiktierten Lösungen".
Es kommt zu einer weitgehend psychologisch bedingten Abwehrhaltung, vergleichbar mit dem Phänomen, das im Zusammenhang mit standardisierten Konzepten der internationalen Marktbearbeitung als "not invented here"-Syndrom bezeichnet wird.[3]

Eine gegenläufige Kraft würde durch eine Art des Entscheidungsprozesses auftreten, bei dem der Impetus zum Einsatz des innovativen Satellitenfernsehens von nationalen Managern ausgeht, die mit diesem Vorschlag an die Zentrale bzw. die übrigen Niederlassungen ihre persönliche Profilierung forcieren wollen.
Die Frage der Allokation der Entscheidungskompetenz weist

---

1) Vgl. Althans (1982), S. 43.
2) Vgl. Aylmer (1970), S. 27 ff.; einen ähnlichen Zusammenhang zeigt Keegan (1984), S. 570.
3) Vgl. Berekoven (1985), S. 294.

Zusammenhänge auf zum Grad der Standardisierung in der Kommunikationspolitik. So erfordern globale Konzepte ein hohes Maß an Entscheidungszentralisation, während umgekehrt die "Zentrifugalkräfte der Dezentralisation" eine standardisierte Vorgehensweise erheblich behindern können.[1)]
Damit ist für das Satellitenfernsehen, das aufgrund seiner zentralen Ausstrahlung in ein grenzübergreifendes Gebiet als globales Medium zu charakterisieren ist, analog zu folgern, daß bei zentralisierter Organisationsstruktur eine europaweite Ausstrahlung von Werbebotschaften problemloser zu realisieren ist, während bei erhöhtem Dezentralisierungsgrad Hindernisse zu vermuten sind.

Wird nun das Problem der Zentralisierung/Dezentralisierung der Entscheidungsbefugnis in Abhängigkeit vom Typ der Entscheidungssituation untersucht, so zeigt sich für werbliche Entscheidungen, speziell im Bereich der Mediaplanung, bisher eine klare Priorität des lokalen Managements. In der Untersuchung von AYLMER wurden zu 86 % Entscheidungen im Bereich der Werbung national getroffen.[2)]
Zu einem vergleichbaren Befund kommt ALTHANS, wenn er bei einer Befragung zur Planung und Durchführung europäischer Kampagnen zu 63 % bzw. 67 % eine Beteiligung der Auslandsniederlassung der Unternehmen bzw. der Agentur feststellt, wobei die Mitwirkung am ausgeprägtesten war in den Bereichen Informationsgewinnung und Medienauswahl und -belegung.[3)]
Diese Ergebnisse zeigen, daß Entscheidungen der Mediaselektion weitgehend im nationalen Bereich angesiedelt sind. Diese Tatsache ist nicht zuletzt mit der Heterogenität der internationalen Medienszene zu erklären (vgl.

---

1) Meffert/Althans (1982), S. 193 f. An dieser Stelle findet sich ein Überblick über Untersuchungen, die diese Abhängigkeit empirisch belegen.
2) Vgl. Aylmer (1970), S. 26. Es wurden neun multinationale US-Unternehmen befragt; vgl. auch Wills/Ryans (1977), S. 577 ff.
3) Vgl. Althans (1982), S. 152 f. Die Befragung wurde bei 32 international tätigen Werbeagenturen durchgeführt.

3.1.2) und dem bisherigen Fehlen supranationaler Medieninstitutionen.

Der Dezentralisation der Entscheidungskompetenz versuchen internationale Programmanbieter durch eine dementsprechende Ausgestaltung ihrer Vertriebsorganisation gerecht zu werden. So setzt z.B. Sky Channel Außendienstmitarbeiter ein, die für einzelne europäische Länder zuständig sind und von der Zentrale in London aus Akquisition und Betreuung der Kunden vornehmen.[1)]
Dennoch scheitern Pläne für einen Einsatz des Satellitenfernsehens häufig am mangelnden Handlungsspielraum einzelner Unternehmenseinheiten, ein Programm mit internationaler Reichweite zu belegen. So widerrief Kellogg's eine groß angelegte Kampagne im Satellitenfernsehen, weil in den europäischen Niederlassungen keine Einigung zu erzielen war.[2)]

Es wird deutlich, daß für das Zustandekommen internationaler Projekte im Satellitenfernsehen die Koordination national ausgerichteter Mediaplanung unumgänglich ist.
Vor allem vor dem Hintergrund der Rekrutierung von Mitteln zur Finanzierung der Streukosten supranationaler Kampagnen erschließt sich der Stellenwert internationaler Koordinierung der einzelnen Länderniederlassungen bzw. Profit-Centers.
Wegen des weitgehenden Fehlens paneuropäischer Werbeetats handelt es sich dabei um ein nicht zu unterschätzendes Problem. So stellt ein Mitarbeiter des Satellitenprogramms Music Box fest, daß nur wenige Unternehmen so ausgerichtet sind, daß ein Koordinator den einzelnen Re-

1) Vgl. Sky Channel (1985).
2) Vgl. o.V. (1986bd), S. 13.

gionen die Kosten anteilig zudiktieren kann.[1)][2)]

Für einen systematischen Einsatz des Satellitenfernsehens[3)] sind somit Koordinationsmechanismen erforderlich, die eine Konsensbildung auf internationaler Ebene ermöglichen und damit den Ausgleich der weitgehend dezentral verteilten Entscheidungskompetenz im Bereich der Mediaplanung schaffen.
LEONTIADES zeigt eine Übersicht ausgewählter Koordinationsmechanismen für internationale Unternehmen.[4)]
Speziell im Hinblick auf die internationale Abstimmung beim Einsatz des Satellitenfernsehens scheint die Einrichtung bzw. Nutzung eines internationalen Informationssystems geeignet, den Wissensstand über Einsatzmöglichkeiten und Implikationen des neuartigen Mediums international anzugleichen und das Denken in internationalen Maßstäben im Bereich der Mediaselektion zu etablieren.
Weiterhin zeigt LEONTIADES die Bedeutung spezieller, zeitlich befristeter oder dauerhafter Organisationseinheiten für die internationale Koordination auf.[5)]
Insbesondere im Anfangsstadium eines Engagements im Satellitenfernsehen kann die Bildung von Projektgruppen sinnvoll sein, in denen das Einsatzpotential dieses Werbeträgers für eine europäische Kommunikationsstrategie

---

1) Vgl. o.V. (1986ay), S. 34 f.
2) Eine Aufsplittung der Kosten auf die einzelnen Länder ist darüber hinaus nicht unproblematisch: Eine Festlegung der Beitragshöhe nach der Anzahl der Kabelanschlüsse im jeweiligen Land, die z.B. Coca Cola vornimmt (vgl. o.V. (1985m), S. 20), wird durch die Entwicklungsdynamik der Anschlußzahlen erschwert. Bei Ausstrahlung der Programme über den direktstrahlenden Satelliten würde der Abrechnungsaufwand nochmals beträchtlich erhöht.
3) Bei einem sehr geringen Streuvolumen im internationalen Satellitenfernsehen oder bei einem testweisen Einsatz spielt die Koordination eine untergeordnete Rolle. Die relativ geringen Kosten derartiger Projekte würden den Koordinationsaufwand zur internationalen Abstimmung kaum rechtfertigen. In solchen Fällen ist es denkbar, daß z.B. die Unternehmenszentrale oder eine Auslandsniederlassung die Belegung des Mediums veranlaßt und die Kosten dafür trägt.
4) Vgl. Leontiades (1985), S. 201.
5) Vgl. Leontiades (1985), S. 175 f.

diskutiert werden kann.
In regelmäßigen internationalen Meetings oder Komitees können international abgestimmte Pläne für die Belegung von Satellitenprogrammen erarbeitet werden.
Internationale Zusammenschlüsse von Mediaplanern mit hohem Wissensstand über grenzüberschreitende neue Medien in Competence Centern ermöglichen einen internationalen Erfahrungstransfer.
Neben der internationalen Koordinierung kann durch die organisatorisch verankerte Beteiligung der einzelnen Länder am Entscheidungsprozeß über Art und Umfang des Einsatzes des internationalen Satellitenfernsehens ein Abbau der in nationalem Autonomiedenken begründeten Widerstände gegen ein international einheitliches Vorgehen erzielt werden (s.o.).

Dennoch sind mit der Erarbeitung gemeinsamer Lösungen auf internationaler Ebene nur bedingt die Voraussetzungen für einen effizienten Einsatz des Satellitenfernsehens gegeben. So erfordern spezielle Werbeprojekte eine schnelle und flexible Entscheidungsbildung.
Angesprochen sind damit vor allem Sonderformen der Werbung jenseits des üblichen Commercials, denen im Rahmen der Werbemöglichkeiten in internationalen Programmen eine hohe Bedeutung zukommt. Dabei ist, z.B. bei Sponsorenwerbung in grenzüberschreitend ausgestrahlten Sportveranstaltungen, für die die Übertragungsrechte z.T. erst kurz vor der Ausstrahlung an die Fernsehveranstalter vergeben werden, demzufolge eine kurzfristige Entscheidung von seiten interessierter Werbetreibender gefordert.[1]
Zudem würde eine in der Regel schwerfällige und zeitraubende internationale Abstimmung Potentiale ungenutzt lassen, wie sie sich im Zuge der für das Medium TV neuartigen flexiblen Buchungsmodalitäten in privaten Programmen den Werbetreibenden eröffnen.

---

1) Vgl. Sprung (1985), S. 60 ff.

Auch im Hinblick auf die Kostenintensität internationaler Koordinierung scheint eine Zentralisierung der Kompetenz für Entscheidungen über Werbung im europäischen Satellitenfernsehen sinnvoll bzw. notwendig. Zumindest nach Erzielung einer grundsätzlichen Einigung über den Einsatz des Werbeträgers und Verabschiedung einer Rahmenbudgetplanung nach Höhe und Verteilung auf die Länder ist die Rückdelegation der Befugnis für nachfolgende operative Entscheidungen an eine zentrale Stelle angebracht.
Unter der Voraussetzung, daß eine internationale Agenturkette auf jeweils nationaler Ebene mit Fragen der Mediaselektion und -belegung betraut ist[1)], bietet sich dafür z.B. das Agentur-Headquarter an, das die getroffenen Entscheidungen an seine nationalen Niederlassungen weiterleitet. Andernfalls muß entsprechender Handlungsspielraum in der Zentrale bzw. in einer für diesen Zweck definierten Auslandsniederlassung des Unternehmens konzentriert werden.[2)]

3.1.3.2 Unternehmensexterne Determinanten

Wurde mit den unter 3.1.2 grundsätzlich und unter 3.1.3.1 in Abhängigkeit unternehmensinterner Determinanten umrissenen Einsatzmöglichkeiten das qualitative Potential des europäischen Satellitenfernsehens gezeigt, so soll an dieser Stelle das quantitative Einsatzpotential untersucht werden.

---

1) Es handelt sich um eine sog. externe Agentursteuerung. Im Gegensatz zur internen Agentursteuerung, bei der die Unternehmensniederlassungen auf nationaler Ebene mit Agenturen ihrer Wahl zusammenarbeiten, werden die Niederlassungen des Unternehmens von den jeweiligen Niederlassungen einer international tätigen Agentur betreut, die von der Unternehmenszentrale eingesetzt wird (vgl. Berth (1974), S. 550).

2) Es ist eine Tendenz zu derartigen zentralen Strukturen zur Abwicklung paneuropäischen TV-Einsatzes bei den Werbetreibenden feststellbar; sie dokumentiert sich in der Etablierung von Positionen z.B. eines europäischen Mediaeinkäufers bzw. -koordinators (vgl. Wentz (1986), S. 23).

Mit beiden Faktoren in Kombination erschließt sich der Stellenwert des Satellitenfernsehens für eine internationale Kommunikationsstrategie (vgl. 2.3.1).

Die quantitative Dimension kommt im Problem der kritischen Masse für einen effizienten Einsatz des Mediums zum Ausdruck, genauer ob bzw. wann attraktive Reichweiten des europäischen Satellitenfernsehens gegeben sind.
Die Untersuchung dieser Fragestellung wird neben nur begrenzt möglichen Prognosen zur zahlenmäßigen Entwicklung des europäischen Satellitenrundfunks (vgl. 3.1.3.2.2) erschwert durch die notwendige Quantifizierung einer Mindestreichweite. Aufgrund der Neuartigkeit des Mediums stehen Erfahrungs- bzw. Vergleichswerte nicht zur Verfügung. Hinzu kommt, daß das Reichweitenkriterium gegenwärtig untergeordnete Bedeutung haben kann. So ist eine Belegung des Satellitenfernsehens als Reaktion auf Konkurrenzengagement in diesem Medium feststellbar, z.B. bei der massierten Werbung japanischer Elektronikhersteller in internationalen Programmen (vgl. Anhang 6).
Eine weitere Zielsetzung entspricht den aktuellen europäischen Marktverhältnissen im Medium TV: So wird das Satellitenfernsehen von nicht wenigen Unternehmen dazu genutzt, mangelnde Zuteilung von Werbezeiten auszugleichen sowie die skandinavischen Länder mit TV-Werbung zu erreichen.[1]

Auch zukünftig ist die Definition notwendiger Mindestreichweiten in hohem Maße abhängig von der unternehmensindividuellen Situation und Zielsetzung bei einem potentiellen Einsatz des Mediums. So ist in diesem Zusammenhang z.B. die Höhe der erforderlichen Produktionskosten für die internationale TV-Kampagne entscheidend. Auch können qualitative Einsatzmöglichkeiten vorrangiges Entscheidungskriterium sein und dementsprechend die Anforderungen an notwendige Reichweiten beeinflussen.
Dies steht um so eher zu vermuten, wenn mit dem Satelli-

---

1) Vgl. o.V. (1985m), S. 20.

tenfernsehen eine spezifische Wirksamkeit erreicht werden kann, die in nationalen Medien nicht möglich ist, so z.B. bei der Kommunizierung internationaler Produktimages oder der Ansprache paneuropäischer Zielgruppen.
Vor diesem Hintergrund sollen mit der gegenwärtigen Verbreitung und den Entwicklungsperspektiven des europäischen Satellitenfernsehens die aktuell und - sofern prognostizierbar - die künftig realisierbaren Reichweiten des Mediums vermittelt werden. Aufgrund unternehmensindividuell ausgeprägter Kosten-Nutzen-Relationen (s.o.) kann dies jedoch nicht im Sinne einer allgemeingültigen Bewertung dieser Größen als Beiträge zur Effizienz des Medieneinsatzes geschehen, sondern muß als Tendenzaussage über potentiell erzielbare Reichweitengrößenordnungen verstanden werden.

3.1.3.2.1 Gegenwärtige Verbreitung des europäischen Satellitenfernsehens

Die Reichweite des Satellitenfernsehens drückt sich zunächst aus in der Zahl der Haushalte in Europa, die die europäischen Satellitenprogramme empfangen können.
Diese Größe wird in erster Linie determiniert durch die technische Infrastruktur (Verkabelung), Ausstattung der Teilnehmer mit Empfangsgeräten sowie die Einspeisung der Programme in die Kabelnetze.

Nach einer Studie des Forschungsinstitutes Communications and Information Technology (CIT), London, waren Mitte 1985 in Europa insgesamt 10,6 Mio. Haushalte, d.h. 8,6 % aller Haushalte mit einem Kabelanschluß versorgt. Dabei ist ein starkes Gefälle zwischen den einzelnen Ländern feststellbar: Die am stärksten verkabelten Länder sind Belgien (83 %), Niederlande (60 %), Schweiz (48 %); sie stellen insgesamt mehr als 60 % der europäischen Kabelhaushalte. Demgegenüber weisen Großbritannien (5 %), die Bundesrepublik (4 %) und Frankreich (2 %) einen ver-

gleichsweise sehr geringen Verkabelungsgrad auf.[1]
Aufgrund der politisch-rechtlich begründeten Einspeisungspraxis in den europäischen Ländern muß die Gesamtheit der verkabelten Haushalte auf den Anteil derjenigen Haushalte vermindert werden, bei denen die Satellitenprogramme tatsächlich eingespeist werden.
Technische Voraussetzung für die Einspeisung ist der Anschluß der Kabelnetze an eine Satellitenempfangsanlage. Für die in den Sonderkanälen des Kabels verteilten Programme ist darüber hinaus die Sonderkanaltauglichkeit der Fernsehgeräte für den Empfang notwendig. Dieser Anforderung genügen derzeit in der Bundesrepublik ca. 45 % der Geräte (vgl. Kap. 2.1.2.2); für Gesamteuropa liegen keine Angaben vor.

Ohne Berücksichtigung des zuletzt genannten Faktors stellen sich die Reichweiten der paneuropäischen Satellitenprogramme wie in Anhang 6 dokumentiert dar (Stand: Oktober/November 1986).
Führend in der Reichweite ist danach das Programm Sky Channel, das von ca. 7,2 Mio. Haushalten europaweit empfangen werden kann.[2] Diese Größenordnung muß im Vergleich zur Reichweite terrestrischer nationaler Programme als sehr gering eingestuft werden. So können ARD und ZDF allein in der Bundesrepublik von fast 25 Mio. Haushalten gesehen werden. Für die übrigen europäischen Staaten gelten ähnliche Relationen. So beträgt die potentielle Reichweite der terrestrischen Sendeanstalten, die der Quote der Fernsehhaushalte entspricht, in fast allen europäischen Ländern zwischen 90 % und 100 %.[3]
Bei ca. 120 Mio. Fernsehhaushalten in Europa liegt Sky Channel zur Zeit bei einer prozentualen technischen Reichweite von ca. 6,1 %.

Ein aussagefähigeres Leistungskriterium als die poten-

1) Vgl. Whitten (1985), S. 11 ff.; siehe auch Anhang 9.
2) Nach Angaben des Senders (März 1987) ist Super Channel in ca. 7,5 Mio. Haushalten Europas zu empfangen.
3) Vgl. Ogilvy & Mather Europe (1984), S. 7 f. und Anhang 10.

tielle Reichweite sind effektive Zuschauerzahlen bzw. -anteile am Gesamtprogrammangebot. Fundierte Daten zu dieser Größe liegen gegenwärtig kaum vor; Hinweise liefern allenfalls stichprobenartige Resonanzforschungen. Die erste umfangreichere Studie zur Zuschauerakzeptanz des europäischen Satellitenfernsehens ist die bereits erwähnte Sky Channel-Untersuchung (1986). Danach beliefen sich auf Basis des wöchentlichen TV-Konsums nach Stunden die Anteile für Sky Channel und Music Box in den Testhaushalten im gesamten europäischen Network in der Zuschauergruppe 16- bis 64-Jähriger auf 7 % bzw. 1 %, in der Zuschauergruppe der 16- bis 24-Jährigen auf 14 % bzw. 2 %. Aufgegliedert nach Ländern bzw. Ländergruppen lag Skandinavien mit 25 % und 2 % bzw. 44 % und 5 % weit über dem europäischen Durchschnitt, während die Bundesrepublik (jeweils 2 % bzw. 5 %) sowie Belgien und die Schweiz mit ähnlichen Anteilen unterdurchschnittliche Reichweiten der beiden Programme aufwiesen.[1)]

Entsprechend der relativ geringen europäischen Abdeckung des Satellitenfernsehens muß die gegenwärtige Entwicklungsstufe des neuen Mediums aus Sicht der Werbetreibenden als <u>Erprobungsphase</u> gekennzeichnet werden. In Umfragen bei Unternehmen, die internationale Satellitenkanäle als Werbeträger nutzen, kommt dies in charakteristischen Begriffen zum Ausdruck: "Lernen", "Experimentieren", "Ausprobieren".[2)] Die geringen Reichweiten mit, absolut betrachtet, niedrigen Einschaltkosten prädestinieren das Medium für einen testweisen Einsatz, der geeignet ist, Erfahrungen mit dem neuartigen Werbeträger und paneuropäischer Fernsehwerbung zu sammeln, z.B. im Hinblick auf Gestaltungsmöglichkeiten und Sonderformen der Werbung.

---

1) Vgl. Sky Channel (1986b), S. 93 ff. und Anhang 11. Grundgesamtheit bei der Untersuchung sind Haushalte, die Sky Channel empfangen können. Erhoben wurden alle empfangbaren Programme, d.h. nationale terrestrische Programme, ausländische terrestrische Programme, die mit normalem Antennenaufwand empfangbar sind, sowie paneuropäische und in Teilen Europas vertretene Satellitenkanäle.

2) o.V. (1985m), S. 20.

Forciert wird dieser Ansatz von der Konditionenpolitik der Sender, die potentiellen Werbekunden Testschaltungen von Spots zum Teil kostenlos ermöglichen (z.B. Sky Channel).[1)]

Laut Sky Channel ist mit dem Start der zweiten oder dritten Kampagne bzw. nach Ablauf von etwa zwei Jahren die Testphase für die Unternehmen abgeschlossen; erst dann wird "real money" statt "learning money" für die Belegung des Werbeträgers ausgegeben.[2)] Eine Auswertung der Kundenportfolios von Sky Channel der Jahre 1983 bis 1986 (Januar) ergibt, daß diese Situation Ende 1985 für nur ca. 17 % der Unternehmen zutraf (vgl. Anhang 7).

3.1.3.2.2 Entwicklungsperspektiven des europäischen Satellitenfernsehens

Im Hinblick auf das künftige quantitative Potential des Satellitenfernsehens für die grenzüberschreitende Kommunikation ist die Entwicklung des Mediums am Markt von Bedeutung sowie deren Zeitbedarf.

Dabei ist keine alleinige Determinierung der Einsatzmöglichkeiten im Marketing durch die potentiellen Reichweiten des Satellitenfernsehens gegeben. Vor allem der Zusammenhang zwischen Zuschauerzahlen, Programmen und Werbeeinnahmen der Sender sei an dieser Stelle nochmals betont: Die Reichweiten bedingen den Einsatz des Satellitenfernsehens als Werbemedium, Reichweiten bzw. Zuschauerzahlen werden ihrerseits durch die Programmgestaltung erzielt, für die Programmgestaltung wiederum sind bei werbefinanzierten Sendern entsprechende Einnahmen aus Werbung notwendig (vgl. 2.4).

Speziell für das Entwicklungspotential des europäischen Satellitenfernsehens ist im Hinblick auf institutionelle und private Akzeptanz zu beachten, daß das Medium mit

---

1) Vgl. o.V. (1986bd), S. 12.
2) Vgl. o.V. (1986bd), S. 12.

zunehmender Liberalisierung der Fernsehmärkte der einzelnen Länder in verstärkte Konkurrenz zu nationalen TV-Medien tritt.
So wird mit der Erweiterung der Werbezeit in bestehenden nationalen Programmen, wie dies in Österreich, der Schweiz und den Niederlanden realisiert bzw. vorgesehen ist, der Zulassung neuer werbefinanzierter terrestrischer Programme (z.B. in Frankreich) sowie der geplanten erstmaligen Zulassung von Fernsehwerbung in Skandinavien in nationalen Sendern ein Abbau der derzeitigen Restriktionen in der Verfügbarkeit des Mediums TV in Europa erzielt.[1)]

Die Akzeptanz beim Zuschauer wird gefördert durch die Positionierung der meisten Satellitenprogramme im Unterhaltungssektor, die der international feststellbaren Präferenz des Fernsehpublikums für diesen Programmtypus[2)] entgegenkommt. Auch hier jedoch gilt, daß neue nationale Unterhaltungsprogramme gleichfalls die Programmvielfalt erhöhen.[3)]
Als entscheidende Faktoren, die die Durchsetzung internationaler Satellitenprogramme in der Konkurrenz des Gesamtangebotes beeinflussen, sind u.a. Sprachkenntnisse und kosmopolitische Einstellung der Zuschauer einzustufen.

Wesentlichen Einfluß auf die Weiterentwicklung des europäischen Satellitenfernsehens haben politisch-rechtliche Fragen. So ist die Harmonisierung rechtlicher Bestim-

---

1) Vgl. o.V. (1986bd), S. 13 f.
2) Vgl. Geerts (1983), S. 658 ff. Danach liegt in den meisten Ländern - unabhängig vom Programmangebot - eine Nachfragestruktur vor, die sich aus ungefähr 70 % Unterhaltung, 22 % Information und 5 % Bildung zusammensetzt.
3) Waren 1983/84 in den meisten europäischen Ländern mit Ausnahme Italiens und Belgiens (7 bzw. 5 Kanäle) 2 bis 3 landesweite Fernsehprogramme verfügbar, so wird im Zuge der Entwicklung das Programmangebot durch die Etablierung neuer nationaler Kanäle und die Satellitentechnik beträchtlich erweitert (Vgl. Ogilvy & Mather Europe (1984), S. 9 f., S. 12).

mungen (vgl. 2.2) und technischer Normen geeignet, den Abbau bestehender Planungsunsicherheiten bei Programmanbietern, Herstellern von Hardware (Empfangsgeräten) und nicht zuletzt bei der werbetreibenden Industrie und beim Verbraucher zu fördern.
Auf technischem Gebiet sind europäische Forschungsprojekte (z.B. RACE = Research in Advanced Communications Technologies for Europe) sowie die erzielte Einigung auf die europaeinheitliche Fernsehnorm D-2-MAC Maßnahmen im Sinne eines gemeinsamen Telekommunikationsmarktes.[1)]

Die nach internationalem Recht und durch politische Abkommen und Deklarationen geschützte Ausstrahlungs- und Empfangsmöglichkeit internationaler Rundfunksendungen kann auf Basis nationalen Rechts eingeschränkt werden (vgl. 2.2). Derartige Beschränkungen des Empfangs und der Weiterverbreitung grenzüberschreitender Programme, die z.B. aus protektionistischen Interessen, so zum Schutze der eigenen nationalen Volkswirtschaft oder zur Vermeidung von kultureller Überfremdung gefordert wurden[2)], beeinträchtigen die Entwicklungsbedingungen des europäischen Satellitenfernsehens erheblich.
Vor allem Differenzen hinsichtlich einzelstaatlicher Vorschriften auf dem Gebiet der Werbung, des Jugendschutzes und der Autorenrechte implizieren die Möglichkeit, Restriktionen, die für inländische Sendungen gelten, auch auf ausländische Programme anzuwenden. So verzichtete Sky Channel z.B. bisher wegen des Verbotes der Alkoholwerbung in einigen europäischen Ländern gänzlich auf die Ausstrahlung von Werbung für diese Produkte*.
In den beiden Vorschlägen der EG-Kommission soll mit der Angleichung der wesentlichen Rechtsvorschriften eine Harmonisierung des Rundfunkrechts auf europäischer Ebene erzielt werden (vgl. 2.2).

Im Hinblick auf die <u>technologische Infrastruktur</u> als

---

1) Vgl. Weirich (1986), S. 18 ff.
2) Vgl. Mestmäcker (1985), S. 20 ff.; Hoffmann-Riem (1986), S. 16 ff.

Voraussetzung für Ausstrahlung bzw. Empfang von Satellitenprogrammen spielt zunächst die Entwicklung der Haushaltsdurchdringung mit Fernsehgeräten eine Rolle.
So mindern höherwertige Ersatzanschaffungen (nach Maßgabe des Ausgabespielraums der privaten Haushalte) den Anteil der nicht sonderkanaltauglichen Geräte.
Auf dem Gebiet der Versorgung mit Zweitgeräten, bei der ein positiver Zusammenhang mit der Nutzung ausländischer, speziell Spartenprogramme vermutet wird[1], ist in vielen Ländern Europas ein Entwicklungspotential gegeben.[2]

Die Prognosen zur künftigen Verkabelung der Haushalte in Europa differieren zum Teil erheblich, wobei die Werbeindustrie häufig von einer sehr viel zügigeren Entwicklung ausgeht als unabhängige Forschungsinstitute.
Ogilvy & Mather (1984) erwartet für 1990 einen europaweiten Verkabelungsgrad von 22 %[3], während CIT Research (1985) für 1991 13,1 % und selbst für 1995 erst 16,6 % prognostiziert.[4]
Ein noch uneinheitlicheres Bild bietet sich hinsichtlich der Entwicklung der Verkabelung in den einzelnen Ländern. Laut Ogilvy & Mather findet bis 1990 in gewissem Umfange eine Angleichung des derzeitigen Gefälles zwischen den einzelnen Ländern statt, während CIT mit Ausnahme der Bundesrepublik einen weiterhin schleppenden Ausbau der Netze für die gegenwärtig schwach verkabelten Länder vorhersagt. Prägnantes Beispiel ist Frankreich, für das Ogilvy & Mather einen Verkabelungsgrad von 30 %, CIT hingegen eine Quote von 4,5 % am Ende dieses Jahrzehnts ansetzt.
Im Hinblick auf die effektive technische Reichweite internationaler Satellitenprogramme, die über ECS/Intelsat verbreitet werden, muß der Verkabelungsgrad wiederum relativiert werden nach Maßgabe des Anschlusses der Ka-

---

1) Vgl. Biebl/Frederking (1985), S. 24.
2) Vgl. Anhang 12.
3) Vgl. Ogilvy & Mather Europe (1984), S. 20 sowie Anhang 13.
4) Vgl. Whitten (1985), S. 11.

belnetze an eine Satellitenempfangsanlage, der Empfangsvoraussetzung der Fernsehgeräte sowie der Einspeisungspraxis in den Ländern.

Eine beträchtliche Erhöhung der Reichweiten käme durch den privaten Empfang von Signalen der Fernmeldesatelliten zustande, der durch Aufgabe des Monopols der nationalen Postverwaltungen für diesen Bereich möglich wird. In England ist dieser Empfang über private (Groß-)Gemeinschaftsantennenanlagen, international MATV (Master Antenna Television) genannt, bereits zulässig; in der Bundesrepublik ist die Freigabe geplant. Fraglich ist jedoch vor allem die Rentabilität eines derartigen Satellitengemeinschaftsempfangs für private Betreiber.[1)]
Anhang 14 zeigt das Potential für den Satellitenempfang über MATV in den einzelnen Ländern Westeuropas anhand der Quoten der an eine Gemeinschaftsantennenanlage angeschlossenen Haushalte.

Eine weitere Form des privaten Satellitenempfangs ist der Empfang auf Individualbasis.
Die quantitative Entwicklung des privaten Direktempfangs hängt in hohem Maße von den Kosten der notwendigen Empfangstechnik ab. Es ist wiederum zu berücksichtigen, daß der Einsatz von Medium-Power-Satelliten als wesentlicher Schritt in der Entwicklung des Satellitenfernsehens gewertet werden muß, zumal die hohe Kanalanzahl auf einem Satelliten eine internationale Programmauswahl ermöglicht (vgl. 2.1.1.5; 2.4).[2)]

Mit den obigen Ausführungen sind in groben Zügen die Entwicklungstendenzen des europäischen Satellitenfernsehens mit dem Ziel aufgezeigt worden, die Vielschichtigkeit in der Diffusion dieses Mediums zu verdeutlichen.
Prognosen zum künftigen Zuschauerpotential einzelner Programme und damit zu deren Reichweite als internationale Werbeträger, wie sie z.T. von den Sendern aufge-

---

1) Vgl. Biebl/Manthey (1985), S. 130; Hirsch (1985), S. 140 ff.
2) Vgl. o.V. (1987b), S. 8.

stellt werden[1], geben allenfalls intuitive Schätzungen wieder, die von daher mit entsprechender Unsicherheit behaftet sind.

Fraglos ist jedoch, daß viele der Probleme im technischen, vor allem aber im politisch-rechtlichen Bereich, die derzeit einer zügigen Diffusion des Mediums im Wege stehen, mit fortschreitender Entwicklung, insbesondere zu direktstrahlenden Satellitengenerationen, obsolet werden. Es ist in absehbarer Zeit mit einer "selbstfördernden Eigendynamik"[2] des europäischen Satellitenfernsehens zu rechnen, die zudem unterstützt wird von den Entwicklungen auf dem Gebiet der internationalen Marktbearbeitung (vgl. 3.1.4).
Im Zusammenhang mit den Prognosen der Vergangenheit, hinter denen die Realität der Entwicklung häufig zurückblieb[3], spricht dies dafür, die Perspektive des internationalen Satellitenrundfunks wie folgt zu umreißen: "Die nahe Zukunft wird überschätzt und die ferne Zukunft wird unterschätzt."[4]

3.1.4 Der Zusammenhang zwischen internationalem Satellitenfernsehen, supranationaler TV-Werbung und internationaler Marktbearbeitung

Angesichts des innovativen Einsatzpotentials des grenzüberschreitenden Satellitenfernsehens deutet sich an, daß die Bedeutung des Mediums über dessen Stellenwert als Werbeträger mit rein instrumentalem Charakter hinausgeht. Dies bestätigt sich, wenn die Auswirkungen des Satellitenfernsehens und der supranationalen TV-Werbung sowie

---

1) Vgl. Bradshaw (1986). Bradshaw prognostizierte eine Steigerung der Ende 1985 ca. 5 Mio. Empfangshaushalte von Sky Channel auf ca. 12 Mio. Haushalte bis Ende 1987.
2) Meffert (1985), S. 39.
3) Grabner (1986, S. 165) spricht von einer "technologischen Euphorie", die zu falschen Hochrechnungen führt.
4) Luyken (1985), S. 69.

die Entwicklung auf dem Gebiet der internationalen Unternehmenstätigkeit berücksichtigt werden.
So stehen das Satellitenfernsehen, die Internationalisierung bzw. Standardisierung der Marktbearbeitung und die Werbung in grenzüberschreitenden Programmen in einem Verhältnis zueinander, das durch interdependente Verstärkung gekennzeichnet ist.

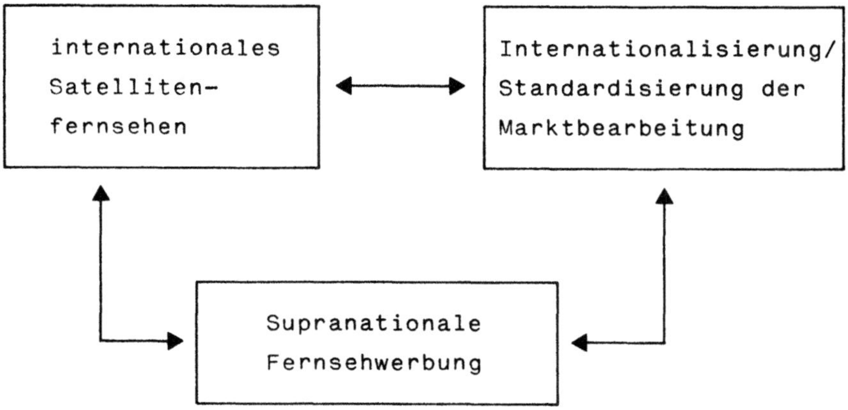

Abb. 14: Zusammenhang zwischen internationalem Satellitenfernsehen, Internationalisierung/Standardisierung der Marktbearbeitung und supranationaler Fernsehwerbung

Die <u>zunehmende internationale Vermarktung von Produkten</u> ist ein Faktor, der die Etablierung internationaler Medien begünstigt. Nicht zuletzt die Sättigung nationaler Märkte ist die Triebfeder zur Erschließung von Absatzpotentialen im Ausland.
Als Folge dieser Entwicklung verändern sich Markenbilder und -positionen, werden zunehmend international. So fielen knapp 37 % der 1985 im ZDF beworbenen Marken unter den Begriff des "Eurobrandings".[1)]
Darüber hinaus eröffnet die durch technologischen Fort-

1) Wilkens (1986), S. 48.

schritt beschleunigte Entstehung von globalen Märkten Möglichkeiten der Standardisierung der Unternehmenspolitik (vgl. 3.1.1.2). Vor allem Banken und Versicherungen sind Branchen, in denen die Globalisierung fortgeschritten und insofern auch in Tendenzen zu international standardisierten Werbeauftritten feststellbar ist.[1)]
Letztlich sind die übergreifenden Fernsehmedien selbst Teil der beschriebenen Entwicklung. So ermöglichen grenzüberschreitende Absatzgebiete die Nutzung von Kostenvorteilen, z.B. auf den Gebieten der Filmrechte und Satellitenmieten. Die Beteiligung internationaler Medienkonzerne an den Satellitensendern, die mit einem Programm ein internationales Ausstrahlungsgebiet bzw. Publikum versorgen, entspricht der Charakteristik einer globalen Marktbearbeitung.[2)]

Ist einerseits das Satellitenfernsehen mit dem Wesen der Internationalisierung bzw. Globalisierung der Märkte in hohem Maße kompatibel, so fördert andererseits das Medium selbst diese Entwicklung:
Fernsehsatelliten gehören zu den weltweiten Informationstechnologien, die zu einem Abbau der Unterschiede zwischen den Nationen und damit zur Schaffung eben jener globalen Märkte beitragen. Nach BEREKOVEN "wächst die Welt zweifellos" durch die neuen elektronischen Medien "zusammen".[3)]
Internationale Medieninstitutionen sowie die zunehmende internationale Vermarktung von Programmprojekten amerikanischer und inzwischen auch europäischer und japanischer Herkunft erzeugen eine universelle Medienkultur.
Gleiche oder ähnliche mediale Vorgaben beeinflussen die Realität der Weltbevölkerung mit impliziten Auswirkungen, z.B. auf Verhalten, Kommunikationsgewohnheiten, Vorstellungen und Bewußtsein.[4)]
Marketingstrategische Relevanz liegt in der daraus fol-

---

1) Vgl. Barnet (1984), S. 376.
2) Vgl. Görke (1985a), S. 50 f.
3) Berekoven (1985), S. 296.
4) Vgl. Bessler (1983), S. 1 ff.

genden Angleichung der Verbraucher: "Wir müssen uns mit neuen international gültigen Zielgruppen auseinandersetzen: nach Lifestyle, Interessen, .. Geschmackspräferenzen."[1)]

Im Zusammenhang mit den Auswirkungen supranationaler Fernsehwerbung wurde an anderer Stelle bereits auf den Konkurrenzmechanismus als Impetus zur Belegung von Satellitenprogrammen hingewiesen. Zudem wurde deutlich, daß international standardisierte TV-Werbung aufgrund der Produktionskostendämpfung einen erheblichen Wettbewerbsvorteil repräsentieren kann.
Generell gilt, daß Werbung im Satellitenfernsehen Einflüsse auf den jeweiligen nationalen Wettbewerb ausübt. So kann ein Wettbewerbsnachteil entstehen für national oder lokal anbietende Unternehmen bzw. für diejenigen Unternehmen, die ihre Produkte nicht in internationalen Programmen bewerben. Dieser negative Einfluß auf die nationale Wirtschaftstätigkeit ist naturgemäß in den Ländern gravierend, in denen Werbung in den nationalen Fernsehanstalten bisher nicht zulässig ist.[2)]
Es ist denkbar, daß die Gefährdung nationaler Absatz- und Kommunikationsstrategien durch internationale Satellitenwerbung wiederum zu einer verstärkten Internationalisierung nationaler Produkte mit dem Ziel der Kompensation etwaiger Wettbewerbsverzerrungen führt.

Für den einzelnen Werbetreibenden kann die Möglichkeit der grenzüberschreitenden Fernsehwerbung Auswirkungen auf die internationale Absatz- und Kommunikationsstrategie haben.
So wird durch die spezifischen Anforderungen des Mediums das Denken in internationalen Kategorien gefördert, sowohl im Hinblick auf die Gestaltung der Botschaft als

1) Görke (1985a), S. 50; vgl. auch Menzel (1985), S. 6.
2) Vgl. Burton (1986), S. 48; Sepstrup (1985), S. 99. Eine Liberalisierung der Fernsehwerbung wird aufgrund dieser potentiellen Auswirkungen vor allem in Skandinavien diskutiert.

auch unter dem Gesichtspunkt des organisatorischen Umgangs mit einem zentralen europäischen Werbeträger.

Darüber hinaus kann das Satellitenfernsehen Impulse zur Wahrnehmung neuer Marktaufgaben und Zielsetzungen geben. Es ist vorstellbar, daß vor dem Hintergrund der Möglichkeiten paneuropäischer Werbung Zielgruppen definiert werden, die national kleine, im internationalen Zusammenschluß jedoch interessante Marktpotentiale darstellen. Als Beispiel sei das an anderer Stelle angesprochene Frühstücksfernsehen genannt, mit dem die Ansprache einer europäischen Zielgruppe von Führungskräften denkbar ist. Ausstrahlungseffekte des Mediums auf das internationale Marketing liegen auch dann vor, wenn in den übrigen Submix-Bereichen gezielt Maßnahmen durchgeführt werden, die einen Einsatz des Satellitenfernsehens vorbereiten bzw. ermöglichen sollen. Dies können z.B. internationale Angleichungen im Bereich des Markennamens, der äußeren Erscheinungsform und der Positionierung des Produktes sein.

Schließlich wird die transnationale Fernsehwerbung in ihrer Ausgestaltung beeinflußt durch das Medium, in dem sie plaziert wird. Angesprochen sind hier nicht die sich aus der Eigenart des Satellitenfernsehens ergebenden Gestaltungserfordernisse (s.o.), sondern die kreative Dimension internationaler TV-Werbung generell. So weist vor allem nach Auffassung der "Agentur-Kreativen" deutsche Fernsehwerbung in der amerikanischen und auch europäischen Konkurrenz massive Defizite auf.[1)]
Deutsche Commercials, die in Satellitenprogrammen geschaltet werden, sind erstmalig dem direkten Vergleich mit internationalen Produktionen ausgesetzt und werden sich insofern an entsprechenden Qualitätsstandards messen müssen.
Auswirkungen auf das Gestaltungsniveau sind damit zu vermuten, wenn nicht gar unumgänglich.

---

1) Vgl. o.V. (1986am), S. 34 ff.

3.2 Bedeutung des Lokalfernsehens für lokale Kommunikationsstrategien

3.2.1 Lokale Kommunikation in Abhängigkeit vom Typ des anbietenden Unternehmens

Eine Kommunikationsstrategie mit lokaler Orientierung tritt im Rahmen des Hersteller- bzw. des Handelsmarketing naturgemäß in unterschiedlicher Ausprägung auf.
Grundsätzlich lassen sich eine lokal begrenzte Kommunikationsstrategie und eine Strategie der lokalen Differenzierung unterscheiden.

Lokal begrenzte Strategien ergeben sich für den örtlichen Handel aus dessen Einzugsgebieten.
Im Falle des Herstellers führen räumlich eingegrenzte Absatzmärkte oder ein zeitlich befristeter Einsatz der Marketinginstrumente in bestimmten Regionen (Testmarketing) zu lokal begrenzten Kommunikationsstrategien.

Lokal differenzierte Kommunikationsstrategien liegen immer dann vor, wenn bei überregionaler Absatzmarktausdehnung nicht eine gleichmäßige Verteilung oder Gestaltung der Marketing- bzw. Kommunikationsmaßnahmen stattfindet, sondern diese vielmehr nach Intensität oder Inhalt räumlich differenziert werden.
Relevant ist die Strategie der lokalen Differenzierung für den Hersteller sowie für den überregionalen Handel.

3.2.1.1 Hersteller

Charakteristisch für das Herstellermarketing ist eine meist nationale oder gar internationale Ausdehnung der Absatzmärkte.[1)]
Eine geografische Begrenzung des Marktes ist bei regionalen Produkten gegeben; typische Beispiele für diese Ka-

1) Vgl. Schenk (1980), S. 38.

tegorie sind Biere und teilweise Spirituosen.[1)]
Ferner können ausgeprägte regionale Konsumpräferenzen für bestimmte Produktgattungen ein Anlaß zur Konzentration der Marketingaktivitäten auf die entsprechenden Gebiete sein. Diese Situation ist z.B. in den USA auf dem Markt der Kräutertees gegeben.[2)]
Ein weiteres Beispiel ist die geografische Segmentierung eines Marktes in Verbindung mit weiteren, z.B. sozioökonomischen Kriterien mit dem Ziel einer konzentrierten Marktbearbeitung.[3)] So konzipierte Reynolds Tobacco eine "up-market" positionierte Zigarettenmarke, die ausschließlich in den Duty-Free-Shops der Flughäfen und in exklusiven Tabakwarengeschäften der Großstädte vertrieben werden sollte.

Ein typischer Fall einer Focussierung der Marketingaktivitäten bzw. der Kommunikationsmaßnahmen des Herstellers auf begrenzte Regionen ist das Testmarketing.
Zur Einschätzung der Marktreaktionen werden Produkte bzw. Marketingprogramme unter dem Aspekt der Risikominimierung in einem Zeitraum von einigen Monaten bis zu mehreren Jahren im Wettbewerbsumfeld getestet. Markttests werden im Konsumgüterbereich bei Produktneueinführungen, aber auch bei Relaunches etablierter Marken sowie beim High-Spending[4)] durchgeführt.[5)]

Bei einem regionalen Testmarkt wird in einem begrenzten, als Abbild des nationalen Marktes ausgewählten Gebiet (z.B. eine oder mehrere Städte, Nielsen-Gebiet) bei vollständiger Distribution getestet.[6)] Im Hinblick auf Maß-

---

1) Vgl. Reeb (1986), S. 23.
2) Vgl. Simons (1985), S. 40.
3) Vgl. zur Strategie einer differenzierten und speziell einer konzentrierten Marktbearbeitung Kotler (1984), S. 269 f. sowie Kap. 4.2.2 der vorliegenden Arbeit.
4) Ein High-Spending-Test soll Möglichkeiten der Absatzsteigerung durch erhöhte Werbeinvestitionen klären.
5) Vgl. Kotler (1984), S. 337 ff.; Reeb (1986), S. 22 f.
6) Vgl. zu den Auswahlkriterien von Testregionen sowie zu den im Laufe eines Markttests zu sammelnden Informationen Kotler (1984), S. 340 ff.

nahmen der Kommunikationspolitik ist von Bedeutung, daß z.B. im Food-Bereich nur ca. 50 % der in regionalen Märkten getesteten Produkte mit klassischer Verbraucherwerbung unterstützt werden.[1]

Alternativ sind Testmarktverfahren möglich, bei denen die Distribution des Produktes auf eine Anzahl ausgewählter Einzelhandelsgeschäfte beschränkt ist. Es gehören dazu Ladentests, wie der "kontrollierte Markttest" von Nielsen und der "Storetest" der GfK, bei denen lediglich der Abverkauf in den Testgeschäften festgestellt wird.
Bei den sog. Testmarktersatzverfahren (z.B. GfK-Erim-Panel) können zusätzlich über ein Haushaltspanel Daten des Kaufverhaltens der angeschlossenen Haushalte ermittelt werden. Ferner können (Print-)Werbemaßnahmen getestet werden, indem in eine Programmzeitschrift, die den Testhaushalten zur Verfügung gestellt wird, Anzeigenseiten einmontiert werden.[2)3)]

Die Entscheidung für oder gegen die Durchführung eines Testprojektes hängt von der subjektiven Einschätzung des Unternehmens hinsichtlich der Erfolgschancen des Produktes, dem damit verbundenen Nutzen zusätzlicher Informationen und den Kosten der Marktforschung ab.[4] Unbestritten kommt dem Testmarketing in der Strategie des Markenartikelherstellers ein hoher Stellenwert zu, der z.T. über die Funktion eines typischen Testmarktes hinausgeht. Dies ist z.B. dann der Fall, wenn charakteristischerweise

1) Vgl. o.V. (1986ah), S. 44 f.
2) Vgl. Weissman/Adlwarth/Ruppert (1983), S. 2 ff., S. 14 ff.; Huppert (1977), S. 607 ff.
3) Sog. Testmarktsimulationsmodelle, z.B. "TESI" und "ASSESSOR" (vgl. Rehorn (1977), S. 51 ff.; Weissman/Adlwarth/Ruppert (1983), S. 28 ff.) sind wegen der Ansiedlung der Versuchsanordnung im Labor im Hinblick auf das lokale Fernsehen nicht von Relevanz. Ebenso kommt bei den reinen Ladentests aufgrund nicht vorhandener Testmöglichkeiten von Werbemaßnahmen ein Einsatz des Lokalfernsehens nicht in Frage.
4) Eine Operationalisierung des Wertes der zusätzlichen Information durch Marktforschung ist mit der entscheidungstheoretischen Bayes-Regel möglich (vgl. Green/Tull (1982), S. 33 ff.).

der Markteintritt bei Neueinführungen über einzelne regionale Testgebiete nacheinander erfolgt, so daß ein schrittweises "Aufrollen" des Marktes realisiert wird.[1)]

Im Gegensatz zur lokal begrenzten Marketing- bzw. Kommunikationsstrategie werden bei einem weiteren Typ lokaler Kommunikation in einem überregionalen Absatzgebiet lokal differenzierte Maßnahmen lanciert. Ein Beispiel dafür ist die Allokation von Marketingressourcen entsprechend der Verteilung der Nachfrage in potentiellen Verkaufsgebieten.
Ein Indikator zur Schätzung des Marktpotentials[2)] ist die relative Kaufkraft[3)] in einem bestimmten Gebiet. Aufschluß darüber geben Sekundäranalysen, wie z.B. die jährlich erscheinenden Kaufkraftkarten der GfK für die Bundesrepublik und Europa. KOTLER stellt den Mehrfaktoren-Index der Zeitschrift "Sales and Marketing Management" vor, mit dem der Anteil eines Gebietes an der gesamten nationalen Kaufkraft in Abhängigkeit vom verfügbaren Privateinkommen, Einzelhandelsumsatz und der Bevölkerungszahl zu ermitteln ist.[4)] Derartige allgemein-statistische Angaben müssen jedoch im Hinblick auf ihre Handlungsrelevanz nach Maßgabe unternehmens- und produktspezifischer Faktoren relativiert werden.
Speziell im Hinblick auf eine lokal differenzierte Kommunikationssstrategie sind "Werbeschwerpunkte nach Kaufkraft"[5)] vorstellbar, wie sie z.B. das sog. AREA-Konzept "Ballungsräume der Bundesrepublik" favorisiert. Die vergleichsweise höhere Nachfrage in den Agglomerationen indiziert danach eine Verstärkung der Werbeaktivitäten (pro

---

1) Vgl. Simons (1985), S. 40 f.
2) Zur Definition des Marktpotentials im Rahmen der Nachfragemessung Kotler (1984), S. 230: "Market potential is the limit approached by market demand as industry marketing effort goes to infinity, for a given environment."
3) Die relative Kaufkraft beschreibt den Anteil eines Gebietes an der gesamten nationalen Kaufkraft.
4) Vgl. Kotler (1984), S. 237.
5) Merkle (1984c), S. 51.

Einwohner) in diesen Gebieten.[1)]

Abgesehen von einer unterschiedlichen Intensität des Werbedrucks, kann sich eine lokal differenzierte Kommunikation des Herstellers in solchen Maßnahmen dokumentieren, die flankierend zu nationalen Kampagnen auf lokaler Ebene lanciert werden.
Vergleichbar mit der in Kapitel 3.1.1.3 dargestellten multinationalen Kommunikationsstrategie mit Dachkampagnen bildet die nationale Werbung den "Überbau", an den lokale Werbeaktivitäten angeknüpft werden können. Als Ebenen der Differenzierung bieten sich z.B. der Inhalt der Botschaft sowie der Typ des eingesetzten Werbemittels an. Ersteres wäre der Fall, wenn im Rahmen der lokalen Zielgruppenansprache eine Consumer-Promotion-Maßnahme wie ein Preisausschreiben angekündigt wird, letzteres, wenn Werbeverkaufshilfen wie Warenproben eingesetzt werden. Als lokalspezifische Differenzierung auf minimalem Niveau wäre die Belegung lokaler Medien (z.B. Stadtzeitungen) interpretierbar.

Die lokal differenzierte Zielgruppenansprache kann sowohl in einem pro- als auch in einem antizyklischen Sinne eingesetzt werden. Ist die Verteilung von Ressourcen nach Kaufkraft typisches Beispiel für eine prozyklische Politik, so ist demgegenüber ebenso ein antizyklischer Einsatz lokaler Werbung denkbar. Ein derartiges Vorgehen wäre im Falle einer Intensivierung des Werbedrucks in Regionen gegeben, in denen Umsatzrückgänge zu verzeichnen sind, z.B. aufgrund verstärkter Werbeauftritte der Konkurrenz.

---

1) Vgl. Wahler (1986b), S. 50; o.V. (1982a), S. 44.
In der Mediaplanungspraxis finden häufig die nach BOUSTEDT definierten Ballungsräumen Anwendung. Kleine Gemeinden in den Randgebieten von Großstädten oder Konglomerate kleiner Ortschaften, die insgesamt großstädtischen Charakter haben, werden zu größeren Einheiten (Verstädterungszonen) zusammengefaßt (vgl. Axel Springer Verlag (1982a), S. 258).

3.2.1.2 Handel

Im Vergleich zum Herstellermarketing kommt der lokalen Zielgruppenansprache im Rahmen des Handelsmarketing eine ungleich höhere Bedeutung zu.

Indikator für den lokal orientierten Werbeeinsatz ist die Mediastruktur des Einzelhandels im Vergleich zu anderen Branchen. So dominieren traditionell in der Streuung der Budgets auf die einzelnen Mediagattungen deutlich die Tageszeitungen, die zum weitaus größten Teil ein örtlich bzw. regional begrenztes Verbreitungsgebiet abdecken.[1)]

Abbildung 15 zeigt die Verteilung der Werbeausgaben des Handels auf die klassischen Kategorien Tageszeitungen, Publikumszeitungen, Fernsehen und Hörfunk.

Medien	1981		1982		1983		1984	
	Mio. DM	%	Mio. DM	%	Mio. DM	%	Mio. DM	%
Tages-zeitungen	1023	78,8	1105	80,9	1088	80,7	1054	77,7
Publikums-zeitungen	204	15,7	188	13,8	196	14,5	231	17,0
Hörfunk	32	2,5	28	2,0	27	2,0	26	1,9
Fernsehen	33	2,5	37	2,7	27	2,0	23	1,7
Fachzeit-schriften	6	0,5	8	0,6	11	0,8	23	1,7
$\sum$	1298	100	1366	100	1349	100	1357	100

Abb. 15: Verteilung der Werbeausgaben des Handels von 1981-1984
Quelle: Schmidt & Pohlmann[2)]

1) Vgl. Witte/Senn (1984b), S. 9 f.; auch Algermissen (1981), S. 152, S. 159.

2) Vgl. Bormann (1985), S. 49.
Nicht erfaßt sind Anzeigenblätter, Handzettel (vor allem im Lebensmitteleinzelhandel) sowie Tageszeitungsbeilagen (vor allem Kauf- und Warenhäuser), die in der Mediastrategie des Handels zunehmend an Bedeutung gewinnen (vgl. o.V. (1986ai), S. 6).

In Abhängigkeit vom Typus des Handelsbetriebes ist der Stellenwert lokaler Zielgruppenansprache näher zu charakterisieren. Unter dem Gesichtspunkt der Relevanz für das vorliegende Untersuchungsobjekt ist die Absatzmarktausdehnung des Handels vorrangiges Differenzierungskriterium; es ergibt sich die Unterscheidung zwischen lokalem/regionalem und überregionalem Handel.
Typische Repräsentanten des lokalen Handels sind kleinere Unternehmen des traditionellen, nicht organisierten Lebensmitteleinzelhandels sowie neuere (Groß-)Betriebsformen des Einzelhandels wie SB-Warenhäuser und Verbrauchermärkte mit begrenzter Absatzmarktausdehnung.[1)]
Mit der Ermittlung von Einzugsgebieten[2)] ist die räumliche Ausdehnung des Marktes umschrieben. Ziel werblicher Aktivitäten des lokalen Handels ist unter räumlichen Gesichtspunkten die Abdeckung der Einzugsgebiete seiner Standorte, woraus sich eine lokal begrenzte Kommunikationsstrategie ergibt. Kommunikationspolitische Maßnahmen, die über das abgegrenzte Gebiet hinaus gestreut werden, treffen auf Nicht-Zielpersonen (Überstreuung, Streuverlust).[3)]

Dem überregionalen Handel zuzurechnen sind die freiwilligen Ketten (z.B. SPAR), Konsum- (z.B. Co-op) und Einkaufsgenossenschaften (EDEKA, REWE) als organisierte Formen des Einzel- bzw. Großhandels sowie überregionale Filialunternehmen (Aldi, Tengelmann) und Kauf- und Warenhäuser (Karstadt, Kaufhof).[4)]
Im Hinblick auf die Mediaverteilung der umsatzstärksten Handelsbetriebe, die im wesentlichen durch die oben genannten Unternehmensformen repräsentiert werden, fällt wiederum eine klare Dominanz des Werbeträgers Tageszeitung mit größtenteils verschwindend geringen Anteilen der

---

1) Vgl. zu den Betriebsformen des Einzelhandels Müller-Hagedorn (1984), S. 25 ff.
2) Vgl. ausf. Müller-Hagedorn (1984), S. 114 ff.
3) Vgl. Bidlingmaier (1973), S. 400 ff.; Hansen (1976), S. 454.
4) Vgl. Müller-Hagedorn (1984), S. 26 f.; o.V. (1986ai), S. 2 ff.

übrigen Mediengattungen auf: 1985 lag bei 12 der 18 größten Handelsunternehmen der Anteil des Werbeaufkommens in den Tageszeitungen zwischen 90% und 100%.[1] Die damit dokumentierte lokale Orientierung im Werbeeinsatz des überregionalen Handels resultiert nicht zuletzt daraus, daß bei dieser Unternehmensform zwar eine überregionale Absatzmarktausdehnung gegeben ist, der lokale Bezug jedoch über das begrenzte Einzugsgebiet der einzelnen Verkaufsstätte hergestellt ist.[2]

So stellt zumeist die einzelne Verkaufsstätte den Ansatzpunkt für lokale Differenzierungen in der Kommunikationsstrategie des überregionalen Handels dar, die sich im Einsatz inhaltlich unterschiedlicher Werbebotschaften niederschlagen können. Dies ist üblicherweise dann der Fall, wenn verkaufsstättenspezifisch differenzierte Marketingmaßnahmen aus den übrigen Submixbereichen in der Werbebotschaft thematisiert werden. Ein derartiges Vorgehen entspricht einer Charakteristik des Handelsmarketing, die SCHENK als "feinste Differenzierung des Instrumenteneinsatzes" beschreibt.[3] Insbesondere auf dem Gebiet der Preis- und Sortimentspolitik liegen Potentiale für eine verkaufsstellenabhängige, d.h. lokale Differenzierung und eine dementsprechende Gestaltung werblicher Aktivitäten.

Wie für den Hersteller beschrieben, ist auch bei der lokal differenzierten Zielgruppenansprache des Handels eine Organisation der Werbung nach dem Dachkampagnenprinzip möglich. So betreibt häufig die Zentrale der Kooperationsformen bzw. Filialunternehmen des Handels eine überregional einheitliche Firmenwerbung, die mit lokaler Werbung der Verkaufsstellen ergänzt wird.[4] Diese kann vom einfachen Kaufstättenhinweis bis hin zu speziellen Aktionen (z.B. Sonderangebote, Verkaufsförderungsmaßnahmen) reichen.

---

1) Vgl. o.V. (1986ai), S. 2.
2) Vgl. Müller-Hagedorn (1984), S. 131.
3) Schenk (1980), S. 47.
4) Vgl. Hansen (1976), S. 454.

Ein Beispiel für eine lokale Differenzierung der Intensität kommunikationspolitischer Maßnahmen des überregionalen Handels wäre eine Verstärkung des Werbedrucks in (einer) ausgewählten Region(en) im Sinne eines "reaktiven Instrumenteneinsatzes"[1] auf Konkurrenzaktivitäten oder Umsatzrückgänge.

Bei einer Roll-out-Strategie des Markteintritts, z.B. beim sukzessiven Aufbau eines Filialnetzes sowie beim High-Spending (vgl. 3.2.1.1) sind zeitlich befristete lokal begrenzte Kommunikationsstrategien überregionaler Handelsunternehmen denkbar.

Abbildung 16 zeigt die wesentlichen Ausprägungen lokaler Kommunikation von Hersteller und Handel in der Übersicht.

Kommunikationsstrategie / Anbieter	Lokal begrenzte Kommunikationsstrategie	Lokal differenzierte Kommunikationsstrategie
Hersteller	- Regional begrenzte Absatzmärkte - Testmarketing	- Differenzierung des Werbedrucks (zyklisch oder antizyklisch) - Dachkampagnenstrategie mit lokal differenzierten Werbeauftritten
Überregionaler Handel	- Roll-out-Strategien - High-Spendings	- nach Verkaufsstätten differenzierte Werbeaktivitäten - antizyklische Differenzierung des Werbedrucks
Lokaler Handel	- üblicherweise aufgrund begrenzter Einzugsgebiete	

Abb. 16: Lokale Kommunikationsstrategien von Hersteller und Handel

1) Schenk (1980), S. 48.

3.2.2 Einsatzpotential des Lokalfernsehens für verschiedene lokale Kommunikationsstrategien

Die Einsatzmöglichkeiten lokalen Fernsehens als Werbeträger für die Kommunikationspolitik sollen zunächst untersucht werden in Abhängigkeit der verschiedenen Ausprägungen lokaler Zielgruppenansprache.
Im Anschluß daran werden in einem weiteren Schritt ergänzend die Nutzungsmöglichkeiten des Werbeträgers für ausgewählte Werbeformen gezeigt (vgl. 3.2.3). Durch diese Anordnung soll ein möglichst umfassendes Bild vom Einsatz- bzw. Innovationspotential des neuen Werbeträgers vermittelt werden, sowohl anhand lokaler Marketing- bzw. Kommunikationsstrategien der Anbieter als auch mit typischen Formen lokaler Fernsehwerbung.

3.2.2.1 Lokal begrenzte Kommunikationsstrategie

Bei der lokal begrenzten Kommunikationsstrategie liegt das grundsätzliche Potential des Lokalfernsehens in der gezielten Ansprache geografisch definierter Zielgruppen mit der impliziten Vermeidung bzw. Minimierung von Streuverlusten.
Unter diesem Gesichtspunkt wäre das "ideale" Medium ein solches, bei dem eine Kongruenz zwischen dessen Verbreitungsgebiet, d.h. dessen räumlicher Reichweite und der abzudeckenden geografischen Einheit realisiert würde. Es läge damit eine geografische Affinität von 100% und ein Streuverlust von null vor.[1)]

Der Einsatz lokalen Fernsehens bietet sich somit im Rahmen begrenzter Kommunikationsstrategien um so eher an, je höher die räumliche Übereinstimmung zwischen dem gewünschten Abdeckungsgebiet für die Kommunikationsmaßnah-

1) Die Affinität beschreibt die - hier geografisch definierte - Zielgruppeneignung eines Mediums. Vgl. ausführlich zur Bedeutung des Affinitätskonzeptes im Rahmen der Mediaselektion Kapitel 4.4.1 der Arbeit.

men und dem Ausstrahlungsgebiet des Senders ist.
Das spezifische Potential des Werbeträgers im Rahmen des Testmarketing sowie für die Kommunikationsstrategie des (örtlichen) Handels wird im folgenden herausgearbeitet.

Bei der Durchführung klassischer regionaler Testmärkte ist das Verbreitungsgebiet der Massenmedien ein zentrales Auswahlkriterium für eine Testregion.[1] Diese sollten nach Möglichkeit keine Streuung außerhalb der Test-Distribution aufweisen.
Die Anforderung im Hinblick auf die räumliche Begrenzung bedingt einen forcierten Einsatz des Werbeträgers Tageszeitung, vor allem in lokalen Testregionen. Andere, z.B. audiovisuelle Medien, sind kaum nutzbar. Diese Situation ist insbesondere deshalb problematisch, weil die Mediastrategie eine Testvariable ist und von daher jene Medien im Testmarkt belegt werden sollten, die später bundesweit eingesetzt werden. Vor diesem Hintergrund muß die Akzeptanz lokaler Testmärkte bei den Werbetreibenden als gering bezeichnet werden.[2]
Andererseits geht der Trend - abgesehen von einer generellen Favorisierung des Standard-Testmarktes gegenüber reduzierten Testverfahren - zu einer Begrenzung der Testmärkte auf lokale Regionen, z.B. eine Stadt.[3] So ist dieses Vorgehen nicht zuletzt geeignet, den "Handelsmalus" bei Flops in Grenzen zu halten.

Das Lokalfernsehen erhöht die Auswahl regional einsetzbarer Medien und damit die Eignung der entsprechenden Gebiete als Testregionen: Es ist vorstellbar, daß mit zunehmender Etablierung des Mediums Testgebiete nach dem Sendegebiet lokaler Stationen eingegrenzt werden. Da sich vor allem wegen der "problematischen Mediasituation" die Auswahl von Testgebieten bisher schwierig gestaltete, wurden neue lokale Fernsehmedien in diesem Zusammenhang

1) Vgl. Nieschlag/Dichtl/Hörschgen (1985), S. 722.
2) Vgl. o.V. (1986ah), S. 44 ff.
3) Vgl. Klotzsche (1986), S. 45.

als "Sonnenstrahlen am Horizont" tituliert.[1]

Im Rahmen von Markttests in Nielsen-Gebieten oder Bundesländern kann das Lokalfernsehen zur Verstärkung der Werbemaßnahmen in den Agglomerationen genutzt werden: So wäre z.B. in Bayern eine Testkonzeption möglich, bei der bei landesweitem Einsatz des regionalen ARD-Programms verschiedene Mediadruckversionen in den beiden Metropolen München und Nürnberg mittels lokalem Fernsehen gegeneinander getestet werden.

Innerhalb der reduzierten Testmarktdesigns bietet sich der Einsatz lokaler TV-Medien im Rahmen der Testmarktersatzverfahren an. Durch die Verknüpfung von Handels- und Haushaltspanel kann im Unterschied zu reinen Storetests die Wirksamkeit von Kommunikationsmaßnahmen getestet werden.
Die Weiterentwicklung des unter 3.2.1.1 angesprochenen ERIM-Panels führte zum GfK-BehaviorScan, das im Gebiet des Kabelpilotprojektes Ludwigshafen/Vorderpfalz installiert wurde. Das nach amerikanischem Vorbild[2] konzipierte Testinstrument verbindet Scannertechnologie, Kabelfernsehen und Mikrocomputertechnik, wodurch die Einbeziehung von TV-Werbung als Testvariable möglich wird. Ziel der Untersuchungsanlage ist die "Messung der Auswirkungen alternativer Marketingmaßnahmen einschließlich TV-Werbung auf das effektive Kaufverhalten".[3]

In einer ersten Entwicklungsstufe des Testverfahrens erfolgte die Bildung der Test- und Kontrollgruppe (Werbeberührte/Nicht-Werbeberührte) mittels Differenzierung in Haushalte mit bzw. ohne Kabelanschluß. Durch die "Targetable TV"-Technik ist seit 1986 eine zielgerichtete haushaltsindividuelle Ausstrahlung von TV-Spots via Kabel und damit eine flexible Test- und Kontrollgruppen-Bildung möglich. Innerhalb regulärer Werbesendungen können ein-

---

1) o.V. (1986ah), S. 46.
2) Vgl. zu den entsprechenden Testmarktersatzverfahren in USA Simon/Kucher/Sebastian (1982), S. 564 ff.
3) Arbeitsgemeinschaft GfK-BehaviorScan (1986), S. 2.

zelne Spots überblendet werden (sog. "Cut in")[1], so daß die Testgruppe den Testspot, die Kontrollgruppe den regulären Werbespot erhält.
Die Testeinblendungen können theoretisch in allen Programmen durchgeführt werden; Voraussetzung sind entsprechende Kooperationsvereinbarungen mit den zuständigen Sendeanstalten sowie Genehmigungen der von der Überblendung betroffenen Werbetreibenden.

Im Hinblick auf Maßnahmen im Bereich der TV-Werbung können Werbefrequenzuntersuchungen (z.B. Werbedruck, Verteilung der Werbung im Zeitablauf) durchgeführt werden sowie Tests alternativer Werbemittel, d.h. verschiedener Spotvarianten.
Prinzipiell besteht darüber hinaus die Möglichkeit einer Verknüpfung von Einschaltquoten mit Einkaufsdaten.[2]
Anhang 15 vermittelt eine zusammenhängende Übersicht der eingesetzten Technologien und des Testsystems des GfK-BehaviorScan.

Wie bereits angedeutet, ist für das beschriebene Testinstrument die Kabeltechnologie konstituierendes Merkmal.[3]
Die in der vorliegenden Arbeit untersuchten lokalen Programmangebote stellen dabei eine Alternative der Testspot-Ausstrahlung dar. Bemerkenswert ist jedoch, daß durch das lokale Kabelfernsehen auch ausschließlich lokal werbende Handelsunternehmen über die Perspektive derartiger Testprojekte verfügen; folglich bietet das Erste Private Fernsehen (EPF) in seinen Planungsunterlagen das GfK-BehaviorScan den Werbekunden explizit an.[4]

---

1) Vgl. zur Technik des "Cut in" ausführlich Arbeitsgemeinschaft GfK-BehaviorScan (1986), S. 12 f.
2) Vgl. o.V. (1986bs), S. 18.
3) Der Vollständigkeit halber sei auf das Testmarketing-System "Telerim" von Nielsen verwiesen, bei dem auf terrestrischem Wege die gezielte Versorgung einiger lokaler Testmärkte mit speziellen TV-Werbeeinblendungen im ZDF aufgrund topografischer und fernsehtechnischer Besonderheiten möglich ist (vgl. ausf. Zepp (1986), S. 20).
4) Vgl. Erstes Privates Fernsehen (EPF) (1985).

Generell gilt, daß das Einsatzpotential lokaler TV-Medien sowohl im klassischen regionalen Testmarkt als auch in reduzierten Verfahren für die Sender insofern von Bedeutung ist, daß eine zusätzliche Akquisition von Werbekunden durch die jeweiligen Testinstitute erfolgen kann.

Für den lokalen Handel mit seiner räumlich begrenzten Absatzmarktausdehnung stellt das Lokalfernsehen aufgrund seines Verbreitungsgebietes wiederum einen Werbeträger mit hohem geografischen Affinitätsgrad dar.
Lokalität bzw. Zielgenauigkeit sind durchgängig die vorrangigen Kriterien, wenn eine Charakterisierung der Medien, insbesondere derjenigen des örtlichen Handels, vorgenommen wird. Diesen Anforderungen gerecht werden in erster Linie die Tageszeitungen (vgl. 3.2.1.2) sowie die in den meisten Werbestatistiken nicht erfaßten Anzeigenblätter, Beilagen, Handzettel, Plakate und Verkehrsmittelwerbung.[1)]
Das Werbefernsehen hat bisher für den örtlichen Handel keinerlei Bedeutung.[2)] Ursache dafür ist die selbst bei den regionalen Sendern der ARD vorhandene immense Fehlstreuung, die mit dem Einsatz dieses Werbeträgers verbunden wäre.

Mit dem lokalen Fernsehen steht dem örtlichen Handel ein "ideales Werbeinstrument"[3)] zur Verfügung, das langfristig zu einer grundlegenden Veränderung in der Kommunikationspolitik dieses Unternehmenstypus führen kann. Der neuartige Werbeträger entspricht zunächst in hohem Maße der Charakteristik des absatz- bzw. kommunikationspolitischen Instrumentariums des lokalen Handels.[4)]

---

1) Vgl. Bormann (1985), S. 49 ff.; Heyer (1986), S. 26.
2) Vgl. Bormann (1985), S. 51; Schenk (1980), S. 46.
3) Tessar (1983), S. 61.
4) Die folgenden Ausführungen treffen überwiegend auch auf den überregionalen Handel zu (lokaler Bezug durch die Verkaufsstellen, s.o.). Sie sind jedoch im Hinblick auf das Einsatz- und Innovationspotential des Lokalfernsehens für den lokalen Handel insofern markanter, weil diesen Unternehmen das Werbefernsehen bisher nicht zur Disposition stand.

Neben der lokalen Orientierung der Marktbearbeitung ist in diesem Zusammenhang die Reaktivität des Instrumenteneinsatzes zu betonen. Angesprochen ist damit insbesondere die "kurzfristige, extrem schnell konzipierte und realisierte Marketingaktion"[1] als Reaktion auf Marktentwicklungen, Konkurrenzmarketing etc. Prägnante Beispiele auf dem Gebiet der Kommunikationspolitik sind insbesondere Maßnahmen der Aktionswerbung, so z.B. für Sonderangebotsaktionen[2], anläßlich lokaler und regionaler Ereignisse sowie bei Geschäfts- oder Sortimentserweiterungen.[3]

Der Reaktivität des Instrumenteneinsatzes entsprechend ist eine flexible Handhabung der Mediawerbung gefordert, sowohl im Hinblick auf den Mediaeinkauf als auch bei der Produktion der Werbemittel.[4] Sprach eben diese Bedingung bisher gleichfalls gegen die Nutzung des Werbeträgers Fernsehen, so bieten die lokalen Programme mit ihren - vergleichbar mit den nationalen Privatsendern - kurzfristigen und unbürokratischen Buchungsmöglichkeiten[5] - gute Voraussetzungen.[6]
Im Zusammenhang mit der reaktiven Charakteristik des Handelsmarketing ist darüber hinaus die zumeist angestrebte "eher kurzfristige Werbewirkung"[7] im Rahmen der Kommunikationspolitik zu sehen.
Durch die Konstituierung lokalen Fernsehens steht nun auch dem örtlichen Handel ein Medium zur Verfügung, dessen Leistungsprofil durch einen schnellen Aufbau hoher Wirkungswerte, insbesondere der Werbeerinnerung, gekenn-

1) Schenk (1980), S. 48.
2) Vgl. Welzel (1974), insbes. S. 137 a.
3) Vgl. Boit (1979), S. 345.
4) Vgl. Bormann (1985), S. 49.
5) Vgl. beispielhaft EPF (1986); TV weiß blau (1986). EPF bietet ausdrücklich eine Normal-Buchung und eine kurzfristige Buchung an. Bei letzterer ist der Buchungsschluß-Termin um 12.00 Uhr am Vortag des Ausstrahlungstages.
6) Vgl. zu Möglichkeiten flexibler Werbemittelproduktion Kap. 3.2.3.3.
7) Schwab (1984), S. 260.

zeichnet ist.[1]

Hinsichtlich möglicher Objekte bzw. Inhalte der Handelswerbung birgt das Lokal-TV insbesondere für den örtlichen Handel weitere Nutzungspotentiale.
Eine grundlegende Differenzierung der Werbeobjekte des Handels ergibt sich dadurch, ob für das Sortiment bzw. einzelne Produkte oder für das Unternehmen als Ganzes geworben wird.[2] Nach FALK/WOLF werden "in der Handelspraxis beide Objekte parallel berücksichtigt", wobei "der Erhöhung des Image" des Handelsbetriebes "besondere Bedeutung beigemessen wird"[3].
In jüngerer Zeit werden im Widerspruch hierzu die Werbekonzeptionen des Handels häufig dahingehend kritisiert, daß eine fast ausschließliche Thematisierung von Preisargumenten vorherrschend sei. Nach WEINBERG "wuchert der Preiswettbewerb"[4]; es wird eine zumeist rein absatzorientierte Werbung lanciert, die die Realisierung schneller Umsatzzuwächse bezweckt.[5] Eine derartige Strategie geht zu Lasten eben jener Imagekomponenten, die geeignet sind, ein qualitativ orientiertes Profil des Handelsbetriebes im Bewußtsein des umworbenen Konsumenten zu verankern.

Es ist unmittelbar einsichtig, daß die "klassischen" Handelsmedien, d.h. die lokalen Printmedien, gut geeignet sind und von daher traditionell genutzt werden, um eine preisorientierte Absatzwerbung des Handels umzusetzen. Extremform dieser Art der Zielgruppenansprache sind die in der Lokalpresse geschalteten Produkt-Preis-Anzeigen, im Branchenjargon "Schweinebauchanzeigen" genannt.[6]
Für die überzeugende Darstellung von Inhalten vielschichtigerer Natur bietet ein Medium wie das Fernsehen wir-

1) Vgl. Steffenhagen/Juchems (1985), S. 11.
2) Vgl. Schwab (1984), S. 260 f.; Boit (1979), S. 344.
3) Falk/Wolf (1982), S. 294.
4) Weinberg (1986), S. 87.
5) Vgl. Müller-Hagedorn (1984), S. 225; o.V. (1986as), S. 8.
6) Vgl. o.V. (1986ak), S. 2.

kungsvollere Möglichkeiten.
Das Leistungspotential dieses Werbeträgers in bezug auf die Darstellungsmöglichkeiten ergibt sich aus der Multisensorik des Mediums, d.h. aus der Kombination optischer und akustischer Signale sowie aus der Motorik der Bilder, die in besonderem Maße geeignet ist, emotional aufgeladene Botschaften zu vermitteln.[1)]
Auf anschauliche Art und Weise sind somit in einem TV-Spot imagefördernde Inhalte gestalterisch umsetzbar. Geeignet hierfür sind vor allem Leistungsargumente, wie Qualitätsaspekte des Sortiments (z.B. Frische der Waren), fachliche Autorität sowie branchenspezifische Dienstleistungen (z.B. sachkundiges, freundliches Personal) und branchenunabhängiger Service (z.B. Kinderhort) des Handelsbetriebes.[2)] Vorteilhaft für die Durchsetzungsstärke des Werbeauftritts wirkt sich dabei die Möglichkeit aus, Waren im Nutzenzusammenhang sowie Verkaufspersonal und Kunden agierend in Beratungsgesprächen und Einkaufssituationen zu zeigen.[3)]
Überregionale Handelsorganisationen nutzen in einigen Fällen derartige Möglichkeiten der Imagebildung mittels nationaler TV-Werbung[4)], um Präferenzen für die einzelnen Verkaufsstätten zu schaffen. Durch lokale Programme eröffnet sich ein vergleichbares Potential für den örtlichen Einzelhandel, wobei ein stärkerer Focus auf die einzelne Verkaufsstätte möglich ist.

Mit der <u>Bezugnahme auf eine spezielle Verkaufsstätte</u> ist ein Charakteristikum der Werbung des lokalen und auch überregionalen Einzelhandels angesprochen, das sich in hoher Übereinstimmung mit der redaktionellen Ausrichtung vieler lokaler Programme befindet.
So wird mit lokaler bzw. regionaler Berichterstattung

---

1) Vgl. Freter (1974), S. 85 f.; Harm (1969), S. 85 ff.; Tietz/Zentes (1980), S. 186, S. 228 f.
2) Vgl. ausf. zu Dienstleistungen des Einzelhandels Schenk (1980), S. 50 ff.
3) Vgl. Witte/Senn (1984b), S. 68; Tessar (1983), S. 61.
4) Vgl. o.V. (1986ap), S. 22 ff.

sowie einem teilweise hohen Aufforderungscharakter lokalen Fernsehens durch verstärkte Ansprache und Involvierung des Zuschauers eine Anmutung kreiert, die mit dem Begriff "Bürgernähe" zu beschreiben ist. KUTTER konstatiert mit dem Trend zur Regionalisierung der Medien einen potentiellen Abbau von Anonymitäten, der wiederum Voraussetzungen für eine starke Identifikation des Rezipienten mit dem Medium schafft ("Der Mensch ist ein nachbarschaftliches Wesen.").[1)]

Für die Werbung des lokalen Handels ist damit ein Umfeld gegeben, das nahezu prädestiniert für Konzeptionen ist, die eine Bindung potentieller Käufer an ein bestimmtes Outlet schaffen bzw. erhöhen sollen.[2)]
Vergleichbar mit der Bewerbung internationaler Produkte in Satellitenprogrammen (vgl. 3.1.2) sind auch hier Ausstrahlungseffekte des Programmumfeldes auf die Werbeeinblendungen wahrscheinlich, die deren Wirksamkeit positiv verstärken.
In ähnlicher Weise kann der Kontext lokaler Programme auf solche Werbung wirken, die auf den Abbau von Schwellenängsten zielt. Eine derartige Form der Dissonanz im Verhältnis des potentiellen Kunden zu einer Verkaufsstätte wird vorwiegend bei hochgenrigen Einzelhandelsgeschäften zu finden sein. Ein Abbau der Unsicherheit kann definierte Zielsetzung einer entsprechenden Werbekonzeption sein. Die spezifische Qualität des Lokalfernsehens hinsichtlich Popularität und Bindung des Zuschauers an das Programm scheint dabei auch in diesem Fall geeignet, das Werbeziel zu unterstützen.

Es sei in diesem Zusammenhang abschließend auf das Einsatzpotential des Mediums für lokale Dienstleistungsunternehmen hingewiesen.
Unter dem Aspekt, daß der Bindung des Verbrauchers an den

---

1) Kutter (1985), S. 57; Rühl (1982), S. 10 ff.; vgl. ferner zur redaktionellen Charakteristik lokalen Fernsehens o.V. (1986bo), S. 6.
2) Vgl. zu diesem Aspekt auch Kap. 3.2.3.1.

Dienstleistungsbetrieb, z.B. im Bereich der Gastronomie und des Bankwesens, tendenziell eine noch höhere Bedeutung zukommt als im Handel[1)], ist analog zu den obigen Ausführungen die Eignung des Lokalfernsehens für diese Unternehmen abzuleiten. Beispielhaft für eine Dienstleistungswerbung, die die angesprochene inhaltliche Dimension betont, ist eine Kampagne der Berliner Volksbank, die mit dem Slogan "In guter Nachbarschaft" im Berliner Lokalprogramm Video Box geschaltet wurde.[2)]

3.2.2.2 Lokal differenzierte Kommunikationsstrategie

Für die lokal differenzierten Kommunikationsstrategien des Herstellers und des überregionalen Handels ist die geografische Selektionsmöglichkeit des Mediums in anderer Weise als für die lokal begrenzten Strategien von Bedeutung, nämlich durch Organisationsmöglichkeiten innerhalb der Mediengattung Lokalfernsehen. Es sind damit Möglichkeiten angesprochen, Verbundkonfigurationen zu belegen, d.h. einzelne lokale Programme in Abdeckungskombinationen zu nutzen.[3)]

In diesem Zusammenhang sind Kooperationsvereinbarungen von Bedeutung, die von lokalen Anbietern auf dem Gebiet der Akquisition von Werbezeiten mit dem Ziel einer Verbesserung ihrer Marktposition angestrebt werden.[4)] Diese können Zusammenschlüsse einzelner lokaler Stationen in Selbstorganisation oder unter Einschaltung eines Dritten nach dem Agenturprinzip[5)] beinhalten und/oder die gemeinsame Akquisition von Werbekunden mit dem Anbieter des jeweiligen Mantelprogramms.

---

1) Vgl. Goedecke/Steltzner (1980), S. 74 ff.; Berekoven (1986), S. 15.
2) Es wurden unterschiedliche Spots für verschiedene Zweigstellen in Berlin geschaltet, wobei sowohl die Filiale als auch das jeweilige Stadtteilumfeld gezeigt wurden.
3) Vgl. auch Senn (1984), S. 137.
4) Vgl. Luyken (1985), S. 63; EPF (1985).
5) Vgl. o.V. (1986bm), S. 5.

Allen gemein ist, daß die Werbezeit der "angeschlossenen" Stationen aus einer Hand angeboten wird und entsprechende Mediadaten für die Buchungskombinationen zur Verfügung gestellt werden können.
Verglichen mit einer theoretisch möglichen Einzelselektion und -belegung lokaler Stationen liegt neben den augenfälligen Entlastungen im Bereich der Planung und Abwicklung ein weiterer Vorteil für den Werbetreibenden in der Rabattpolitik, die sich für Verbundbelegungen im Lokalfernsehen vermutlich etablieren wird.[1)]
Kombinationsbelegungen müssen nicht auf lokale TV-Medien beschränkt bleiben, es kann vielmehr darüber hinaus der lokale Hörfunk sowie die Tageszeitung einbezogen werden.[2)]

Derartig organisierte Medienkombinationen können als Instrument zur gezielten Steuerung von Werbemaßnahmen im Rahmen einer lokal differenzierten Strategie genutzt werden.
Eine vergleichbare Konzeption auf dem Gebiet der Printmedien repräsentieren die sog. Nielsen Ballungsraum-Zeitungen (NBRZ), die als Werbeträger des Kompaktmarketing im Sinne der unter 3.2.1.1 angesprochenen Werbeschwerpunkte nach Kaufkraft angeboten werden. Es handelt sich um einen Zusammenschluß von 15 regionalen Abonnementzeitungen, die ihre Reichweite in den abgegrenzten Gebieten der 10 nach Nielsen definierten Ballungsräume erzielen. Insgesamt konzentrieren sich in diesen Regionen 43% der Bevölkerung der Bundesrepublik auf 14% der Fläche. Die Umsatzkonzentration einiger Branchen beträgt in diesen Agglomerationen bis zu 50%.[3)] Mit der Kombinationsbelegung der 15 Titel realisiert der Werbetreibende eine Abdeckung der Verbrauchsschwerpunkte sowie eine Reduzierung des Planungsaufwandes durch zentrale Buchung und Datentranspa-

---

1) Es wäre ein "Network-Tarif" denkbar, der deutlich unter dem Tarif der Einzelbuchung liegt (vgl o.V. (1986ah), S. 52).
2) Vgl. EPF (1985).
3) Vgl. NBRZ-Service (o.J.).

renz.
Lokale TV-Medien könnten eine vergleichbare Funktion erfüllen, indem sie mit dem Ziel einer Differenzierung des Werbedrucks nach Kaufkraft eingesetzt würden. Diese Perspektive wird unterstützt durch die Etablierung lokaler Stationen in eben jenen Ballungsgebieten, die insbesondere wegen des dort vorhandenen Finanzierungspotentials durch Werbeeinnahmen zwangsläufig ist (vgl. 3.2.4).

Weitere Nutzungsmöglichkeiten des Lokalfernsehens bieten sich mit der Steuerung werblicher Maßnahmen innerhalb der Lokalstationen in Form differenzierter Kombinationsbelegungen.
Es können dies lokale Differenzierungen inhaltlicher Art sein, sowohl im Rahmen der Herstellerwerbung als auch bei der Kommunikation des überregionalen Handels als Entsprechung eines verkaufsstellenspezifischen Marketing (vgl. Abb. 16). Aus Kostengründen und zur Sicherstellung der Kontinuität des Kommunikationsprofils wird sich dabei vermutlich ein Dachkampagnenprinzip etablieren, bei dem ein vorproduzierter TV-Spot oder zumindest einzelne Elemente mit lokal differenzierten Botschaftsanteilen ergänzt werden.
Antizyklische Differenzierungen der Werbeintensität beim Hersteller oder beim überregionalen Handel wären z.B. gegeben, wenn bei Absatzrückgängen in bestimmten Regionen das Volumen der Fernsehwerbung in den entsprechenden Gebieten erhöht würde. So hat sich in den Vereinigten Staaten der verstärkte Einsatz lokaler Fernsehwerbung zusätzlich zu nationalen Werbemaßnahmen bewährt, um Umsatzrückgänge bei reifen Marken in einzelnen Verkaufsgebieten abzufangen.[1)]

Der lokalen Fernsehwerbung des sog. National Spot Market kommt in den USA ohnehin eine hohe Bedeutung zu. Grundsätzlich sind Fernsehwerbezeiten entweder in Programmen mit nationaler Verbreitung zu buchen (Networks) oder

1) Vgl. Simons (1985), S. 40.

direkt bei lokalen Fernsehstationen (Spot Market). Im ersten Fall wird das Programm einschließlich der Werbung landesweit über die dem Network (z.B. ABC, CBS, NBC) angeschlossenen Stationen ausgestrahlt. Im letzteren Fall werden Werbezeiten bei den lokalen Stationen gekauft, die dort entweder in selbstproduzierten Programmen oder in von Networks oder anderen Programmzulieferern ("Syndicators") übernommenen Programmen auf eigene Rechnung plaziert werden.[1)]
Insbesondere in jüngster Zeit verzeichnet der amerikanische Werbemarkt hohe Wachstumsraten der Spot-TV-Werbung gegenüber vergleichsweise bescheidenen Zuwächsen der Network-Werbung. So lag die Projektion des Television Bureau of Advertising für die Spot-TV-Werbung für 1985 auf einem Niveau von 5,89 Mrd. Dollar. Dies entspricht einer Steigerung von 8% gegenüber 1984, verglichen mit einem zweiprozentigen Wachstum der Network-Werbung im gleichen Zeitraum.
Auf der Mikroebene dokumentiert sich diese Entwicklung in der Budgetaufteilung namhafter "Blue Chip"-Werbetreibender sowie in deren artikuliertem Interesse an den vielfältigen Möglichkeiten, die diese Art der TV-Werbung eröffnet.[2)]
Auch in Großbritannien findet der regionale Markt verstärkt Berücksichtigung bei der Planung der TV-Werbung. So entscheidet jeweils "die Position eines Produktes im regionalen Markt" darüber, in welchem Umfang Werbezeiten bei den 15 kommerziellen TV-Regionalstationen gebucht werden.[3)]

Wenn auch vor allem die amerikanische Werbepraxis schon

---

1) Vgl. Hoffmann-Riem (1981), S. 71 ff.
2) Vgl. Simons (1985), S. 40; demnach sind 4 der 10 Werbetreibenden mit den höchsten Aufwendungen in der nationalen Network-Werbung gleichfalls unter den "Top Ten" der Spot-TV-Werbung zu finden (Procter & Gamble, General Foods, Anheuser-Busch, Mc Donald's Corp.). In den Budgets dieser und anderer großer Werbetreibender wurden in den letzten Jahren kontinuierlich Umschichtungen zugunsten der lokalen Werbung vorgenommen.
3) o.V. (1986bn), S. 9.

allein wegen der gegenwärtig fehlenden Abdeckung mit lokalen Stationen (vgl. 3.2.4) nicht auf bundesdeutsche Verhältnisse übertragbar ist, so sind doch Ansatzpunkte für das oben skizzierte Einsatzpotential im Rahmen lokal differenzierter Kommunikationsstrategien erkennbar.
Bei fortgeschrittener Etablierung von Sendern mit lokalem Verbreitungsgebiet steht dem Hersteller wie dem überregionalen Handel ein Medium zur Verfügung, das eine Anpassung an die im Rahmen der jeweiligen Absatz- bzw. Kommunikationsstrategie relevanten lokalspezifischen Gegebenheiten erlaubt. Es ist damit das Potential eines "Fine-Tuning" in Streuung und Botschaftsgestaltung der TV-Werbung gegeben, das sich im Gegensatz zum Gießkannen-Prinzip einer national gleichförmigen Verteilung der Werbemaßnahmen befindet.

3.2.3 Einsatzpotential des Lokalfernsehens für verschiedene Werbeformen

Unter diesem Gesichtspunkt soll die Eignung des Mediums Lokalfernsehen für verschiedene Formen der Werbung nachgewiesen werden. Der Begriff der Werbeform ist an dieser Stelle weit gefaßt. Es wird keine Klassifizierung nach einem Merkmal vorgenommen, vielmehr sind hier Arten der Werbung hinsichtlich einer Dimension des Inhaltes (Ausrichtung auf Versorgungs- bzw. Erlebniskauf), der Trägerschaft (Einzel- bzw. Kooperativwerbung) sowie des Produktionsaufwandes (High- bzw. Low-Cost-Produktionen) in jeweils dichotomer Form zusammengefaßt.[1)] Ausgewählt wurden diese Werbeformen nach ihrem charakteristischen Potential für das Werbemedium Lokal-TV.

1) Zu weiteren möglichen Klassifizierungen der Werbung nach verschiedenen Kriterien vgl. Model et al. (1968), S. 80 f.; Nieschlag/Dichtl/Hörschgen (1985), S. 477 ff.

3.2.3.1 Ausrichtung der Werbung auf Versorgungs- oder Erlebniskauf

Mit dem Zuschnitt der Werbebotschaft auf die Art des Kaufes ist eine inhaltliche Dimension angesprochen, die in gewissem Umfang für die Hersteller-, in erster Linie jedoch für die Handelswerbung relevant ist. So sind die folgenden Ausführungen als Vertiefung und Ergänzung des grundsätzlichen Einsatzpotentials des Lokalfernsehens hinsichtlich möglicher Inhalte bzw. Objekte der Handelswerbung (vgl. 3.2.2.1) zu verstehen.

In jüngerer Zeit wird von verschiedenen Autoren eine Polarisierung in den Einkaufssituationen zwischen Versorgungs- und Erlebniskauf prognostiziert mit entsprechenden Auswirkungen für die Handelsstruktur der Zukunft. Beispielhaft dazu WITTE/SENN: "Während der Versorgungskauf der Beschaffung lebensnotwendiger, standardisierter und nicht präsentationsbedürftiger Waren dient, steht beim Erlebniskauf das vielfältige Warensortiment und die Orientierung an individuellen Bedürfnissen im Vordergrund."[1]
Entsprechend gestaltet sich das Zielsystem des Konsumenten in den beiden Einkaufssituationen: Steht beim Versorgungskauf das Preiskriterium im Vordergrund, so bildet sich beim Erlebniskauf ein Anspruchsniveau heraus, das durch den Wunsch nach einem individuellen Konsumerlebnis gekennzeichnet ist.[2]
Entscheidenden Einfluß auf diese Entwicklung hat eine gesellschaftliche Wertedynamik, die durch eine hedonistische Orientierung als Neudefinition von Lebensqualität gekennzeichnet ist.[3] Im Marketing von Hersteller und Handel kann dieser Trend antizipiert werden mittels der sog. Erlebniswertstrategie, die dem Streben des Konsu-

---

1) Witte/Senn (1984a), S. 208; vgl. auch o.V. (1986ar), S. 7.
2) Vgl. Zach (1985), S. 13.
3) Vgl. Euro Advertising (1986), S. 1 ff.; Konert (1986), S. 80.

menten nach "Lebensfreude und Lebensgenuß" durch eine entsprechende Ausgestaltung der Instrumente, einschließlich der Kommunikationspolitik, Rechnung trägt.[1]
Als Maßnahme im Sinne einer Erlebniswertstrategie ist jene Werbung des Handels interpretierbar, die imagefördernde Inhalte transportiert als Antipode zu vorwiegend preisorientierter Werbung. Die Perspektiven, die sich mit dem Medium TV auf diesem Gebiet der Handelswerbung erschließen, wurden unter 3.2.2.1 erläutert.
Darüber hinaus betont WEINBERG die Notwendigkeit einer erlebnisorientierten Einkaufsstättengestaltung mit dem Ziel der "Schaffung von Präferenzen für den Handelsbetrieb durch ein auf Einkaufserlebnisse bezogenes Geschäftsimage".[2] Die Unterstützung einer derartigen Strategie kann vor allem durch Werbung geschehen[3], wobei auch hierbei die Gestaltungsmöglichkeiten des multisensorischen Mediums Fernsehen gute Voraussetzungen für die impactstarke Umsetzung derartiger Inhalte bietet.

Eine spezielle Ausprägung der Erlebnisdimension ist das Phänomen des "High-Touch", dem TIETZ entscheidendes Gewicht für die Handelszukunft einräumt. Es drückt sich beim Konsumenten als Suche nach Kontakt und Nähe, z.B. im persönlichen Verkaufsgespräch und in einer emotionalen Bindung zur Verkaufsstätte, aus.[4]
Vergleichbaren Bedürfnissen des Mediennutzers wird bei der Konzipierung lokaler Programme Rechnung getragen. So schafft der Bezug auf das unmittelbare Lebensumfeld des Zuschauers, z.B. durch lokale Berichterstattung, eine spezifische Bindung an das Programm (vgl. 3.2.2.1).
Aufgrund dieser Kompatibilität sind lokale TV-Programme ein geeignetes Umfeld für Botschaften, die ein Leistungsprofil des Handelsbetriebes kommunizieren sollen, das den Werten des "High-Touch" entspricht.

---

1) Weinberg (1986), S. 87.
2) Weinberg (1986), S. 87; vgl. auch Konert (1985), S. 240.
3) Vgl. Weinberg (1986), S. 91.
4) Vgl. Zach (1985), S. 13.

Eine Maßnahme im Sinne des "High-Touch" ist nach TIETZ ferner der Einsatz elektronischer Medien am PoP, der wiederum zu einer Erhöhung der Erlebnisintensität der Einkaufssituation beitragen kann. Beispiele hierfür sind Kommunikationstechniken wie BTX, Bildplatte oder Video, mit denen Hinweise zur Orientierung im Geschäft vermittelt werden können ebenso wie produktbezogene und allgemeine Kundenberatung oder Animation zur Produktverwendung.[1)]
In diesem Zusammenhang erschließt sich weiteres Potential des lokalen Fernsehens im Rahmen der Handelskommunikation. So rundet die TV-Werbung das Gesamtbild des kommunikativen Auftritts unter Einbeziehung elektronischer Medien ab. Es liegt bei einer qualitativen Profilierung des Handelsbetriebes, wie dies sowohl über die medial gestützte Kommunikation am Verkaufsort als auch über Werbung in lokalen Programmen zu realisieren ist, eine gleichgerichtete Orientierung im Marketing zugrunde.
Zudem erfordert die Botschaftsgestaltung in elektronischen Medien, sofern es sich um Bewegtbildaufzeichnungen handelt, ein vergleichbares Know-how, so daß im Zuge der Entwicklung Synergieeffekte zu unterstellen sind.

Schließlich bietet sich der Einsatz gezielt konzipierter Kombinationen aus Kommunikation am PoP und Fernsehwerbung an, ggf. sogar unter Einsatz von ein und derselben Botschaft bzw. von Teilen einer Botschaft. Dies ist vor allem dann problemlos durchsetzbar, wenn Darstellungsart und Aufzeichnungssystem kompatibel sind. Ein Beispiel dafür wäre die Schaltung einer Videoaufzeichnung im Lokal-TV bei gleichzeitiger Nutzung der Botschaft als Videopräsentation am Verkaufsort.

Die Eignung des Werbeträgers Lokalfernsehen für die Plazierung von Werbung des Versorgungshandels ist vor allem vor dem Hintergrund der Nutzungsbedingungen des Mediums

---

1) Vgl. Zach (1985), S. 13; Clef (1986), insbes. S. 47 ff.; Tessar (1983), S. 153 ff.

Fernsehen zu diskutieren. So ist der Zuschauer bei der Aufnahme von Werbebotschaften räumlich fixiert. Hinzu kommt, daß der Botschaftsinhalt für ihn nicht erneut abrufbar ist.

Damit trifft die Werbung für Versorgungskäufe, die die Preisargumentation und damit eindimensional informative Inhalte in den Mittelpunkt stellt, auf eine tendenziell ungünstige Empfangssituation. Insbesondere bei der für die Einzelhandelswerbung oft typischen Anhäufung von Produkt-Preis-Angeboten ist eine Informationsüberlastung zu vermuten. Für die Plazierung derartiger Werbeinhalte ist von daher einem Printmedium aufgrund seiner Ubiquität und zeitlichen Flexibilität der Nutzung der Vorzug zu geben. Andererseits kann die flexible Disponierbarkeit des Lokalfernsehens für einen Einsatz des Mediums im Rahmen der kurzfristigen Aktionswerbung des Versorgungshandels (z.B. Sonderangebote) sprechen.

3.2.3.2 Einzel- oder Kooperativwerbung

Einzelwerbung, auch Allein- bzw. Individualwerbung genannt, liegt immer dann vor, wenn der Handel für sein eigenes Sortiment oder Teile desselben bzw. der Hersteller für sein eigenes Produkt wirbt.[1)]

Bei der vorangegangenen Untersuchung des Einsatzpotentials des Lokalfernsehens für verschiedene Anbieter bzw. Kommunikationsstrategien sowie im Hinblick auf den Typ des Einkaufs lag der Akzent auf dieser Organisationsform des Werbeauftritts.

An dieser Stelle soll verdeutlicht werden, daß die Konstituierung des Mediums Voraussetzungen für kooperative Werbeformen bietet, zum Teil sogar nahelegt.

Die Gemeinschaftswerbung wird gemeinhin interpretiert als "Werbung einer Gemeinschaft von Unternehmen, um gleichar-

---

1) Vgl. Boit (1979), S. 343.

tige Marktziele zu realisieren"[1].

Im Hinblick auf die Formen der Gemeinschaftswerbung werden aus Sicht der Handelswerbung unterschieden:

- die horizontale Gemeinschaftswerbung, wenn z.B. Einzelhandelsunternehmen einer Branche gemeinsam werben,
- die horizontal-komplementäre Gemeinschaftswerbung, wenn sich im Angebot ergänzende Einzelhandelsgeschäfte Werbekooperationen eingehen sowie
- die vertikale Gemeinschaftswerbung, wenn sich Unternehmen unterschiedlicher Wirtschaftsstufen zu Werbegemeinschaften zusammenschließen, so z.B. Großhandel und Einzelhandel oder Produzent und Einzelhandel.[2]

Das lokale Fernsehen bietet - vor allem aufgrund seines Sendegebietes und seiner Flexibilität - ein Forum für verschiedenste Ausprägungen sowohl vertikaler als auch horizontaler Kooperation.

Im Hinblick auf die vertikale Gemeinschaftswerbung von Hersteller und Handel lassen sich im wesentlichen zwei Ansätze unterscheiden.
So ist zunächst der Einsatz der autonomen Markenartikelwerbung des Herstellers in Form des national einheitlichen TV-Spots möglich, an den die Werbung für den Handelsbetrieb als Bezug auf eine Verkaufsstelle angehängt wird. Dies kann als einfacher Kaufstättenhinweis geschehen ("Der Handelsbetrieb X hält dieses Produkt für Sie bereit") oder durch den Verweis auf handelsspezifische Promotionsaktivitäten in einer Verkaufsstelle, z.B. tagesaktuelle Sonderangebote.

---

1) Mohr (1979), S. 232. Eine enger gefaßte Definition betont den Grundsatz der Anonymität der an der Gemeinschaftswerbung beteiligten Einzelunternehmen und Marken (vgl. Mohr (1979), S. 232).
2) Vgl. Mohr (1979), S. 232 f.

Die andere Möglichkeit wird durch solche Werbemaßnahmen repräsentiert, die von vornherein vom Hersteller bzw. von Hersteller und Handel gemeinsam für einen bestimmten Handelsbetrieb konzipiert werden.
Der Focus auf den Handelsbetrieb ist dabei zwangsläufig stärker als bei der oben geschilderten Kooperationsform. Anzumerken ist, daß bei dieser Vorgehensweise eine entsprechende Marktbedeutung des Handelsbetriebes eine Voraussetzung ist.
Als Beispiel für derartige "Tailor-made"-Maßnahmen sei eine auf ein Outlet bzw. eine Gruppe von Outlets zugeschnittene Aktionswerbung (z.B. für Preisausschreiben, Probieraktionen) des Herstellers angeführt.[1)]

Kooperationen des Herstellers mit ausgewählten Handelspartnern auf dem Gebiet der TV-Werbung sind auch dann denkbar, wenn nationale oder regionale Produkteinführungen (zunächst) auf eine Handelsgruppe beschränkt werden. Dabei kann wiederum über lokale Stationen die Werbebotschaft zielgenau in jenen Regionen gestreut werden, wo Verkaufsstellen des Handelspartners angesiedelt sind.

Der Nutzen vertikaler Kooperationen auf dem Gebiet der TV-Werbung besteht für den Handel in der Möglichkeit, an den Werbeauftritten des Herstellers im Medium Fernsehen teilzunehmen und von der impliziten Aufwertung des Handelsbetriebes zu profitieren.[2)]
Vertikale Gemeinschaftswerbung kann ferner den Zugang zur Fernsehwerbung für all jene Handelsunternehmen schaffen, für die die Einzelwerbung eine zu hohe Kostenbelastung darstellen würde oder denen das notwendige Know-how der Gestaltung von TV-Werbung fehlt.

Grundsätzlich entsteht durch das Lokalfernsehen ein zu-

---

1) Vgl. Thies (1976), S. 83.
2) Vgl. zur Bedeutung vertikalen Marketings ausführlich Thies (1976), S. 55 ff.; Blümle/Bannier (1975), S. 166 ff.; zum Nutzen vertikaler Gemeinschaftswerbung Mohr (1979), S. 234; Algermissen (1981), S. 161.

sätzliches und neuartiges Aktionsfeld für vielfältige Werbekooperationen zwischen Markenartikelindustrie und Handel. Diese wären als Beitrag zu einer häufig geforderten verbesserten Zusammenarbeit zwischen Industrie und Handel zu werten, die die inhärenten Zielantinomien zwischen beiden Partnern durch gemeinsame Konzepte überwindet.[1)] Das Interesse an einer Profilierung des Handelsbetriebes sowie das Markeninteresse des Herstellers werden in den oben beschriebenen Ansätzen vertikal-kooperativer TV-Werbung in eine gemeinsame strategische Ausrichtung integriert.
In Zusammenhang mit vertikalen Kooperationen sei auf finanzielle Beteiligungen des Herstellers an der lokalen Handelswerbung hingewiesen. Es ist davon auszugehen, daß durch das lokale Fernsehen und dessen Einsatzpotentiale für den Handel die Frage der Werbekostenzuschüsse verstärkte Relevanz erhält.

Neben Werbekooperationen zwischen Produzent und Handel ist die horizontale Gemeinschaftswerbung ebenfalls eine prädestinierte Werbeform für das lokale Fernsehen. So wurde bereits angedeutet, daß die Zusammenarbeit zwischen Hersteller und Handel auf dem Gebiet der Kommunikationspolitik unter wirtschaftlichen Bedingungen nur bei einer entsprechenden Größe des Handelsbetriebes durchsetzbar ist.
Von daher kann die Kombination aus horizontalen Kooperationen, z.B. Zusammenschlüssen des örtlichen Fachhandels, und vertikaler Gemeinschaftswerbung mit der Industrie eine Möglichkeit sein, dieser Anforderung gerecht zu werden.[2)]

Darüber hinaus sind vielfältige ausschließlich horizontale Gemeinschaften der lokalen Fernsehwerbung möglich. Diese können durch Gemeinschaftswerbung des örtlichen Einzelhandels einer Branche (horizontale Gemeinschafts-

---

1) Vgl. Hallier (1986), S. 26 ff.; Meffert (1986c), S. 109.
2) Vgl. o.V. (1982b), S. 402.

werbung) oder unterschiedlicher Branchen (horizontal-komplementäre Gemeinschaftswerbung) zustande kommen. Insbesondere die zuletzt genannte Form scheint ein interessanter Ansatz für die lokale TV-Werbung zu sein: So sind häufig gleiche Standortinteressen Anlaß und Thema der horizontal-komplementären Gemeinschaftswerbung.
Beispiele wären Werbespots für Handelsbetriebe in Citylage oder in Fußgängerzonen sowie für Shopping-Center, Einkaufspassagen und Gemeinschaftswarenhäuser.[1)]
Wie bei der vertikalen Gemeinschaftswerbung ist auch für horizontale bzw. horizontal-komplementäre Kooperationen die im Vergleich zur Einzelwerbung günstigere Kostensituation zu betonen, die insbesondere für kleine Handelsbetriebe entscheidend sein kann für ein Engagement auf dem Gebiet der TV-Werbung.

3.2.3.3 <u>High- oder Low-Budget-Produktion</u>

Die Herstellungskosten eines üblichen 30-Sekunden-Fernsehspots, wie er z.B. in ARD oder ZDF geschaltet wird, wurden bereits an anderer Stelle angesprochen (vgl. 3.1.2). Fraglich ist, ob die zumeist sechsstelligen Beträge im Rahmen der lokalen Fernsehwerbung angemessen sind, bzw. ob die Charakteristik des Mediums derart aufwendige Produktionen überhaupt erfordert. Während für den Hersteller, der kaum einen Spot ausschließlich für <u>einen</u> lokalen Sender produzieren wird, diese Thematik von untergeordneter Bedeutung ist, sind vor allem für den örtlichen Handel die Kosten der Herstellung ein zentrales Problem.
Hinzu kommt, daß bei dieser Gruppe von Werbetreibenden das für eine professionelle Fernsehproduktion erforderliche Know-how meist nicht vorhanden ist. Die in der Industrie übliche Nutzung der Beratungskompetenz spezialisierter Firmen scheidet vermutlich aus Kostengründen aus.

---

1) Vgl. Mohr (1979), S. 233; Hermanns/Theopold (1982), S. 563 f.

Im Rahmen von Stadtfernsehen-Projekten erwies sich der nicht vorhandene Erfahrungshintergrund des lokalen Handels im Hinblick auf ein Fernsehmedium als ein gravierendes Hemmnis.[1] Er mag in gleicher Weise für die derzeit auffallend geringe Beteiligung des örtlichen Handels am Lokalfernsehen verantwortlich sein. So rekrutieren sich z.B. bei TV weiß blau 80% der Einnahmen aus Hersteller- und nur 20% aus Werbung des örtlichen Handels.[2] Angebote der Sender, die die Spotproduktion oder Beteiligung an der Produktion umfassen, sollen dem Handel den "Einstieg" in das Medium erleichtern.[3]
Der Einsatz hochpreisiger Spots kann jedoch - auch für große Handelsbetriebe - bei entsprechender Flexibilität des Marketing bzw. der Kommunikation (vgl. 3.2.2.1) aus wirtschaftlichen Gründen nicht sinnvoll sein.
So nutzte z.B. C&A, der größte bundesdeutsche Werbetreibende, die Dispositionsspielräume des lokalen EPF dergestalt, daß täglich wechselnde aktuelle Angebotsspots geschaltet wurden. Diese waren Teil eines Gesamtkonzeptes, das außerdem parallel lancierte Tageszeitungsanzeigen und das entsprechende Angebot im Verkaufsraum umfaßte.[4]
Es sollen im folgenden Alternativen zum Werbespot herkömmlichen Produktionsaufwandes sowie deren Eignung für Werbebotschaften im Lokalfernsehen aufgezeigt werden.

Eine Möglichkeit der kostenreduzierten TV-Werbung ist die Nutzung der von lokalen privaten Sendern angebotenen Werbesonderformen.
Diese Werbemöglichkeiten sind von daher unter Kostengesichtspunkten interessant, daß sie keinen oder sehr geringen Produktionsaufwand erfordern. Beispiele sind das Sponsern von Sendungen oder Sendungsbestandteilen (z.B. Fernseh-Uhr) sowie die Teilnahme an vom Sender vorproduzierten oder live gestalteten Sondersendungen, die meist

---

1) Vgl. o.V. (1983b), S. 32.
2) Quelle: TV weiß blau.
3) Vgl. beispielhaft EPF (1986).
4) Vgl. Gröne (1984), S. 109.

von mehreren Werbetreibenden getragen werden. In einer Live-Sendung mit Präsenter im EPF werden die Angebote verschiedener Einzelhändler vorgestellt. Im "Stadtgespräch", einer Werbesondersendung des Münchener Kanals, die Lokalkolorit widerspiegeln soll, werden Werbetreibende in Live-Atmosphäre interviewt.[1]

Im Hinblick auf niedrigpreisige Produktionen, die vom Werbetreibenden selbst getragen werden, sind zunächst die (Dia-)Standbilder zu erwähnen. Diese in Kino und Stadtfernsehen erprobte Werbeform besteht aus Fotos, etwa vom Laden eines Einzelhändlers, die zusätzlich mit Anzeigenmotiven, Handzetteln oder anderen Werbematerialien zu einer Diafolge kombiniert werden können.[2] Eine derartige Gestaltungsform der Werbung scheint am ehesten geeignet für die Angebotswerbung des Einzelhandels, wie sie derzeit vor allem in lokalen Printmedien geschaltet wird.
Wenn auch der niedrige Produktionsaufwand für diese Werbeform spricht, so muß die "hausbackene" Anmutung als tendenziell negativ eingestuft werden, zumal sie der üblichen Bewegtbild-Charakteristik des Fernsehens zuwiderläuft.

Ein alternativer Ansatz niedrigpreisiger Produktion soll am Beispiel der oben angesprochenen C&A-Kampagne erläutert werden. Ein tragender Gestaltungsbaustein sind dabei Cartoons, die mittels Computergrafik animiert und durch Slowmotion und neue Vertonungstechniken fernsehgerecht aufbereitet werden.
Die Möglichkeiten, die gesamte Artwork einer Werbebotschaft elektronisch herzustellen, können angesichts der Entwicklungen auf dem Gebiet der Computergrafik und -animation als nahezu unbegrenzt bezeichnet werden: "Die Werbebranche steht vor der Revolutionierung ihrer Arbeitstechniken."[3] Die gegenwärtig noch kostenintensiven

---

1) Zur Gefahr mangelnder Glaubwürdigkeit bei derartigen Sondersendungen vgl. Kap. 4.4.2.2.
2) Vgl. o.V. (1983b), S. 32; Tessar (1983), S. 61.
3) Merkel (1986), S. 22; o.V. (1986ax), S. 46 ff.

Verfahren werden mit fortschreitendem Preisverfall der Hardware sowie mit zunehmender Etablierung der notwendigen Software mittel- bis langfristig die kostengünstige und professionelle Umsetzung von Werbebotschaften ermöglichen.[1]

Videoproduktionen sind eine weitere Alternative zur hochpreisigen TV-Spot-Herstellung. Die lokalen Sender akzeptieren im Gegensatz zu den öffentlich-rechtlichen Anstalten Werbesendungen auf Video-Filmträgern.[2]
Abgesehen davon, daß Videoproduktionen hinsichtlich Aufnahme- und Entwicklungstechnik per se billiger sind als reguläre Fernsehproduktionen, bietet sich diese Technik mit ihrer hohen Flexibilität für die Umsetzung von werblichen Inhalten an, für die das Lokalfernsehen wiederum ein geeignetes Umfeld darstellt.
Angesprochen sind damit Werbeproduktionen mit Live-Charakter, die sich im Einklang mit dem redaktionellen Konzept und den Gestaltungsmitteln lokalen Fernsehens befinden. Live-Werbung ist insbesondere für den örtlichen Handel eine adäquate Darstellungsform. Der Einzelhändler oder das Verkaufspersonal agiert in "natürlicher Situation" am Verkaufsort, womit bei potentiellen Käufern Sympathien geschaffen oder Beratungskompetenzen vermittelt werden können (vgl. 3.2.2.1).
Ein weiteres Beispiel für TV-Spots mit Live-Charakter ist die Abfilmung von Consumer-Promotions, die als Werbesendungen im Lokalfernsehen geschaltet werden können, z.B. Probieraktionen oder Gewinnspiele am Verkaufsort oder in Fußgängerzonen.[3] Neben geringen Produktionskosten haben derartige Konzeptionen den Vorteil, daß durch die Ausstrahlung im lokalen Fernsehen die Wirkung der Promotionaktion potenziert werden kann.

Die obigen Ansätze, die als Beispiel für eine Vielzahl von Gestaltungsmöglichkeiten zu verstehen sind, zeigen,

---

1) Vgl. Merkel (1986), S. 23; Fink (1986), S. 26.
2) Vgl. EPF (1986); TV weiß blau (1986).
3) Vgl. o.V. (1983b), S. 33.

daß Werbung in lokalen Programmen eine andere Anmutung haben kann und haben sollte als die gewohnten Fernsehspots. Nicht nur aus Kostengründen sollte der Werbetreibende bereit sein, sowohl produktionstechnisch als auch konzeptionell neue Wege zu beschreiten.

3.2.4 Medienabhängige Determinanten des Einsatzpotentials

Entsprechend den medienbezogenen Einsatzbedingungen des internationalen Satellitenfernsehens (vgl. 3.1.3.2: unternehmensexterne Determinanten) sollen hier die gegenwärtige Situation und die Entwicklungsperspektiven lokalen Fernsehens untersucht werden.

Abbildung 9 (Kap. 2.3.2) zeigt das auf lokaler Ebene verfügbare private Programmangebot: Es wird bisher in München, Ingolstadt, Ludwigshafen/Vorderpfalz, Mannheim und Berlin gesendet.
In diesen lokalen Fernsehmärkten ist eine starke Fluktuation der Anbieter zu konstatieren - erklärbar mit der Kapitalintensität des Fernsehbetriebes bei größtenteils auf die lokalen Kabelnetze beschränkter Verbreitung des Programms (vgl. 2.1.3). Nach dem "teuren Lernprozeß für die verkabelte Minderheit der TV-Zuschauer"[1] sind terrestrische Sendemöglichkeiten geeignet, Zuschauerpotentiale bzw. Werbeeinnahmen lokaler Sender entscheidend zu verbessern.
Erfahrungen in München und Berlin, wo der Sendebetrieb bereits begonnen hat bzw. Mitte 1987 aufgenommen wird, zeigen jedoch <u>technische Begrenzungen</u> der terrestrischen Programmverteilung. So ist die Sendeleistung z.B. in München mit nur einem Kilowatt[2] so gering bemessen, daß ein störungsfreier Empfang des Programms in vielen Haushalten nur mit einem Zusatzverstärker möglich sein wird.

---

1) o.V. (1986bo), S. 7.
2) Das ZDF z.B. sendet in München mit 250 KW. Vgl. ausführlich zur Sendeleistung der öffentlich-rechtlichen Veranstalter Frost (1987).

In München erfordert zudem der von den öffentlich-rechtlichen Sendern abweichende Abstrahlungsstandort eine Antennenaufrüstung für den Empfang des einen zusätzlichen Kanals.[1)]
Vor dem beschriebenen Hintergrund wehren sich die lokalen TV-Anbieter insbesondere gegen die minimalistische Festschreibung der terrestrischen Sendemöglichkeiten auf Low-Power-Frequenzen. Es wird vielmehr eine schrittweise Erhöhung der Sendeleistung auf mindestens Medium-Power-Niveau gefordert.[2)] Dies würde jedoch wiederum neue in- und ausländische Koordinierungen bedingen; ferner wären Interessenskonflikte mit den öffentlich-rechtlichen Anstalten absehbar.

Abgesehen von der Verbreitungstechnik hängt das Entwicklungspotential einzelner lokaler Stationen in hohem Maße vom Zustandekommen geeigneter Kooperationsformen ab. So ist die gemeinsame Nutzung eines Kanals durch mehrere Anbieter möglich, die jeweils zu verschiedenen Zeiten senden.[3)] Dieses Prinzip ist jedoch unter dem Aspekt eines klaren Programmprofils nicht unproblematisch.
Erfolgversprechender scheint die Eingliederung eines lokalen Programms mit begrenzter Sendezeit (z.B. 1,5-2 Std.) in ein nationales Vollprogramm (SAT 1, RTL plus). Es steht zu vermuten, daß laufende Kooperationsverhandlungen zwischen den nationalen Anbietern und potentiellen Veranstaltern der Fensterprogramme[4)] mit Unterzeichnung des Staatsvertrages (vgl. 2.2) einen Schub erfahren.

---

1) Vgl. Pitzer (1986), S. 20.
Die Größenordnung der aufrüstungsbedürftigen Antennenanlagen wird von der Post bzw. vom Handwerk sehr unterschiedlich eingeschätzt: In Berlin z.B. liegen die Angaben der Bundespost bei 5%, die Schätzungen des Antennenhandwerks hingegen bei 65% (vgl. o.V. (1986ab), S. 11). Die Schätzungen der Kosten für die Antennenverstärkung schwanken zwischen 200 DM und 2.000 DM (vgl. o.V. (1986aw), S. 15).

2) Vgl. Kellerer (1986), S. 43.

3) Ein Beispiel hierfür ist die derzeitige Nutzung des Kanal 4 in München durch eine Gemeinschaft von 9 Anbietern.

4) Vgl. beispielhaft o.V. (1986bb), S. 3.

Neben der Perspektive einer Profilierung des Lokalprogramms durch Einbettung in ein attraktives Mantelprogramm bieten sich Möglichkeiten der Kooperation im Programmbereich, die eine bessere Auslastung lokaler Stationen implizieren. So zeichnen das Erste Private Fernsehen und das Rhein-Neckar-Fernsehen, die als SAT 1- bzw. RTL plus-Fenster ausgestrahlt werden, auf Basis von Zulieferverträgen für die lokale/regionale Berichterstattung des Mantelprogramms verantwortlich.[1] Schließlich ist die Akquisition und Betreuung überregionaler Werbekunden durch den nationalen Anbieter vorstellbar.

Eine Begünstigung der Entwicklungsperspektiven lokaler Programme würde durch eine Ausweitung der Ausstrahlungsgebiete erreicht. Eine Möglichkeit sind technische Zusammenschlüsse einzelner Sender in einer Region durch Richtfunk oder Kabel (vgl. 2.1.3), über die das gleiche Lokalprogramm abgestrahlt werden könnte. Derartige regionale Vernetzungen bieten sich vor allem zwischen mittleren bzw. kleineren Großstädten und deren Umland an, um eine Vergrößerung des Zuschauerpotentials und des Werbemarktes zu realisieren.
Es ist darüber hinaus vorstellbar, daß ein Lokalveranstalter Lizenzen für die Ausstrahlung seines Programms in anderen Städten der Region erhält, so daß landesweite "Networks" entstehen könnten.[2]

Das lokale Fernsehen in der Bundesrepublik befindet sich

---

1) Vgl. Müller (1986), S. 24 f.
2) Vgl. o.V. (1987a), S. 2 f. So erhielt z.B. TV weiß blau (München) eine vorläufige Sendelizenz für Ingolstadt, wo nun das um wenige lokale Informationen erweiterte Münchener Programm in die Kabelnetze eingespeist wird. Fraglich ist jedoch, ob mit dieser Vorgehensweise dem intendierten lokalspezifischen Charakter des Mediums entsprochen werden kann.
Die gleichen Bedenken müssen für Programm-Dienste nach bestehendem Vorbild auf dem Hörfunkmarkt gelten, bei denen lokalen Radioveranstaltern von großen Produktionsgesellschaften vorproduzierte Programme bzw. Programmbestandteile zum Kauf angeboten werden (Syndication) (vgl. Sprung (1986), S. 64).

im Anfangsstadium; der Diffusionsverlauf, insbesondere hinsichtlich weiterer lokaler Programmangebote ist kaum abschätzbar. Wahrscheinlich ist die Etablierung lokaler TV-Stationen zunächst in den Metropolen, in einer späteren Phase möglicherweise mit regional erweiterten Versorgungsradien.[1] Die private Akzeptanz lokaler Programme kann vor dem Hintergrund der spezifischen redaktionellen Konzeption der Angebote und damit verbundener Funktionalität für die Rezipienten (vgl. 3.2.2.1) positiv beurteilt werden.
Erste Ergebnisse der Kabelpilotprojektforschung zur Resonanz lokalen Fernsehens[2] sowie Erfahrungen mit regionalen Fenstern im öffentlich-rechtlichen Fernsehen (WDR)[3] bestätigen diese Annahme.

Im Hinblick auf die zuvor untersuchten Nutzungsmöglichkeiten des Mediums muß für die derzeitige Situation festgehalten werden, daß der Einsatz auf eine Handvoll Städte beschränkt ist. Dies bedeutet eine starke Einschränkung vor allem für die differenzierte Kommunikationsstrategie, bei der das qualitative Potential des Werbeträgers im Sinne der strategischen Relevanz in hohem Maße von der Anzahl und der räumlichen Verteilung verfügbarer Stationen abhängt.

Zudem müssen die Reichweiten des Lokalfernsehens, sofern nicht gegenwärtig schon terrestrisch ausgestrahlt wird, bis zur verstärkten Aufnahme des terrestrischen Sendebetriebes ab 1988 als dürftig bezeichnet werden. So sind z.B. in München ca. 60.000 Kabelhaushalte zu erreichen[4], bei einer angenommenen effektiven Reichweite eines lokalen Programms von ca. 5%[5] beläuft sich die (Kabel-)Zuschauerschaft somit auf 3.000 Haushalte.
Insbesondere im Hinblick auf den lokalen Handel, der mit

1) Vgl. Halefeldt (1985), S. 724; Röper (1986), S. 300.
2) Vgl. Dehm/Klingler (1984), S. 881; Mohn (1986), S. 631.
3) Vgl. Bender (1986), S. 16.
4) Vgl. Kellerer (1986), S. 89.
5) Vgl. zu Einschaltquoten privater Programme Kap. 4.4.1.

lokalen Printmedien (z.B. Tageszeitungen, Anzeigenblätter) einen hohen Abdeckungsgrad seines jeweiligen Einzugsgebietes erreichen kann, sind die gegenwärtig geringen Reichweiten des Fernsehens als Hemmnis für einen Einsatz zu werten.

Ein weiterer gravierender Nachteil ist die zur Zeit nicht vorhandene Transparenz über erzielbare oder gar effektive Zuschauerzahlen. So beläuft sich nach Schätzungen der Bundespost das auf terrestrischem Wege in München erreichbare Potential auf 200.000 Haushalte, demgegenüber geht TV weiß blau von einer Größenordnung von 80.000 Haushalten aus.[1)]
Spezielle Bedeutung kommt der Unwägbarkeit der Reichweitenwerte bei einem potentiellen Einsatz lokaler Fernsehmedien im Rahmen regionaler Testmärkte zu. So liefern Daten zur Medialeistung als entscheidende Informationen eines Testprojektes die Basis für die Ausgestaltung des Medieneinsatzes auf nationaler Ebene.
Auch künftig sind die Möglichkeiten des quantitativen Leistungsnachweises lokaler Programme begrenzt: Wegen der hohen Kosten elektronischer Zuschauerforschung[2)] können allenfalls behelfsmäßige Erhebungen, z.B. durch Befragung erwartet werden.[3)]

---

1) Vgl. Kellerer (1986), S. 89.
2) Vgl. ausführlich zur elektronischen Zuschauerforschung bei nationalen privaten Programmen Kap. 4.5.2.
3) Vgl. Schweitzer (1986), S. 79; vgl. zu Befragungsansätzen in der TV-Nutzungsforschung Reiche (1986), S. 1 f.

4. Zielgruppenspezifische Selektionsmöglichkeiten

Nach den räumlichen Selektionsmöglichkeiten des Mediums Fernsehen, repräsentiert durch das internationale Satellitenfernsehen und das lokale Kabel- bzw. Low-Power-Fernsehen, soll hier die zielgruppenorientierte Selektion[1] als weiterer Aspekt des kommunikationsstrategischen Innovationspotentials neuer Fensehangebote untersucht werden. Grundsätzlich ist die Zielgruppenselektion sowohl in nationalen als auch in internationalen[2] Programmen (vgl. 4.1.2.1) möglich.[3]
Es steht jedoch zu vermuten, daß zumindest anfänglich den nationalen Fernsehveranstaltern RTL plus und SAT 1 der höchste Stellenwert bei der zielgruppenspezifischen Fernsehwerbung zukommt, vor allem, weil dort am ehesten Voraussetzungen hinsichtlich der notwendigen Datentransparenz gegeben sind (vgl. 4.5.2).

Die Zielgruppenansprache gründet sich auf die im folgenden dargestellten Plazierungsmöglichkeiten einer Werbebotschaft in privaten Sendern, und zwar unter formalen Gesichtspunkten und im Hinblick auf das Programmangebot.

4.1 Plazierungsmöglichkeiten der Werbebotschaft

4.1.1 Formale Plazierung

Grundlegende Voraussetzung für eine planbare zielgruppen-

---

1) Bei den hier behandelten Zielgruppenselektionsmöglichkeiten ist die Selektion nach geografischen Kriterien ausgeklammert, da diese zur Verdeutlichung der strategischen Relevanz internationaler und lokaler Fernsehmedien separat behandelt wurde (vgl. Kap. 1).
2) Die Zielgruppenselektion in internationalen Programmen entspricht dem Einsatz dieser Medien im Sinne der unter 3.1.1.2 und 3.1.2 behandelten Strategie der globalen Abgrenzung von Marktsegmenten.
3) Es ist davon auszugehen, daß für den Hersteller - abgesehen von einer geografischen Selektion - eine weitergehende Zielgruppenselektion in lokalen Programmen aufgrund beschränkter Marktpotentiale nicht von Relevanz ist.

spezifische Kommunikation sind entsprechende Freiheitsgrade hinsichtlich der Plazierung der Botschaft. Im Gegensatz zu der bei den öffentlich-rechtlichen Anstalten etablierten Praxis der Zuteilung von Sendeplätzen akzeptieren die Privatsender Plazierungswünsche der Werbekunden (vgl. 1.2).

Nach Maßgabe der Programmstruktur der Sender stehen verschiedene Werbeplätze zur Verfügung, bei RTL plus z.B. zwischen 8 und 10, bei SAT 1 zwischen 13 und 14 Werbeinseln pro Tag.[1] Engpässe können durch Überbuchung einzelner Werbeinseln oder Plätze innerhalb einer Insel entstehen.[2]
Im Hinblick auf die Selektionsmöglichkeiten definierter Zielgruppen ist die Verteilung der Werbeeinheiten über die gesamte Tages-Sendezeit und alle Wochentage (Montag-Sonntag) von Bedeutung (vgl. 4.3.3).
Die Werbeplätze selbst unterscheiden sich durch die Art der Einbettung in das Programmumfeld: Der größte Teil der Inseln ist vor bzw. nach einer bestimmten Sendung vorgesehen; 2-3 Einheiten sind als Unterbrechung eines zusammenhängenden Programms plaziert. Eine Alleinstellung eines Werbetreibenden kann nach gesetzlicher Vorschrift durch Exklusivbuchung einer Werbeinsel mit mindestens 2 Spots erreicht werden.[3]

4.1.2 Plazierung im Programmangebot

Es sollen hier zunächst die grundsätzlichen Auswahlmöglichkeiten hinsichtlich einer Plazierung der Werbebotschaft im Programmangebot aufgezeigt werden.

---

1) Vgl. SAT 1 (1986b); RTL plus (1986b).
2) Diese Situation könnte am ehesten bei den reichweitenstärksten Inseln der Prime Time (18-23 Uhr) eintreten, dort insbesondere in der im öffentlich-rechtlichen Werbefernsehen nicht verfügbaren Zeit nach 20 Uhr. Innerhalb einer Werbeeinheit sind vermutlich die Plätze unmittelbar vor bzw. nach einer Sendung am begehrtesten.
3) Vgl. SAT 1 (1986a), S. 13.

Ist beim öffentlich-rechtlichen Werbefernsehen bis dato lediglich eine Entscheidung für ARD und/oder ZDF möglich bzw. sinnvoll, so stehen bei der Planung des privaten Fernsehens sowohl Sender als auch einzelne Programmbestandteile zur Wahl.
Für beide Kategorien soll ein Spektrum möglicher Alternativen vorgestellt werden. Dies darf nicht als vollständige Erfassung des Gesamtprogrammangebotes verstanden werden, sondern vielmehr als beipielhafte Übersicht, die die Vielfalt der Plazierungsalternativen vermitteln soll.

Es sei an dieser Stelle angemerkt, daß zielgruppenspezifische Werbemöglichkeiten u.a. aus dem redaktionellen Konzept jener Sender resultieren, die mit ihrer Positionierung im Markt der Programmangebote bestimmte definierte Zuschauersegmente ansprechen. Dies führt zu den in der medienpolitischen Diskussion und von privaten Programmachern vielzitierten Sparten- und Zielgruppenkanälen. Im Zuge der Etablierung neuer Sender hat tatsächlich eine Differenzierung der medialen Angebote durch spezielle thematische Orientierung stattgefunden (vgl. 4.1.2.1).
Es wäre jedoch eine Fehlinterpretation des künftigen Potentials zielgruppenspezifischer Werbung im Medium TV, die Untersuchung auf diese Ausprägungen des Programmangebotes zu beschränken. So sind die Zuschauerschaften der sog. Zielgruppenkanäle zumeist lediglich grob soziodemografisch differenzierbar (z.B. Jugendzielgruppe). Erklärbar ist diese Tatsache u.a. mit der privatwirtschaftlichen Konstituierung der Sender, die die zwingende Notwendigkeit impliziert, die Überlebensfähigkeit im Programmwettbewerb sicherzustellen. Zur Erreichung hoher Einschaltquoten müssen Programme für entsprechend große und damit zwangsläufig breit definierte Zielpublika angeboten werden (vgl. 4.5.1.1).[1] Darüber hinaus kann die einzelne Sendung im Rahmen eines Allgemeinprogramms

1) Ausnahmen bilden jene Sender, deren Programm sich auf eine begrenzte Sendezeit oder zusätzlich auf ein begrenztes Ausstrahlungsgebiet beschränkt.

ebenfalls ein zielgruppenorientiertes Angebot repräsentieren.
Von daher sollen sowohl Sender als auch einzelne Programmbestandteile in die Untersuchung einbezogen werden. Sie sind zunächst als Entscheidungsvariablen der Programmselektion zu verstehen, inwieweit damit die Selektion von Zielgruppen realisiert werden kann, soll in den Kapiteln 4.3 und 4.5.1.1 thematisiert werden.

4.1.2.1 Sender

Die im Hinblick auf die Möglichkeiten der Zielgruppenselektion sinnvolle Unterscheidung zwischen in die Breite zielenden Programmangeboten und Sparten- bzw. Zielgruppenprogrammen wurde bereits angedeutet.
Herausragendes Merkmal der Spartenprogramme und damit Abgrenzungskriterium zum General Interest-Programm, soll dabei eine klar erkennbare thematische Ausrichtung des gesamten Programminhaltes sein.[1)]

---

1) Vergleichbare redaktionelle Konzepte liegen im Bereich der Printmedien vor. Special Interest-Zeitschriften sind dort gekennzeichnet durch "einen klaren thematischen Schwerpunkt .., der in jeder Ausgabe durchgängig behandelt wird" (Arbeitskreis Special Interest (1986), S. A8).
Wenn sich auch das gegenwärtige Kanalangebot grundsätzlich mit diesem Kriterium unterscheiden läßt, so sind eventuelle Abgrenzungsschwierigkeiten von daher denkbar, daß sich im Rahmen prinzipiell breit angelegter Programme so starke Schwerpunkte auf einem Gebiet herausbilden, daß diese im Rahmen der Werbeträgerauswahl als Spartenkanal behandelt werden könnten. Beispielhaft dafür sei die Programmentwicklung bei Europa-TV angeführt, wo zuletzt regelmäßig zur Hauptsendezeit Sportübertragungen und -berichte ausgestrahlt wurden.
In umgekehrter Richtung können auch ursprünglich als Spartenprogramm konzipierte Kanäle aus Gründen der Reichweitensteigerung Bestandteile für ein breites Publikum zusätzlich in das Programm aufnehmen (o.V. (1986aa), S. 6 f.) oder in ein bestehendes General Interest-Programm eingegliedert werden (o.V. (1986bk), S. 4).

Wichtigste Beispiele aus dem in Abbildung 9[1] dargestellten Angebot privaten Fernsehens sind im Bereich der breitangelegten Programme RTL plus, SAT 1 sowie die internationalen Sky Channel und Super Channel.

Im Bereich der Spartenkanäle sind die meisten Angebote im Unterhaltungssegment positioniert: Beispiele dafür sind vor allem die Musikkanäle Musicbox (deutsch) und Sky Beat (international). Als spezialisierter Unterhaltungskanal ist darüber hinaus "Unser kleines Theater" (regional und bundesweit) zu betrachten, mit einem Programmangebot aus volkstümlichen Theaterstücken und Lebenshilfe.
Als erster nationaler Informationskanal startete Eureka-TV im November 1986 seinen Sendebetrieb mit einer Mischung aus Nachrichten und Informationssendungen zu den Themen Kultur, Medizin, Wissenschaft und Sport.[2] In der Zukunft wäre als weiteres Spartenprogramm ein reiner Sportkanal denkbar.
Die Tragfähigkeit kommerzieller Kulturprogramme muß im Hinblick auf erzielbare Reichweiten zurückhaltend beurteilt werden. Chancen für derartige Angebote bieten sich am ehesten als nationales oder lokales Programm mit eingeschränkter Sendezeit[3], das in ein reichweitenstärkeres Mantelprogramm mit breiter Ausrichtung eingebunden sein kann.

4.1.2.2 Einzelne Programmbestandteile

Zur Systematisierung einzelner Programmbestandteile wird eine Aufgliederung nach Kategorie, Segment und Genre der Sendung vorgenommen.
Programm-Kategorien sind die Bereiche Information, Unterhaltung und Bildung. Dieser funktionalen Unterteilung,

1) Vgl. Kap. 2.3.2.
2) Vgl. o.V. (1986al), S. 7 f.
3) Ein Beispiel dafür ist das Kulturprogramm des MAZ-Studios im Kanal 4 in München (vgl. o.V. (1986bh), S. 6 f.).

wie sie in der Gesetzgebung im Zusammenhang mit den Grundaufgaben des Rundfunks vorgenommen wird[1], folgt eine weitere Auffächerung nach Programm-Segment und Programm-Genre. Beispiel für dieses Gliederungsprinzip wäre in der Kategorie Unterhaltung das Segment Musik und dort wiederum als Genre eine Rockmusik-Sendung. Die Abbildungen 17 und 18 zeigen eine beispielhafte Aufgliederung des Programmangebotes nach Segmenten und Genres in den Kategorien Unterhaltung und Information.[2][3]

Wenn auch diese Klassifikation, wie die meisten existierenden Kategorienschemata zur Programmforschung, mit konzeptionellen Mängeln behaftet ist[4], so kann sie doch für einen anschaulichen Überblick möglicher Programmangebote bzw. Werbeumfelder als hinreichend bezeichnet werden.

---

1) Vgl. Faul (1985), S. 275.

2) Die Aufgliederung wurde in Anlehnung an ein Kategorienschema vorgenommen, das zu vergleichenden Programmanalysen zwischen öffentlich-rechtlichem und privatem Fernsehen eingesetzt wurde (Krüger (1986), S. 485 ff.).

3) Auf eine Darstellung möglicher bildender Programmbestandteile wurde wegen der zumindest gegenwärtig geringen Bedeutung derartiger Inhalte bei privaten Anbietern verzichtet.

4) So kann sich die Zuordnung einer speziellen Programmeinheit zu einer Kategorie, einem Segment oder einem Genre schwierig darstellen.
Grenzfälle sind insbesondere bei der Zuordnung einer Sendung zur Unterhaltung, Information oder Bildung denkbar, und zwar immer dann, wenn jene nicht eindeutig eine der drei Funktionen wahrnimmt. So mag eine Unterhaltungssendung gleichzeitig bildenden oder informativen Charakter haben, während eine Informationssendung im Stil von Unterhaltungsprogrammen gezeigt werden kann, wie dies z.B. bei den "News Shows" der kommerziellen Veranstalter der Fall ist. Besonders deutlich wird eine ambivalente Funktion bei Sportprogrammen, die im vorliegenden Schema der Kategorie Unterhaltung subsumiert wurden. Ferner findet teilweise eine Vermischung von Form- und Inhaltsaspekten statt, so z.B. bei der auf die Präsentationsform zielenden Bezeichnung "Live-Übertragung" unter dem ansonsten inhaltlich definierten Genre (vgl. ausführlich zu methodischen und konzeptionellen Problemen bei der Programmforschung Faul (1985), S. 272 ff.).

Kategorie	Unterhaltung					
Segment	Spielhandlung	Musiksendung	Nummernsendung	Sport	Freizeit	Kinder- und Jugendsendung
Genre	Familienserie/ -film Heimatfilm Liebesfilm Krimi Tierfilm Zeichentrickfilm historische Verfilmung Abenteuerfilm Science Fiction Western Actionfilm Horrorfilm Komödie Slapstick Soap Opera	Shows Pop-Musik Video Clips Rock-Konzert Schlager Operette Volksmusik	Quiz Gewinnspiel Varieté Kabarett Talkshow	aktuelle Übertragung Sportbericht	Reisemagazin Hobbymagazin	Vorschulprogramm Spielhandlung

Kategorie	Information			
Segment	aktuelle Nachrichten und politische Information	Wirtschaftsinformation	lokale/regionale Information	praktische Information/ Ratgebersendung
Genre	Nachrichtensendung politisches Magazin und Bericht politische Diskussion politische Dokumentation und Feature	Wirtschaftsmagazin Geschäfts- und Finanznachrichten und -berichte	Live-Übertragung Magazin	Gesundheitssendung Haushaltsratgeber Wirtschaftsratgeber Verbrauchersendung

Abb. 18: Segmente und Genres in der Programm-Kategorie Information

4.2 Zielgruppenspezifische Kommunikationsstrategien

Die Bedeutung zielgruppenspezifischer Selektionsmöglichkeiten eines Werbeträgers erschließt sich vor dem Hintergrund der übergeordneten Marketing- bzw. Kommunikationsstrategie.
Einer der Ausgangspunkte einer strategischen Marketingplanung ist - nach der Definition grundsätzlicher Problemlösungsbereiche der Unternehmenstätigkeit ("Defining the Business") - die Marktsegmentierung, d.h. die Aufteilung des Marktes nach bestimmten Kriterien in homogene Gruppen potentieller Käufer.[1]
In diesem Zusammenhang von Relevanz ist die "handlungsstrategische Aufgabenstellung"[2] der Marktsegmentierung (Marktbearbeitungsaspekt). Diese umfaßt zum einen die Festlegung der anzusprechenden Segmente nach Art und Zahl, zum anderen die Auswahl segmentspezifischer Marketinginstrumente.[3]
Im Rahmen der Kommunikationspolitik erfolgt im Sinne einer Konkretisierung die Abgrenzung werblicher Zielgruppen und die zielgruppenspezifische Maßnahmenplanung.[4]

Ausgehend von diesem Zusammenhang zwischen übergeordneter Marketingstrategie und Kommunikationsstrategie sollen im folgenden, unabhängig von konkreten Segmentabgrenzungen oder Bearbeitungsstrategien, prototypische Kommunikationsansätze aufgezeigt werden. Nach dem Abgrenzungskriterium des Differenzierungsgrades der Kommunikation hinsichtlich potentieller Zielpersonen ergibt sich eine undifferenzierte Kommunikationsstrategie einerseits, eine differenzierte Kommunikationsstrategie andererseits.
Im Zusammenhang mit den wesentlichen Einsatzbedingungen

---

1) Vgl. Köhler (1981), S. 266 ff.
2) Köhler (1976), S. 169. Neben der handlungsstrategischen beinhaltet die Marktsegmentierung eine meß- und klassifikationstechnische Aufgabenstellung.
3) Vgl. Freter (1983), S. 109.
4) Vgl. Freter (1974), S. 62 sowie Abb. 1: Planungsprozeß der Kommunikationspolitik (Kap. 1.1).

der alternativen Strategien bietet dieser Ansatz die Möglichkeit, Einsatzpotentiale und strategische Bedeutung der Zielgruppenselektion in privaten Programmen zu untersuchen (vgl. 4.3).

Die Abgrenzung der Strategien erfolgt analog zu der von KOTLER in Zusammenhang mit der Marktsegmentierung vorgenommenen Klassifizierung möglicher Marktbearbeitungsstrategien. Er unterscheidet nach den Dimensionen der Differenzierung des Instrumenteneinsatzes und der Abdeckung des Marktes ein undifferenziertes, ein konzentriertes und ein differenziertes Marketing.[1)]

Für die vorliegende Themenstellung wurde zunächst eine Eingrenzung vorgenommen, indem explizit der Bereich der Kommunikation zum Gegenstand der Untersuchung erhoben wird. Dies ist zudem von daher sinnvoll, daß sich die Abgrenzung werblicher Zielgruppen zwar gewöhnlich an den ursprünglich definierten Marktsegmenten orientiert, jedoch nicht zwangsläufig mit jenen identisch sein muß. So kann sich die Kommunikation im Hinblick auf Modelle der Diffusion von Werbebotschaften[2)] oder der direkten Kaufbeeinflussung durch Dritte[3)] gezielt an Nicht-Käufer wenden. Beispiele hierfür sind Werbemaßnahmen für Meinungsführer bzw. jugendliche Familienmitglieder, die an Kaufentscheidungen beteiligt sind.
Darüber hinaus können unterschiedliche Differenzierungsgrade der einzelnen Marketinginstrumente vorliegen. Dieser Sachverhalt kommt in der Systematisierung der Marktbearbeitungsstrategien nach SCHYBERGER zum Ausdruck, der bei der Differenzierung des Instrumenteneinsatzes zwischen Produkt- und übrigen Submixbereichen unterscheidet. So ist es möglich, daß für alle Segmente ein einheitliches Produkt angeboten wird (undifferenzierte Produktpolitik), Kommunikations-, Preis- und Distributionspoli-

1) Vgl. Kotler (1984), S. 267 ff.
2) Vgl. Katz/Lazarsfeld (1962); Schweiger (1975), S. 46 ff.
3) Vgl. Bauer Verlag (1986).

tik jedoch segmentspezifisch differenziert gestaltet werden.[1)]

Die Unterscheidungsebene der Abdeckung des Marktes, wonach KOTLER den auf den Gesamtmarkt bezogenen Ansätzen des differenzierten und undifferenzierten Marketing die konzentrierte Marktbearbeitung einiger weniger Segmente gegenüberstellt, ist für den vorliegenden Untersuchungsgegenstand nicht von Relevanz. Einziges Unterscheidungskriterium ist somit hier die Differenzierung des Instrumenteneinsatzes bzw. der Kommunikation im Hinblick auf potentielle Marktsegmente bzw. Zielgruppen.

4.2.1 Undifferenzierte Kommunikationsstrategie

Die undifferenzierte Kommunikationsstrategie ist Teil einer Marketingstrategie, die sich mit dem Ziel, ein größtmögliches Käuferpotential anzusprechen, auf die Gemeinsamkeiten der Konsumenten eines Gesamtmarktes konzentriert. Damit steht ein aggregierter Markt im Mittelpunkt der Absatzstrategie, ohne Rücksicht auf gegebenenfalls vorhandene Unterschiede in einzelnen Teilgruppen. Einem derartigen Vorgehen inhärent sind Kostenersparnisse, die sich insbesondere auf dem Gebiet der Planung und Forschung durch die unspezifische Vorgehensweise ergeben.[2)]

Determinanten einer undifferenzierten Marketing- bzw. Kommunikationsstrategie sind vor allem die Homogenität des Marktes oder des Produktes und die Stellung des Produktes im Lebenszyklus. Ein homogener Markt läge dann vor, wenn die potentiellen Käufer keine kaufverhaltensrelevanten Unterschiede aufweisen und somit kein Ansatz für eine Segmentierung des Marktes nach verhaltenserklärenden Kriterien gegeben ist.[3)] Das wird insbesondere

1) Vgl. Freter (1983), S. 116 f.
2) Vgl. Kotler (1984), S. 267 ff.
3) Vgl. Kap. 4.2.2 zur Notwendigkeit der verhaltensprognostischen Relevanz der Segmentierungsmerkmale.

dann der Fall sein, wenn das Produkt an sich homogen ist und damit die produktbezogenen Erwartungen der Käufer im wesentlichen gleich sind (z.B. Waschmittel, Benzin, Salz). Eine Differenzierung würde in einem solchen Fall eine unnötige Beschränkung des Absatzpotentials darstellen.
Bei Neueinführung eines Produktes mag ein Unternehmen eine undifferenzierte Marketingstrategie wählen, um zunächst eine Primärnachfrage zu erzeugen und erst in späteren Phasen des Lebenszyklus (z.B. vor dem Sättigungspunkt) eine differenzierte Marktbearbeitung zu verfolgen.[1)]

Eine undifferenzierte Strategie kann jedoch auch aus Grenzen eines segmentspezifischen Marketing resultieren. Es sind dies vor allem Probleme im Hinblick auf die Erfaßbarkeit und Erreichbarkeit der Marktsegmente. Unter den Aspekt der Erfaßbarkeit fallen z.B. Grenzen meist finanzieller oder methodischer Natur, die der unternehmenseigenen primärstatistischen Forschung gesetzt sind. Die Folge ist eine eingeschränkte Verfügbarkeit verläßlicher segmentspezifischer Informationen.
Die Erreichbarkeit der Segmente über verfügbare Kommunikationskanäle ist eine weitere grundlegende Voraussetzung einer differenzierten Marktbearbeitung (vgl. 4.2.2). Restriktionen liegen dann vor, wenn die Segmentansprache mit den belegbaren Medien nicht oder nur unter Hinnahme hoher Fehlstreuungen (vgl. 4.4.1) möglich ist.

In den oben beschriebenen Fällen ist meist eine undifferenzierte Vorgehensweise angezeigt, es sei denn, es werden bewußt sog. Schrotflintenansätze gewählt, die auf eine Selbstauswahl des Marketingprogramms bzw. der Botschaft durch die anvisierten Segmente spekulieren.[2)]

---

1) Vgl. Kotler (1984), S. 271.
2) Vgl. ausführlich zu den Grenzen der Erfaßbarkeit und Erreichbarkeit von Marktsegmenten und zu den Möglichkeiten einer Konsumenten-Selbstauswahl Freter (1983), S. 186 ff.

Entsprechend dem Anspruch einer undifferenzierten Strategie, für vielerlei verschiedene Menschen das Passende zu sein[1], richten sich die kommunikativen Maßnahmen eines solchen Ansatzes an einen breiten Durchschnitt der Konsumenten, und zwar mit universalen Themen und über breit streuende Werbemedien.

Zusammenfassend bleibt festzuhalten, daß wegen der undifferenzierten Bearbeitung des Gesamtmarktes mit einem Instrumentarium eine Segmentierung des Marktes bzw. die Festlegung differenzierter werblicher Zielgruppen nicht notwendig ist.[2]

4.2.2 Differenzierte Kommunikationsstrategie

Die "mittlere Kompromißlinie"[3] des undifferenzierten Marketing wurde in der Vergangenheit von einer Vielzahl von Unternehmen verfolgt, wobei sich vor allem ein extrem harter Wettbewerb in den Märkten als Nachteil dieser Strategie erwies.[4]

So wird seit den 70er Jahren zunehmend ein differenziertes Vorgehen bei der Marktbearbeitung favorisiert, gestützt durch eine fortschreitende Heterogenisierung der Verbraucherbedürfnisse.[5] Dabei wird versucht, "sich auf die Kunden einzustellen und das Marketing-Programm entsprechend ihren Wünschen und Motiven sowie Einstellungen zu gestalten"[6].

Verglichen mit der undifferenzierten Strategie entspricht diese Vorgehensweise eher den Grundgedanken des Marketing: So gehört nach MEFFERT eben jenes Prinzip der differenzierten Marktbearbeitung im Sinne einer Segmentierung zu den Kernelementen einer Marketingmanagement-Konzeption.[7]

---

1) Vgl. Kotler (1984), S. 268.
2) Vgl. Freter (1983), S. 112.
3) Meffert (1986c), S. 254.
4) Vgl. Kotler (1984), S. 269.
5) Vgl. Beyering (1985), S. 78 ff.
6) Freter (1983), S. 113.
7) Vgl. Meffert (1986c), S. 32.

Die segment- bzw. zielgruppenspezifische Ausrichtung der Kommunikationsmaßnahmen manifestiert sich im wesentlichen in Botschaftsgestaltung und Medienwahl.
Wie bereits angedeutet, können differenzierte Kommunikationsmaßnahmen lanciert werden, die auf dem Gebiet der Produktpolitik keine Entsprechung finden. Ein Beispiel hierfür ist der Versuch, bei einem an sich homogenen Gut eine "fiktive Produktdifferenzierung"[1)] durch Werbung zu erzeugen, z.B. durch Übermittlung segmentspezifischer Imagegehalte.
Andererseits mögen bei einem Produkt für verschiedene Segmente objektiv unterschiedliche Produkterwartungen in den einzelnen Segmenten vorliegen, die wiederum in abgestimmten Werbebotschaften thematisiert werden können. Dies ist z.B. bei coffeinfreien Cola-Getränken der Fall, bei denen bei jungen Verwendern einerseits, älteren Verwendern andererseits unterschiedliche Motivationen unterstellt werden können.[2)]

Voraussetzung jeder segmentspezifischen Marktbearbeitung ist die Segmentierung des Marktes im Sinne des Markterfassungsaspektes, d.h. die Aufteilung des Gesamtmarktes in differenzierbare, in sich homogene Gruppen von Nachfragern anhand ausgewählter Segmentierungskriterien.[3)]

Diese "Diskriminierungsvariablen"[4)] sollten ihrerseits den folgenden Anforderungen genügen:[5)]

1. Die Kriterien müssen verhaltensprognostische Relevanz haben, d.h. in Zusammenhang mit dem Kaufverhalten stehen.
2. Sie sollten die Erreichbarkeit der abgegrenzten Seg-

---

1) Meffert (1986c), S. 256.
2) Vgl. hierzu Köhler (1976), S. 169. Anhand des Beispiels einer Fluglinie beschreibt Köhler mögliche differenzierte Argumentationsschwerpunkte, die den unterschiedlichen Erwartungen verschiedener Teilgruppen von Werbeempfängern entsprechen.
3) Vgl. hierzu Dichtl (1974), S. 97 ff.
4) Freter (1983), S. 43.
5) Vgl. Böhler (1977), S. 36 ff.; Frank/Massy/Wind (1972), S. 27 f.

mente, vor allem über vorhandene Kommunikationskanäle, sicherstellen.

3. Die Kriterien sollten operational sein, d.h. eine Erfassung der Segmente mit gegebenen Marktforschungsmethoden zulassen.
4. Sie sollten Ansatzpunkte für einen segmentspezifisch abgestimmten Einsatz der Marketinginstrumente liefern.
5. Im Hinblick auf die Wirtschaftlichkeit der Marktbearbeitung sollte die Auswahl der Kriterien so erfolgen, daß ausreichend große Marktsegmente entstehen; Kosten und Nutzen der Segmentierung müssen in vertretbarem Verhältnis zueinander stehen.
6. Die Kriterien sollten vor dem Hintergrund der Fristigkeit der Marketingplanung über einen längeren Zeitraum stabil sein.

Die Vielzahl möglicher Segmentierungskriterien läßt sich nach drei Kriteriengruppen klassifizieren:[1]
Zu den demografischen und sozioökonomischen Kriterien zählen Alter, Geschlecht, Familienstand, Haushaltsgröße, Schulbildung, Beruf, Einkommen sowie geografische Kriterien.
Die wichtigsten psychografischen Kriterien sind Motive, generelle und produktbezogene Einstellungen, Persönlichkeitsmerkmale und Lebensgewohnheiten (Aktivitäten, Interessen, Meinungen).[2]
Bei den Kriterien des beobachtbaren Konsumentenverhaltens lassen sich produkt-, kommunikations-, preis- und einkaufsstättenbezogene Merkmale unterscheiden. Produktbezogene Kriterien des Konsumentenverhaltens sind u.a. Verbrauchsintensitäten sowie Markenwahl und Markentreue. Mit kommunikationsbezogenen Merkmalen sind Aspekte der Mediennutzung (Art des Mediums, Nutzungsintensität) ange-

---

1) Vgl. zu Systematisierungen der Segmentierungskriterien Böhler (1977), S. 62 ff.; Frank/Massy/Wind (1972), S. 26 f. sowie die Übersicht bei Freter (1983), S. 46.
2) Ausführlich zur Marktsegmentierung nach sog. Life-Style-Kriterien Böhler (1977), S. 111 ff.

sprochen.[1])
Generelle oder produktabhängige preisbezogene Kriterien sind z.B. der Kauf von Sonderangeboten sowie der Kauf in bestimmten Preisklassen. Die Frequentierung bestimmter Einkaufsstätten nach Art und Intensität sowie der Zeitpunkt von Einkäufen gehören zu den einkaufsstättenbezogenen Merkmalen.

Zur Eignung der einzelnen Segmentierungsmerkmale läßt sich grundsätzlich festhalten, daß sich demografische und sozioökonomische Kriterien gewöhnlich durch gute Erfaßbarkeit, jedoch eingeschränkte Kaufverhaltensrelevanz auszeichnen. Psychografische Merkmale, vor allem produktbezogene Kriterien, liefern einen erheblichen Beitrag zur Erklärung des Verhaltens, implizieren jedoch einen höheren methodischen Aufwand bei der Erfassung.
Eine zusammenfassende vergleichende Beurteilung der Kriteriengruppen im Hinblick auf die oben geschilderten Anforderungen zeigt Anhang 16.

4.3 Einsatzpotential der Zielgruppenselektion für die Kommunikationsstrategien

4.3.1 Grundlagen

Es soll untersucht werden, inwieweit Zielgruppenselektionsmöglichkeiten des Mediums Fernsehen einen Beitrag leisten können zur Durchführung einer undifferenzierten bzw. einer differenzierten Kommunikationsstrategie.

---

1) Die Frage der Mediennutzung stellt sich im Rahmen der differenzierten Marktbearbeitung aus zwei Perspektiven. Zum einen repräsentiert sie einen speziellen Verhaltensaspekt wie auch die übrigen Kriterien des Kaufverhaltens. Zum anderen stellt die Struktur der Nutzerschaft bestimmter Kommunikationskanäle als gegebene Größe eine entscheidende Bedingung für die zielgruppenspezifische Kommunikation dar. Dieser Aspekt, der unmittelbar auf die Erreichbarkeit von Segmenten bzw. Zielgruppen weist, ist Ausgangspunkt der Untersuchung der Zielgruppenselektionsmöglichkeiten bei privaten Programmen (vgl. 4.3).

In Kapitel 4.1 wurde deutlich, daß durch die Möglichkeit der gezielten Plazierung ein vielfältiges Spektrum der Selektion und Planung gegeben ist: Ansatzpunkte können Kanäle und auch einzelne Programmbestandteile sein, wobei letztere wiederum zu differenzieren sind nach Kategorie, Segment und Genre der Sendung. Die Plazierung kann ferner nach Sendezeiten eines Tages, nach Wochentagen sowie nach Monaten (Saison) erfolgen.
Die Wahlmöglichkeit und die damit verbundene Planbarkeit der Plazierung sind die konstituierenden Merkmale der Zielgruppenselektion im Rahmen des privaten Werbefernsehens.

Weitere Voraussetzung für die Selektion ist die tatsächliche Erreichbarkeit differenzierter Zielgruppen. Diese wiederum birgt vor allem zwei Aspekte:

1. Die Differenzierungskraft des Programmangebotes
Damit ist die Frage angesprochen, inwieweit verfügbare Programminhalte geeignet sind, unterscheidbare, strukturell vom Bevölkerungsdurchschnitt abweichende Zuschauerschaften anzusprechen.

2. Die Nutzungsmotivation der Rezipienten
Von einer planbaren und validierbaren Zielgruppenselektion kann nur dann gesprochen werden, wenn das Programmangebot das Hauptmotiv des Fernsehkonsums ist, d.h. bestimmte Inhalte gezielt genutzt werden. So wird es kaum möglich sein, in Abhängigkeit medialer Inhalte differenzierte Zielpublika nachzuweisen, wenn die Mediennutzung nicht durch das Programm selbst bedingt, sondern z.B. situationsabhängig wäre.[1)]

---

1) So kommt eine Studie des WDR zur Motivation des Radiohörens zu dem Ergebnis, daß in den meisten Fällen eher situationsspezifische als angebotsorientierte Motive die Radionutzung initiieren (vgl. Eckhardt (1982), S. 178 ff.).

Vor allem der erste Aspekt ist nicht generell zu beurteilen; er hängt u.a. von der Art des Programmangebotes und der jeweiligen werblichen Zielgruppendefinition ab.
Die Motivation der Rezipienten ist insbesondere im Zusammenhang zu sehen mit der Mediennutzung bei künftig erhöhter Angebotsvielfalt.
Zur Untersuchung des grundsätzlichen Einsatzpotentials soll die Erreichbarkeit unterscheidbarer Zielgruppen zunächst als gegeben angenommen werden; bei den Determinanten der Einsatzmöglichkeiten werden beide Aspekte erneut aufgegriffen und problematisiert (vgl. 4.5.1.1 und 4.5.1.2).

Abschließend zu den Grundlagen der Selektion soll ein spezieller Problemkreis verdeutlicht werden, der mit der formalen Plazierung der Werbebotschaft im Umfeld einzelner Sendungen zusammenhängt. Die in 4.1.1 vorgestellten Möglichkeiten der Plazierung implizieren im Hinblick auf den Bezug der Botschaft zum Programmumfeld eine enge bzw. weniger enge Bindung an das jeweilige Programm.
Erstere liegt vor allem dann vor, wenn mit neuartigen Werbemöglichkeiten im privaten Fernsehen eine Verbindung zum Programm hergestellt wird, wie dies z.B. beim Sponsern oder Patronieren von Programmbestandteilen sowie bei redaktionell aufbereiteten Formen der Werbung der Fall ist.
Eine tendenziell enge Bindung an das Programm ist ebenfalls dann gegeben, wenn Spots als Unterbrecherwerbung in einer zusammenhängenden Sendeeinheit geschaltet werden, vor allem, wenn dies in Form kurzer Werbeinseln geschieht.

Bei einer engen Bindung kann eine hohe Kontaktchance mit dem Werbemittel unterstellt werden, zumal die Möglichkeiten einer Umgehung der Werbung durch den Zuschauer vergleichsweise geringer sind (vgl. 1.2).
Anders liegt der Fall bei einer eher losen Bindung, wie sie durch die Plazierung der Botschaft in vor- oder nach-

gelagerten Werbeinseln entsteht. Hier hängt es verstärkt vom Ein- bzw. Ausschaltverhalten der Zuschauer sowie von der Plazierung des Spots innerhalb der Werbeeinheit ab, inwieweit tatsächlich ein Kontakt mit der intendierten Zielgruppe hergestellt wird.[1)] Hinzu kommt, daß die streuverlustminimierte Erreichbarkeit definierter Zielgruppen bei derartigen Werbeplätzen ohnehin von daher in gewissem Umfang begrenzt ist, daß eine Werbeinsel potentiell sowohl von Zuschauern vor- als auch von solchen nachgelagerter Sendungen gesehen wird.

Empirische Zuschauerfluktuationsanalysen von Werbeblöcken im ZDF (teleskopie) verdeutlichen den Stellenwert der Bindung eines TV-Spots an das Programmumfeld. Es kristallisierten sich unter dem Gesichtspunkt des Zuschauerverhaltens drei Werbeblocktypen heraus.

Der "Wartesaal", der charakteristisch für einen Unterbrecherblock ist, zeichnet sich durch eine geringe Zuschauerfluktuation aus. Bei der "Sammelstelle" erfolgt ein Aufbau der am Folgeprogramm interessierten Zuschauergemeinde, jedoch "mit relativ viel Kommen und Gehen". Ein Werbeblock des Typs "Drehscheibe" liegt zwischen zwei Sendungen vor, die unterschiedlichen Programmsparten zuzurechnen sind. Das Publikum schichtet sich nach Interessenlage um, wobei nicht am Folgeprogramm interessierte Zuschauer die nach der Sendung plazierte Werbung häufig nicht abwarten, die Interessierten wiederum sehr spät einschalten.[2)]

---

1) So wurde bei einer Untersuchung des demografischen Profils eines Werbeblocks vor der ZDF-Hitparade festgestellt, daß das jugendliche Publikum der Sendung erst sehr spät einschaltete, somit also von einem im vorangegangenen Block geschalteten Werbespot nur zu einem geringen Teil erreicht worden wäre (vgl. o.V. (1986af), S. 18, S. 18a).

2) Liepelt (1985), S. 318 ff.
Relativierend ist zu vermuten, daß bei privaten Programmen insbesondere die Charakteristik der "Sammelstelle" aufgrund des gegenwärtig geringeren Umfangs der einzelnen Werbeeinheiten weniger stark ausgeprägt ist.

4.3.2 Undifferenzierte Kommunikationsstrategie

Bei einer undifferenzierten Strategie werden die kommunikativen Maßnahmen für den Gesamtmarkt konzipiert, ungeachtet etwaiger Unterschiede in Teilgruppen. Der aggregierten Sichtweise entsprechend werden zur unpersönlich-indirekten Marktkommunikation solche (Massen-)medien eingeschaltet, die geeignet sind, einen breiten Durchschnitt der Rezipienten zu erreichen (vgl. 4.2.1).

Beispiele für solche Kommunikationsansätze finden sich folgerichtig im Werbefernsehen der öffentlich-rechtlichen Anstalten, mit dem aufgrund der dort herrschenden Planungsgegebenheiten und Sendezeiten der Werbeblöcke ein "fast repräsentativer Bevölkerungsquerschnitt"[1] angesprochen wird.
Die typischen Produktkategorien, die im Fernsehen beworben werden, sind vor allem Waschmittel ("Fernsehen ... macht seinem Ruf als Waschmittelmedium alle Ehre"[2]), Putz- und Pflegemittel, gefolgt von Ernährung, Körperpflege und Pharmazie. Die Liste der 25 größten TV-Werber im Jahr 1984 ist auf Platz 2 bis 6 besetzt von Procter + Gamble, Colgate Palmolive, Blendax, Lever Sunlicht und Henkel.[3] Die intermediale Aufteilung der Werbebudgets für diese Produktgattungen erfolgt mit deutlichem Akzent auf den elektronischen Medien, vor allem auf dem Fernsehen.[4]

Bei einer Vielzahl der Produkte liegen Bedingungen vor, wie sie unter 4.2.1 als Determinanten einer undifferenzierten Strategie erörtert wurden: So sind die Produkteigenschaften häufig nur in engen Grenzen variierbar, die Produkterwartungen der Konsumenten vermutlich homogen.
Die daraus resultierenden mangelnden Differenzierungsmög-

1) Freter (1983), S. 187.
2) Baumann (1985), S. 15.
3) Vgl. Baumann (1985), S. 16.
4) Vgl. Wilkens (1986), S. 20.

lichkeiten dokumentieren sich innerhalb der Produktgattungen in inhaltlich ähnlichen Werbebotschaften, die auf einen durchschnittlichen Verbraucher zielen.

Im Rahmen der Mediaplanung für die privaten Fernsehsender gilt es, aus dem breiten Spektrum geeignete Plazierungen für die Werbebotschaften einer undifferenzierten Zielgruppenansprache auszuwählen.
In Anlehnung an die Grundsätze der Kommunikationsstrategie ist als vorrangiges Planungskriterium bei der Selektion die Repräsentativität des Publikums bzw. der Zielgruppe zu nennen. Darüber hinaus hat die Erzielung hoher Reichweiten vermutlich einen - gegenüber der differenzierten Strategie - tendenziell höheren Stellenwert.
Damit wird die Wahl auf solche Programme und Zeiten fallen, die mit hohen Einschaltquoten ein breites Publikum binden, d.h. massenattraktiv sind. In der Fernsehnutzungsforschung sind z.B. über alle Alters- und Bildungsgruppen insbesondere Krimiserien und Unterhaltungsshows als reichweitenstarke Programm-Genres validiert worden[1], ferner Sportübertragungen (insbesondere Fußballspiele).[2]
Unter dem Gesichtspunkt der Reichweite zu bestimmten Tageszeiten und Wochentagen werden vor allem der Zeitraum zwischen 19 und 22 Uhr sowie das Wochenende interessant sein.[3]

Im Hinblick auf den Planungsspielraum bei öffentlich-rechtlichen Sendern liegt von daher ein Potential in der Zielgruppenselektion bei Privaten, daß eben jene Sendeplätze gezielt wählbar sind, die den Anforderungen an die Medien einer undifferenzierten Kommunikation genügen.
So ist die Repräsentativität des Publikums in der in ARD und ZDF für Werbung verfügbaren Sendezeit unter dem Gesichtspunkt der Altersstruktur der Zuschauer nicht gegeben. Der Anteil älterer Menschen, deren Fernsehnutzung im Vergleich zu den anderen Altersgruppen ohnehin intensiver

---

1) Vgl. Darschin/Frank (1986), S. 215 f.
2) Vgl. Pfister (1986), S. 55 f.
3) Vgl. Darschin/Frank (1986), S. 213 ff.

ist[1], ist zwischen 17.30 und 20.00 Uhr besonders hoch.[2] Demgegenüber erwarten die Werbetreibenden in der Zeit nach 20 Uhr eine Komplettierung des Publikums durch jüngere, berufstätige Schichten (vgl. 4.3.3).[3]
Darüber hinaus ergeben sich aus der Art der Absatzleistung bzw. der Kommunikationsthematik grob, zumeist demografisch beschreibbare Zielgruppen. Es bietet sich von daher eine Plazierung der Werbebotschaft im Umfeld solcher Sendungen an, die ein entsprechendes Publikum binden.
Die Selektion ergibt sich dabei (prinzipiell vergleichbar mit der Planung bei der differenzierten Strategie, s.u.) aus der inhaltlichen Zielung des Programms und/oder der Struktur des Publikums in Abhängigkeit verschiedener Zeiten. So sponsert z.B. Procter + Gamble eine Soap Opera bei RTL plus, die zu einem für Hausfrauen günstigen Zeitpunkt (später Nachmittag) ausgestrahlt wird.

4.3.3 Differenzierte Kommunikationsstrategie

Das größere Anwendungspotential einer Zielgruppenselektion liegt zwangsläufig bei der differenzierten Kommunikationsstrategie.
So ist eine zielgruppenspezifische Kommunikation in hohem Maße von der Erreichbarkeit der Segmente mittels verfügbarer Kommunikationskanäle abhängig (vgl. 4.2.2). Anders ausgedrückt, müssen bei der Werbeträgerselektion solche Medien belegt werden, die geeignet sind, vorgegebene Zielgruppenkontingente anzusprechen.
Neben der grundsätzlichen Erreichbarkeit ist die Fehlstreuungsminimierung für eine differenzierte Strategie von Bedeutung (vgl. 4.4.1).

Im folgenden wird das für die Plazierung von Werbung

1) Vgl. Horn/Eckhardt (1986), S. 105 f.
2) Vgl. Gruner + Jahr (1985), S. 34.
3) Vgl. Arbeitskreis Werbefernsehen der deutschen Wirtschaft (1986), S. 12.

verfügbare Programmangebot hinsichtlich seiner potentiellen Zielgruppenrelevanz untersucht. Zur Beurteilung der <u>tatsächlichen</u> Erreichbarkeit differenzierter Zielgruppen müssen die unter 4.5.1 behandelten Aspekte des Programmangebotes und des Nutzungsverhaltens der Rezipienten einbezogen werden.
Weitere Voraussetzung für einen praktischen Einsatz privaten Fernsehens als Zielgruppenmedium ist die <u>Erfaßbarkeit</u> definierter Teilgruppen als Fernsehnutzer. Die damit angesprochene Frage der Verfügbarkeit zielgruppenspezifischer Nutzungsdaten wird in Kapitel 4.5.2 aufgegriffen.

Im Gegensatz zur ungezielten Massenansprache des öffentlich-rechtlichen Fernsehens besteht bei privaten Fernsehangeboten durch gezielte Plazierung grundsätzlich die Möglichkeit, spezielle Teilgruppen von Rezipienten anzusprechen.
Das Selektionspotential resultiert dabei in erster Linie aus der inhaltlichen Differenzierung einzelner Sender bzw. Programmbestandteile oder aus dem Zeitpunkt der Ausstrahlung. Die Plazierung nach Zeiten bzw. Programminhalten wird von daher in gewissem Maße redundant sein, daß die Sender bei der Programmstrukturierung die zeitlichen Fernsehnutzungsgewohnheiten einzelner Bevölkerungsgruppen antizipieren (z.B. Kinder, Berufstätige, Hausfrauen; vgl. 4.5.1.1).
Darüber hinaus ist zu vermuten, daß der Inhalt einer Sendung höhere Erklärungskraft für das Selektionsverhalten der Rezipienten hat als der Sendezeitpunkt.

Eine Differenzierung der <u>Kanäle</u> ergibt sich vor allem aus deren Konzipierung als Sparten- oder Zielgruppenprogramm bzw. als breit angelegtes Angebot (vgl. 4.1.2.1).
Ferner können auch Programme der zuletzt genannten Kategorie zielgruppenrelevante Positionierungsunterschiede aufweisen, und zwar durch unterschiedliche inhaltliche Schwerpunkte und redaktionelle Konzepte.
Auf dem Zeitschriftenmarkt gibt es in vielen Bereichen

eine solche Differenzierung von der Grundthematik her homogener redaktioneller Angebote mit entsprechenden Auswirkungen auf die Struktur der Leser.[1)]
Beispiele für vergleichbare Programmkonzepte bei den privaten Fernsehanbietern kommen in starken Gewichtungen einzelner Programm-Genres zum Ausdruck, z.B. Ratgeber- und Servicesendungen mit Lebenshilfe-Charakter (RTL plus), Wettbewerbsspiele und Talkshows mit direkter Einbindung des Zuschauers (RTL plus) sowie in einer populären Aufbereitung aktueller und politischer Information als Quasi-Unterhaltungsangebot (News-Show, SAT 1-blick).[2)]

Ein zweifellos größeres Spektrum gezielter Selektionsmöglichkeiten bietet - vor allem im Rahmen der Kanäle mit heterogenem Programmangebot - die Ebene der Einzelsendung.
Die Differenzierungskraft der Sendungen im Hinblick auf strukturell unterschiedliche Zielgruppen wird dabei wiederum auf der Ebene des Genres am stärksten ausgeprägt sein, da die einzelnen Kategorien und Segmente teilweise sehr unterschiedliche Angebote beinhalten (vgl. 4.1.2.2). So wird vor allem die Kategorie Unterhaltung gegen die Kategorien Bildung und Information kaum unterscheidungsfähige Zielgruppen liefern - ein Phänomen, das als "Integrationskraft" der Fernsehunterhaltung über alle Alters- und Bildungsgruppen beschrieben wird.[3)]
Andererseits kann bei der Zielgruppenvorgabe "kulturell Interessierte" schon mit der Selektion der Kategorie Bildung eine zielgruppenspezifische Plazierung erreicht werden.

---

1) Vgl. beispielhaft Ulze (1979), S. 187 ff. Es wird dort die Zielgruppenorientierung verschiedener Frauenzeitschriften gezeigt, die der Lebenssituation ihrer Leserschaft durch unterschiedliche thematische Orientierung entsprechen.
2) Vgl. Krüger (1986), S. 487 ff.; ausführlich zur Popularisierung der Fernsehnachrichten Heyn (1985), S. 879 ff.
3) Darschin/Frank (1986), S. 215 f.

Abgesehen von einer zielgruppenspezifischen Programmselektion sind - wie unter 4.3.2 angedeutet - durch die in privaten Programmen gegebenen Werbemöglichkeiten nach 20 Uhr solche Zielgruppen erreichbar, die bisher im Fernsehen als potentielle Werbepublika stark unterrepräsentiert waren.

Bei einem globalen Reichweitenvergleich zwischen den Publikumszeitschriften und dem Fernsehen nach den soziodemografischen Merkmalen Alter und Haushaltseinkommen fällt auf, daß das Fernsehen die meisten Kontakte in den Altersklassen ab 50 Jahren und in den Einkommensklassen bis 2000 DM Nettoeinkommen erzielt, während die Printmedien verstärkt die jüngeren Alters- und gehobenen Einkommensklassen erreichen (vgl. Abb. 19).

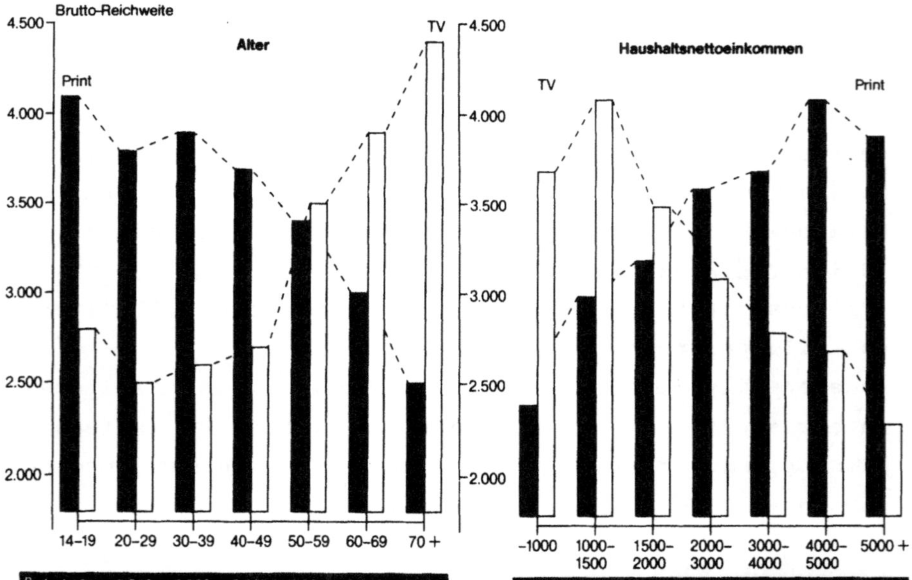

	14-19	20-29	30-39	40-49	50-59	60-69	70 +
Print	4 101	3 843	3 898	3 665	3 364	2 989	2 535
TV	2.751	2.455	2.559	2.740	3.454	3.925	4.388

	-1000	1000-1500	1500-2000	2000-3000	3000-4000	4000-5000	5000 +
Print	2 376	2 948	3 186	3 634	3 732	4 073	3 927
TV	3.676	4.068	3.528	3.074	2.824	2.734	2.293

Abb. 19: Reichweiten der Publikumszeitschriften und des Fernsehens nach Alters- und Einkommensklassen
Quelle: Verband Deutscher Zeitschriftenverleger e.V., 1984

Die Defizite des Fernsehens bei der Abdeckung jüngerer Bevölkerungsschichten dokumentieren sich ferner in der Gegenüberstellung der globalen Reichweiten beider Mediengattungen in der Gesamtbevölkerung (Index = 100) und in ausgewählten, nach Alter und Geschlecht definierten Zielgruppen (vgl. Abb. 20).

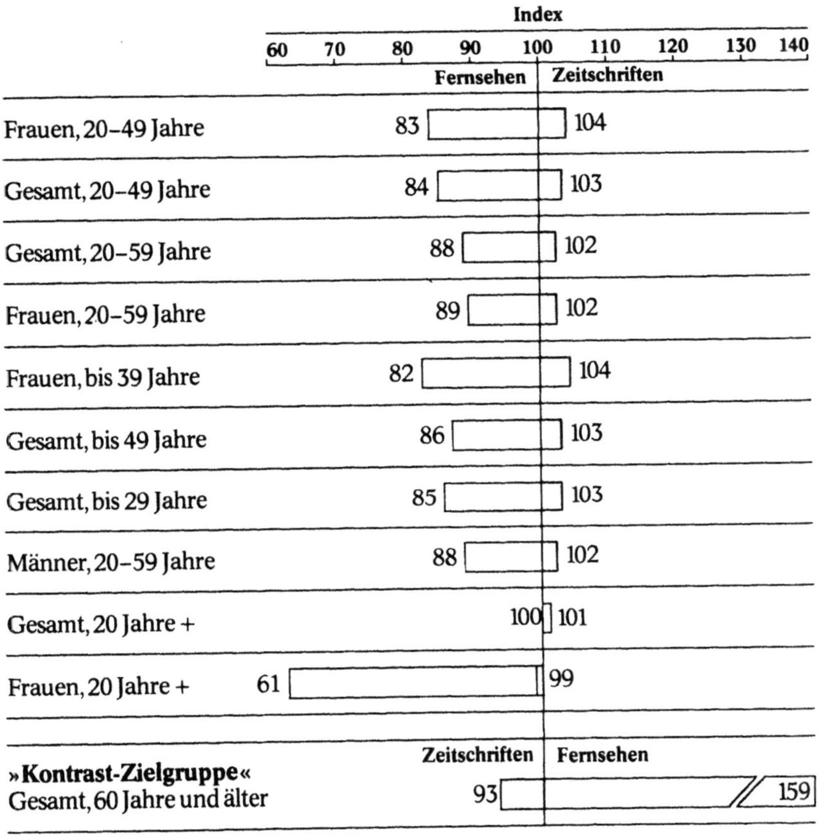

Abb. 20: Reichweiten der Publikumszeitschriften und des Fernsehens in ausgewählten Zielgruppen
Quelle: Verlagsgruppe Bauer (1986)

Bemerkenswert ist, daß eben jene im Fernsehen bisher schlecht erreichbaren Bevölkerungsgruppen zu den bevorzugten Zielgruppen der Mediaplanung gehören.[1)]
Die beschriebene Zielgruppencharakteristik des öffentlich-rechtlichen Werbefernsehens ist zu einem erheblichen Teil aus der Beschränkung der Werbezeiten auf das Vorabendprogramm erklärbar.
Die Ausweitung der Plazierungsmöglichkeiten auf die Zeit nach 20 Uhr sowie auf das Wochenende impliziert mit hoher Wahrscheinlichkeit die Erreichbarkeit jüngerer und einkommensstärkerer Schichten.[2)] Damit werden sich Durchschnittsbetrachtungen der oben genannten Art zugunsten solcher zusätzlich erreichbarer Zielgruppen verschieben.
Von einer planbaren Zielgruppenselektion kann im strengen Sinne jedoch nur dann gesprochen werden, wenn wiederum Kanäle oder Sendungen belegbar sind, die zur "Ausdifferenzierung" der Zielgruppen geeignet sind, d.h. einen überdurchschnittlichen Zuschaueranteil mit den relevanten Merkmalen aufweisen. Von daher sind insbesondere solche, z.T. neuartigen Angebote interessant, die ein bisher nicht ansprechbares Publikum vermuten lassen. Markantes Beispiel hierfür sind die von RTL plus für ein Zielpublikum von Führungskräften konzipierten Börsennachrichten

---

1) Vgl. Verlagsgruppe Bauer (1986).

2) Die Erreichbarkeit derartiger Zielgruppenpotentiale könnte sich in den frühen Phasen der Etablierung privater Programme, insbesondere, wenn diese auf technisch innovativem Wege verbreitet werden, aus den Implikationen der Diffusionsforschung ergeben. So mögen sich Rezipienten, die über einen Kabelanschluß oder eine Satellitenempfangsanlage verfügen, in der für die Gruppe der frühen Übernehmer charakteristischen Weise (überdurchschnittliche Bildung und berufliche Qualifikation, höheres Einkommen, jüngeres Alter (vgl. Rogers, 1983) vom Bevölkerungsdurchschnitt abheben. Diese Annahme bestätigte sich in Erhebungen der Kabelpilotprojektforschung (vgl. Bollinger/Kahlert (1985), S. 466 f.).
Eine gegenläufige Tendenz ergibt sich jedoch aus der Begünstigung großer Wohneinheiten mit entsprechender sozialer Infrastruktur bei der Verkabelung und Anschaffung von Direktempfangsanlagen. Zudem werden sich derartige Zielgruppeneffekte mit fortschreitender Diffusion und terrestrischer Programmverbreitung nivellieren.

"Wallstreet Final".[1]

In den USA sind seit neuestem die "Late Night"-Programme bei den Werbetreibenden als zielgruppenspezifische Plazierungsmöglichkeit sehr gefragt. So ist mit den Talk- und Unterhaltungsshows nach 23.30 Uhr das Segment der "Contemporary Adults" (Personen zwischen 21 und 30 Jahren mit überdurchschnittlichem Einkommen) gezielt ansprechbar.[2]

Eine spezielle Form der zielgruppenspezifischen Selektion von Werbeplätzen ist die Plazierung der Botschaft nach der thematischen Affinität des Programms zum beworbenen Produkt.

In diesem Zusammenhang liegt wiederum die Differenzierung der Programmangebote in Special- bzw. General Interest-Programme nahe. Es ist jedoch sinnvoll, nicht nur Kanäle, sondern zusätzlich einzelne Programmbestandteile einzubeziehen. Auch auf dieser Ebene lassen sich Sendungen, die ein breites Publikumsinteresse ansprechen (z.B. Spielhandlungen, Shows, allgemeine Nachrichtensendungen) von solchen Angeboten unterscheiden, die eine spezialisierte Thematik abdecken. Beispiele dafür sind Reisemagazine, Hobbysendungen, Gesundheitsratgeber, Börsennachrichten, Kochkurse, Motorsportsendungen.

Hintergrund einer zielgruppenorientierten Plazierung in solchen Programmumfeldern ist der Rückschluß von der Nutzung medialer Inhalte (kommunikationsbezogenes Kriterium; vgl. 4.2.2) auf das Konsumverhalten.[3] So läßt eine spezielle thematische Ausrichtung des Programms ein Publikum vermuten, das ein Interesse aufweist für Produkte, die in Zusammenhang mit den redaktionellen Themen stehen. Verglichen mit den oben angesprochenen Special Interest-Zeitschriften ist dieser Schluß jedoch mit einer größeren Unsicherheit behaftet. So kann der TV-Konsum situativ bedingt sein (s.o.), während die Nutzung einer Special Interest-Zeitschrift zumeist einen Kauf und von daher das

1) Vgl. o.V. (1986at), S. 4.
2) Vgl. o.V. (1987k), S. 42.
3) Vgl. Freter (1983), S. 93.

Interesse an dem jeweiligen Gebiet voraussetzt.
Ferner ist aufgrund des hohen Differenzierungsgrades des Zeitschriftenangebotes[1] die redaktionelle Positionierung der Titel sehr viel spezialisierter und tiefer als dies im Bereich des Fernsehens mit seiner massenmedialen Ausrichtung der Fall sein kann. So weist z.B. eine Skisport-Sendung eine inhaltliche Spezialisierung auf, die jedoch für eine Zielgruppenabgrenzung nach Produktinteresse nicht weitgehend genug sein dürfte. Umgekehrt kann um so eher ein Interesse an einer Produktgattung unterstellt werden, je spezieller das Thema der Sendung und damit das Interesse des Zuschauers ist. So setzt eine Gesundheitssendung vermutlich eine spezifischere Nutzungsmotivation voraus als z.B. ein Motorsportbeitrag.

Weiterhin wird die Plazierung nach produktinteressierten Zielgruppen eher für High- als für Low Interest-Produkte in Frage kommen. Ist für die erste Kategorie das Produktinteresse "eine der wichtigsten Voraussetzungen für die Wirkung der Werbung", so sind für die zielgruppenspezifische Kommunikation bei Low Interest-Produkten vielmehr Verbrauch und Markenpräferenzen von Relevanz.[2]

Trotz der dargestellten Einschränkungen bietet der differenzierte Fernsehkontakt in Form der produkt-/themenspezifischen Plazierung ein praktisch nutzbares Potential für die Kommunikationsplanung. So ist zum einen das Produktinteresse grundlegendes Zielgruppenkriterium. Zum anderen besteht über die Botschaftsplazierung in einem produktverwandten Umfeld die Möglichkeit, meinungsbildende Bevölkerungsschichten zu erreichen. So zeichnen sich letztere durch die bewußte, durch ein thematisches Interesse motivierte Nutzung entsprechender medialer Angebote aus. Auf dem Wege der Diffusion von Informationen kann somit eine Multiplikation der Werbewirkung ini-

---

1) Vgl. Merbold (1985), S. 112 ff.; Prognos AG (1986), S. 76 f.
2) Landgrebe (1985), S. 11.

tiiert werden.[1)]
Es werden zudem wirkungsrelevante Irradiationseffekte mit der themenorientierten Plazierung erreicht, die unter 4.4.2.2 eingehend untersucht werden.

Eine spezielle Bedeutung kommt dieser Art der Programmselektion zu vor dem Hintergrund der Erfaßbarkeit von Zielgruppensegmenten bei privaten Programmen. Insbesondere in der Etablierungsphase privaten Fernsehens ist von einer eingeschränkten Transparenz zielgruppenspezifischer Fernsehnutzung auszugehen (vgl. 4.5.2).
Die Plazierung nach Produktinteresse ist von der Verfügbarkeit spezieller Mediennutzungsdaten unabhängiger. So kann, wie oben gezeigt wurde, mit gewissen Einschränkungen aus dem inhaltlichen Konzept eines Kanals oder einzelner Sendungen deren Umfeldeignung für entsprechende Produkte aufgrund von Plausibilitätsüberlegungen abgeleitet werden.

Es wurden die grundsätzlichen Möglichkeiten der Zielgruppenselektion als Potential für eine differenzierte Kommunikationsstrategie dargestellt.
War das Fernsehen als Werbeträger im Rahmen eines solchen Ansatzes bisher nicht gezielt oder nur unter Hinnahme mehr oder weniger hoher Streuverluste einzusetzen, so kann mit den Plazierungsmöglichkeiten in privaten Programmen eine Voraussetzung für die Durchführung der differenzierten Strategie im Medium TV gegeben sein. Es bieten sich damit erweiterte Werbemöglichkeiten auch für solche Produkte, die bisher aufgrund der Überlegenheit hinsichtlich Selektionsmöglichkeiten und Zielgruppenstruktur ausschließlich in Printmedien beworben wurden. Es sind zudem differenzierte Marketingansätze denkbar, bei denen das Fernsehen zwar als Werbeträger genutzt wurde, jedoch aufgrund der bisherigen Gegebenheiten in diesem Medium mit undifferenzierten Botschaften. Zielgruppenselektionsmöglichkeiten erlauben in einem solchen

1) Vgl. Schweiger (1975), S. 46 ff.

Fall die segmentspezifische Konzipierung und Schaltung von TV-Werbung. Das Beispiel zeigt, daß die Werbemöglichkeiten im Privatfernsehen ihrerseits geeignet sind, das teilgruppenspezifische Vorgehen in der Kommunikationspolitik zu fördern.

4.4 Implikationen und Auswirkungen der Zielgruppenselektion

4.4.1 Quantitative Aspekte

Bei der undifferenzierten Ansprache eines breiten Bevölkerungsdurchschnitts mit möglichst hoher Reichweite (s.o.) ergeben sich die quantitativen Auswirkungen nicht wie bei der differenzierten Kommunikation unmittelbar aus den Möglichkeiten der zielgruppenorientierten Plazierung, sondern aus der intramedialen Konkurrenz im Bereich des Fernsehens und daraus folgenden Veränderungen der Werbeträgerleistung.

Es handelt sich dabei um eine Entwicklung, die bei den Printmedien bereits seit Jahren zu beobachten ist.
So verzeichnete der Zeitschriftenmarkt einen erheblichen Anstieg der Titelanzahl; die Entwicklung von 1980-1985 ist in Abbildung 21 dargestellt.

	Zahl der Objekte				Index
	1980		1985		(1980= 100)
	abs.	%	abs.	%	
Alle Publikumszeitschriften	269	100	340	100	126
Zeitschriften von Allgemeininteresse	135	50	165	49	122
Special Interest-Zeitschriften	134	50	175	51	131

Abb. 21: Publikumszeitschriften 1980-1985: Struktur und Entwicklung des Angebotes
Quelle: Infratest[1)]

Das steigende Angebot bei weitgehender Stabilität der Zeitbudgets für die Mediennutzung induzierte eine kontinuierliche Reichweitendegression vieler Objekte, vor allem in nicht spezialisierten Zeitschriftensegmenten.[2)]
Nach den Ergebnissen der Media-Analyse 1986 kommen von insgesamt 109 erhobenen Zeitschriften nur 8 Titel auf Reichweiten von über 10 %, während 54 Titel unter der 2 %-Grenze liegen.[3)]
Parallel zur Reduzierung der quantitativen Leistungswerte sind die Preise für Werbeeinschaltungen weiter gestiegen[4)], eine Verschlechterung der Ökonomie der Medien ist die Folge.

Waren bisher bei den Fernsehmedien moderate Reichweiten-

1) Vgl. Unholzer (1985), S. 10.
2) Vgl. o.V. (1985g), S. 10.
3) Vgl. Arbeitsgemeinschaft Media-Analyse (1986).
Im Jahre 1980 lagen von 80 Titeln 10 Titel über 10 % und 29 Titel unter 2% (vgl. Arbeitsgemeinschaft Media-Analyse, 1980).
4) Vgl. Merbold (1985), S. 112.

steigerungen die Regel[1)], so ist aufgrund des vermehrten Programmangebotes eine mit den Printmedien vergleichbare Entwicklung absehbar.
Auch für die Fernsehmedien gilt die geringe Elastizität der Zeitbudgets im Hinblick auf künftige Angebotserweiterungen. Letztere werden somit einen Verdrängungswettbewerb initiieren, der nicht intermedial, sondern im wesentlichen innerhalb der TV-Medien stattfinden wird (vgl. 2.3.2).
Diese Tatsache zeichnet sich in den Untersuchungen zur Fernsehnutzung in Haushalten mit SAT 1- und/oder RTL plus-Empfang ab, in denen die Reichweiten der Privatsender zu Lasten der Marktanteile der öffentlich-rechtlichen Programme zu gehen scheinen.[2)] Mit steigendem individuell verfügbaren Programmangebot wird sich die Binnenkonkurrenz in Zukunft entsprechend verstärken. Die Fragmentierung des Fernsehkonsums bedeutet wie bei den Zeitschriften eine Verminderung der Werbeträgerleistung durch Nivellierung der Reichweiten bei gleichen bzw. steigenden Kosten.
Soll die Reichweitenleistung der Mediapläne für die Fernsehwerbung aufrecht erhalten werden, müssen die Einschaltungen erhöht und auf eine größere Anzahl von Sendern verteilt werden. Die <u>Kompensation der Reichweitendegression</u> setzt eine entsprechende Aufstockung der Werbebudgets voraus. Andernfalls muß eine Reduzierung des quantitativen Leistungsniveaus in Kauf genommen werden; es sei denn, die Sender reagieren mit Preisrücknahmen.
Bedeutsam ist die Fragmentierung der Fernsehnutzung darüber hinaus im Hinblick auf den Verlauf des Kontaktwachstums. So werden <u>Mehrfachkontakte pro Rezipient</u> aufgrund der für das Medium typischen unregelmäßigen Nutzung im Vergleich zu den Printmedien ohnehin sehr viel langsamer aufgebaut.

---

1) Vgl. o.V. (1985g), S. 10. Zum Teil basieren diese Reichweitensteigerungen jedoch auf einer höheren Grundgesamtheit (MA 1980: 45,73 Mio. Personen; MA 1985: 48,22 Mio. Personen).
2) Vgl. Ronneberger (1986), S. 226; Dehm et al. (1985), S. 29 ff.

Die notwendige Erhöhung des Werbeaufwandes ist in Zusammenhang mit einer weiteren Bedingung künftiger Fernsehwerbung zu sehen, die im folgenden kurz skizziert werden soll.
Vor allem durch die Erweiterung der verfügbaren Werbezeit über die Zeit von 17.30 bis 20.00 Uhr hinaus wird sich die Zahl der insgesamt ausgestrahlten Werbespots pro Tag drastisch erhöhen und damit die Werbedosis, der der einzelne Zuschauer ausgesetzt ist.
Die Bedeutung des individuellen Gesamtwerbedrucks für die Wirksamkeit einer Kommunikationsmaßnahme wurde empirisch nachgewiesen.[1] Bei der Einteilung eines Zielpersonenkreises nach dem Medienkonsum[2] waren in Gruppen mit intensiver Mediennutzung höhere Kontaktdosen notwendig, um die gleiche Werbewirkung[3] wie in Teilgruppen mit geringerer Mediennutzung zu erzielen.
Erklärbar ist dieses Phänomen dadurch, daß ein hoher Medienkonsum mit einem höheren Konkurrenzwerbedruck verbunden ist. Letzterer wird dabei verstanden als "die Konkurrenz der Werbung aller anderen Produkte um die Aufmerksamkeit und das Gedächtnis der Leser"[4].
Diese Ergebnisse legen nahe, daß vermutlich eine generelle Erhöhung der Kontaktdosis pro Zielperson im Bereich der Fernsehwerbung notwendig ist: Soll die Werbewirkung auf dem bisherigen Niveau gehalten werden, wird eine Kompensation des gestiegenen Konkurrenzwerbedrucks durch eine höhere Anzahl von Schaltungen sichergestellt werden müssen.

Die Verschlechterung der Leistungswerte durch Reichweitendegression und erhöhten Konkurrenzwerbedruck, die für die undifferenzierte Strategie zwangsläufig eine Erhöhung des Werbeaufwandes bedingt, verstärkt die Bedeutung der

---

1) Vgl. Axel Springer Verlag (1970), S. 127 ff.
2) Es ergaben sich z.B. nach der Zeitschriftennutzung 6 Medienkonsum-Gruppen von Fast-Nicht-Lesern bis Viel-Lesern vieler Titel.
3) Die Werbewirkung wurde operationalisiert anhand der aktiven Markenbekanntheit.
4) Axel Springer Verlag (1970), S. 140.

quantitativen Auswirkungen, wie sie bei der differenzierten Kommunikation durch die Zielgruppenselektion realisiert werden können.

Beim differenzierten Kommunikationsansatz ist die Zielgruppeneignung der Medien wesentliches Planungskriterium der Werbeträgerauswahl.[1]
In quantitativer Hinsicht ist neben der Frage, ob und wieviele Zielpersonen mit einem Medium erreichbar sind, ein weiteres Merkmal der Zielgruppeneignung, inwieweit Streuverluste minimierbar sind. Letztere können definiert werden als Anzahl der werblichen Kontakte mit Nicht-Gemeinten, d.h. Personen, die nicht zur definierten Zielgruppe gehören.[2]
Es ist damit ein Aspekt der Wirtschaftlichkeit der Medienselektion berührt, da Kontakte mit Nicht-Zielpersonen als "kommunikative Fehlinvestition"[3] gewertet werden müssen.

Die Bedeutung einer größtmöglichen Reduzierung der Fehlstreuung für die differenzierte Kommunikation ist damit unmittelbar einsichtig: Es ist eine effizientere Nutzung des Werbebudgets möglich, da innerhalb der Zielgruppe eine höhere Reichweite erzielt werden kann.
Dies ist vor allem für kleine Budgets wichtig sowie für das konzentrierte Marketing, bei dem ein Unternehmen sich - zumeist aus Kostengründen - auf die Bearbeitung eines oder weniger spezieller Segmente beschränkt.[4]

---

1) Vgl. die in Kap. 1 zitierten Kriterienkataloge zur Werbeträgerauswahl.
2) Vgl. Seyffert (1966), S. 89.
Eine weitergefaßte Definition bezieht Kontakte ein, "die zwar Zielpersonen erreichen, diese aber nicht häufig oder intensiv genug ansprechen, um Wirkung zu erzielen bzw. häufiger ansprechen als notwendig wäre" (Axel Springer Verlag (1982a), S. 274).
3) Schäuble/Goerchen/Thode (1982), S. 12.
Eine andere Auffassung vertritt Wendt (1968), S. 61: "Übrigens ist Streu-"Verlust" nicht unbedingt ein Verlust. In vielen Fällen mag es durchaus interessant sein, auch noch Menschen anzusprechen, die nicht auf den ersten Blick zur angestrebten Zielgruppe gehören."
4) Vgl. Kotler (1984), S. 270 f.

Es wird zudem deutlich, inwieweit die Verminderung von Fehlstreuungen vor dem Hintergrund der Nutzungsfragmentierung einen hohen Stellenwert hat: Die tendenzielle Verteuerung des Werbeträgers TV kann durch präzisere Ansprache der Zielgruppen zumindest teilweise aufgefangen werden.

Das Ziel der Streuverlustminimierung drückt sich im sog. Affinitätskonzept aus, mit dessen Hilfe die Verwandtschaft eines Mediums zur Zielgruppe, kurz: dessen Zielgruppennähe beschreibbar ist.[1)]
Die Affinität eines Mediums mit einem Personensegment ist definiert als

$$\frac{\text{Reichweite des Titels in der Personengruppe}}{\text{Reichweite des Titels insgesamt}}$$

Bezogen auf die Zielgruppe ergibt sich die Abdeckung dieser Personengruppe durch ein Medium:

$$\frac{\text{Reichweite des Titels in der Personengruppe}}{\text{Zahl der Mitglieder der Personengruppe}}$$

1) Vgl. Böcker/Gierl (1986), S. 41 f.

Abbildung 22 veranschaulicht die dargestellten Zusammenhänge.

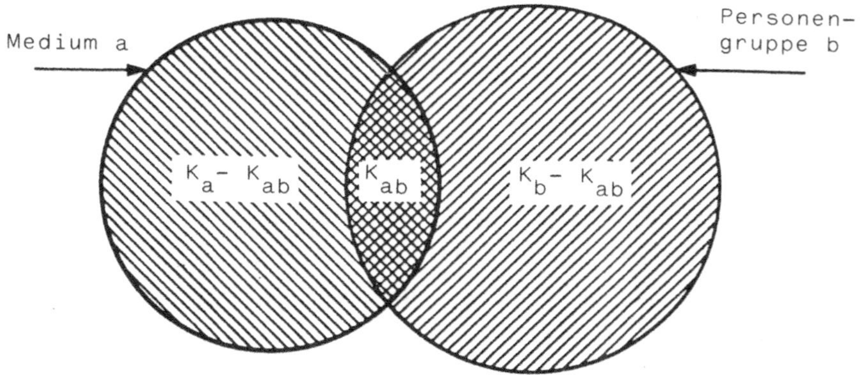

$$A_{ab} = \frac{K_{ab}}{K_a} \quad 0 \leq A_{ab} \leq 1$$

$$B_{ab} = \frac{K_{ab}}{K_b} \quad 0 \leq B_{ab} \leq 1$$

K_a : Zahl der Kontakte bei einer Ausgabe von a (Reichweite des Titels insgesamt)

K_b : Zahl der Mitglieder von b

K_{ab}: Zahl der Kontakte mit Mitgliedern von b bei einer Ausgabe von a (Reichweite des Titels in der Personengruppe)

A_{ab}: Affinität von Medium a mit Personengruppe b

B_{ab}: Abdeckung von Personengruppe b durch Medium a

Abb. 22: Darstellung des Affinitätskonzeptes
Quelle: Böcker/Gierl (1986), S. 41.

In den letzten Jahren hat die Affinität neben den klassischen Mediaselektionskriterien (Anzahl der Leser, Anzahl der Kontakte, Tausendkontaktpreis) in der Planungspraxis zunehmend an Bedeutung gewonnen.[1] Das für die Printmedien dargestellte Konzept ist auf die Planung bei privaten Sendern übertragbar. Je nach Ebene der Selektion sind

---

1) Vgl. Wahler (1986a), S. 40.

verschiedene quantitative Reichweitenbegriffe relevant. Geht es z.B. um die Auswahl eines Kanals, können dies durchschnittliche Reichweitenwerte für den gesamten Sender sein, bei einer Belegung nach Zeiten z.B. durchschnittliche Reichweiten pro halber Stunde. Die Selektion einzelner Programmbestandteile wird auf Basis von Sehbeteiligungswerten für Sendungen bzw. Sendungstypen erfolgen (vgl. ausführlich 4.5.2).
Die Erfassung von Affinitäten im Bereich der TV-Werbeträger ermöglicht Vergleiche der Zielgruppeneignung innerhalb der TV-Medien (intramedial) sowie mit anderen Medienkategorien (intermedial).

Eine ausschließliche Planung nach dem Kriterium der Affinität hätte jedoch die Schwäche, die Zahl der insgesamt erreichbaren Zuschauer unberücksichtigt zu lassen. So mögen in den privaten Sendern zwar hohe zielgruppenspezifische Affinitätsgrade erzielbar sein, jedoch mit auf längere Sicht vergleichsweise geringen Reichweiten. So liegt die technische Haushaltsreichweite der öffentlich-rechtlichen Programme bereits heute bei 97% (vgl. Anhang 10), während laut Prognos 1990 ca. 40% der Haushalte die über Kabel, Satellit und terrestrische Frequenzen verbreiteten privaten Programme empfangen können. Im Hinblick auf die intramediale Programmkonkurrenz geht Prognos davon aus, daß sich die maximale Einschaltquote der öffentlich-rechtlichen Programme (45%) bis 1990 lediglich um 9% vermindert, während die durchschnittliche maximale Einschaltquote des gesamten privaten Angebotes unter der 5%-Grenze bleibt.[1)2)]

Es ist ferner vorstellbar, daß eine reichweitenstarke Sendung mit niedrigem Affinitätsgrad ein größeres (Zielgruppen-)Zuschauerpotential repräsentiert als eine zielgruppenaffinere Sendung mit niedriger Reichweite. Wichtig

---

1) Vgl. Brieger (1986), S. 6 f.
2) Für RTL plus und SAT 1 zeichnen sich stärkere Positionen in der Programmkonkurrenz ab (vgl. RTL plus, 1986a; SAT 1, 1986d).

ist in diesem Zusammenhang der Tausendkontaktpreis (auf Basis der qualitativen Reichweite), bei dem die Kosten der Einschaltung mit der Zuschauerzahl verrechnet werden. Ist der Einschaltpreis für beide Buchungen derselbe, so ist die Sendung mit geringerer Zielgruppenabdeckung aufgrund des niedrigeren Tausenderpreises unter Wirtschaftlichkeitsgesichtspunkten vorzuziehen.[1]

Zu berücksichtigen ist jedoch die differenzierte Preisstellung der privaten Anbieter. So wird die jeweilige Sehbeteiligung in einzelnen Tagesabschnitten in unterschiedlichen Einschaltpreisen antizipiert. Damit sind reichweitenschwächere Sendungen (mit hohem Affinitätsgrad) unter Kostenaspekten gegenüber breiter streuenden Sendungen begünstigt, wenn erstere z.B. am frühen oder späten Abend gesendet werden, wovon wiederum wegen der Prinzipien der Programmgestaltung auszugehen ist.

Verstärkt wird diese Tendenz durch leistungsbezogene Abrechnungsformen bei der TV-Werbung. So ist nach Einschätzung von Experten - dem amerikanischen Vorbild entsprechend - bei privaten Anbietern in ca. 5-10 Jahren eine Ex-post-Abrechnung nach Ratings, d.h. tatsächlichen Einschaltquoten zu erwarten.[2] Es kann dabei die Reichweite der Sendung, des Werbeblocks oder sogar des einzelnen Spots zugrunde gelegt werden.

Eine weitere Form der Preisstellung wäre die Abrechnung nach Zielgruppen-Ratings, die für die differenzierte Kommunikation eine besondere Bedeutung hätte. Dabei wird bei ausgewählten Basiszielgruppen die Plazierung der Botschaft in Absprache mit dem Sender vorgenommen; die Rechnungsstellung erfolgt nur für diejenigen (gemessenen) Zuschauer, die zum definierten Zielpublikum gehören. Es

---

1) Es ist zu beachten, daß die Wirtschaftlichkeitsbetrachtung wie auch das Kriterium der Reichweite um die Bewertung qualitativer Aspekte zielgruppenspezifischer Spotplazierung (vgl. 4.4.2.2) zu relativieren ist.

2) Vgl. o.V. (1985z), S. 50.

ist jedoch zu vermuten, daß für die vom Sender übernommene "Zielgruppengarantie" entsprechend höhere Tausenderpreise angesetzt werden.

Die obigen Ausführungen zeigen, daß bei einer Plazierung nach Zielgruppenaffinität in jedem Fall die absolute Reichweite sowie der Tausendkontaktpreis im Rahmen der Selektion berücksichtigt werden müssen.

Abschließend sei darauf hingewiesen, daß einer Mediaplanung, bei der die Vermeidung von Streuverlusten (mit den notwendigen Reichweiten und unter wirtschaftlichen Bedingungen) im Vordergrund steht, Grenzen gesetzt sind, und zwar im Sinne einer konzeptionellen Schwäche zielgruppenorientierter Planung. So ist es vorstellbar, daß bei affinitätsorientierter Selektion über einen längeren Zeitraum gleiche oder gleichartige Sendungen belegt werden.
Ist dabei die Zuschauerschaft weitgehend konstant, werden neue Zielpersonen kaum zugeführt (sog. Zielgruppeninzest).[1)] Eine nicht vorhandene Zielgruppenerweiterung wiegt um so schwerer, wenn das Produkt selten gekauft wird, die Verbrauchsintensität nicht steigerbar ist oder die Verwender des Produktes vorwiegend ältere Menschen sind. Auch für den Fall, daß das Zielgruppenpotential nicht definitiv und vollständig beschrieben werden kann, bietet sich die komplementäre Belegung breiter streuender Medien an, um eine unnötige Beschränkung des Absatzpotentials zu vermeiden.

---

1) Vgl. Wahler (1986a), S. 41.
Relativierend zu berücksichtigen ist jedoch die tendenziell unregelmäßige Nutzung von TV-Medien.

4.4.2 Qualitative Aspekte

4.4.2.1 Qualitativer Wirkungsverbund von Botschaft und Plazierung

Wurden bisher die grundsätzlichen Möglichkeiten einer Plazierung von TV-Werbung in Abhängigkeit erreichbarer Zielgruppen untersucht, so wird hier mit der Botschaft selbst ein weiterer Gestaltungsparameter berücksichtigt. Dies geschieht mit dem Ziel, Einflüsse einer Abstimmung zwischen Botschaftsgestaltung und -plazierung im Programmkontext auf die Wirkung der Kommunikationsmaßnahme zu verdeutlichen.
So können von einer nicht vorhandenen Abstimmung zwischen Werbebotschaft und Programm negative Effekte ausgehen, während eine Stimmigkeit zwischen beiden Faktoren zur Erhöhung der Wirksamkeit der Kommunikation beitragen kann.

Es ist zunächst eine Verbindung zwischen der formalen Plazierung (vgl. 4.1.1) und den Gestaltungsanforderungen an die Werbebotschaft zu vermuten. Eine Werbeinsel vor oder nach einer Sendung unterscheidet sich insofern von der Unterbrechung, zumeist eines Spielfilms durch Werbung, daß die Bindung an das Programm bei einem Break sehr viel höher ist und die Gefahr von Widerständen des Publikums, insbesondere in der Einführungsphase dieser Form der TV-Werbung[1], besteht.
Aus beiden Gründen liegt es nahe, bei einer Unterbrechung die Werbebotschaft in Abstimmung mit dem Programm umzusetzen. Im Hinblick auf die Antizipation bzw. den Abbau möglicher Reaktanzen ist eine qualitativ hochwertige Werbung angezeigt, die sich - entsprechend dem Charakter vieler Spielhandlungen - durch verstärkte Betonung der Unterhaltungs- und Erlebnisdimension auszeichnet.[2]

---

1) In ARD und ZDF werden seit jüngerer Zeit einige Vorabend-Serien durch Werbung unterbrochen.
2) Vgl. ausführlich zur Bedeutung der genannten Dimensionen in der Werbung Ungelenk (1986), S. 8 f.; Rothfuss (1985), S. 50.

Im Hinblick auf die Art eines Programms sind unterschiedliche Funktionen und damit verbundene Gratifikationserwartungen des Publikums von Bedeutung: z.B. Unterhaltung, Ablenkung von der Realität, Zeitvertreib, Information.[1] Eine erhebliche Diskrepanz zwischen Funktion des Programms und Funktion der Werbebotschaft ist als tendenziell ungünstig zu werten. Nutzt ein Rezipient ein Unterhaltungsprogramm beispielsweise mit dem Ziel, die Realität zu fliehen, so ist möglicherweise seine Bereitschaft eingeschränkt, eine informative Werbebotschaft aufzunehmen.

Die stilistische Machart eines Kanals oder einer Sendung kann ihrerseits Vorgaben für die Botschaftsgestaltung liefern. Beispiele hierfür wären die Adaption eines Musik-Genres oder eines redaktionellen Konzeptes (z.B. Ratgebersendung) bei der Umsetzung eines Spots.

Die Thematik eines Programms ist Anlaß einer gezielten Plazierung, wenn der Sendeplatz nach der Affinität des Programms zum beworbenen Produkt selektiert wird (vgl. 4.3.3). Sind jedoch die redaktionellen Inhalte nicht kompatibel mit der Werbeaussage oder dem Produkt, sind konterkarierende Effekte auf die Verarbeitung der Botschaft zu vermuten.[2]

Bei der Wahl einer Plazierung nach der erreichbaren, z.B. soziodemografisch definierten Zielgrupe ist es wiederum vorstellbar, daß zwar eine hohe Affinität sichergestellt, die inhaltliche Stimmigkeit zwischen Programm und Botschaft dagegen nicht gegeben ist. So gehören vielleicht überdurchschnittlich viele Zuschauer eines Reisemagazins zu den besser verdienenden Einkommensgruppen. Ein dort

1) Vgl. zu Gratifikationsansätzen in der Kommunikationsforschung Palmgreen/Wenner/Rayburn (1980), S. 161 ff.; Rosengren (1974), S. 269 ff.

2) Dies wäre z.B. bei der Lancierung eines Spots für einen aggressiven Haushaltsreiniger im Umfeld einer Hausfrauensendung der Fall, in der das Thema Umweltschutz behandelt wurde. In ähnlicher Weise würde sich ein Autotest mit durchschnittlichem Ergebnis auf den im Anschluß an die Sendung folgenden Spot des betreffenden Herstellers auswirken.

plazierter Spot für Lebensversicherungen ließe jedoch eine thematische Abstimmung zwischen Botschaft und Programm vermissen, zumal unterschiedliche Bedürfnisebenen der Zielgruppe angesprochen sind.

Eine weitere relevante Charakteristik eines Programms sind dessen inhaltliche Dimensionen.
In neueren qualitativen Ansätzen der Publikumsforschung werden Programme anhand ausgewählter Attribute vergleichbar gemacht.[1)] Ein akzentuierter Stil und Inhalt eines Programms vorausgesetzt, kann die Wahrnehmung vorgegebener Programmeigenschaften durch das Publikum mittels Befragung festgestellt werden.
Unterschiede zwischen einzelnen Programmen werden sichtbar, wenn diese nach den wahrgenommenen Ausprägungen der Attribute im mehrdimensionalen Eigenschaftsraum positioniert werden.[2)]
Das Prinzip eines derartigen Programmvergleichs soll anhand einer fiktiven Positionierung verschiedener Programm-Genres aus dem Unterhaltungssegment nach den Dimensionen Gewalt und Humor veranschaulicht werden (vgl. Abb. 23).[3)]

1) Vgl. Himmelweit/Swift/Jaeger (1980), S. 67 ff.
2) Das beschriebene Vorgehen ist vergleichbar mit der Produktfeld-Segmentierung; vgl. hierzu Böhler (1977), S. 100 ff.
3) Bei der Einordnung des deutschen und des amerikanischen Krimis wurde auf Ergebnisse einer Befragung zum Programmvergleich zurückgegriffen. Die Dimensionen Gewalt bzw. Humor kommen dort in den Attributen brutal, gewaltsam, aufregend bzw. spaßig zum Ausdruck (Vgl. Schenk/Büchner/Rössler (1986), S. 83 ff.).

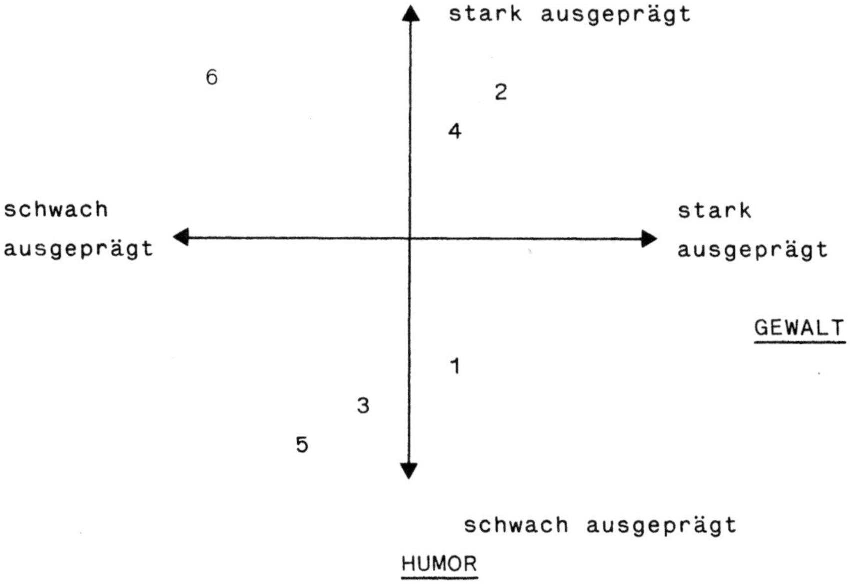

1= deutscher Krimi (z.B. "Der Alte")
2= amerikanischer Krimi (z.B. "Magnum")
3= Heimatfilm
4= Italo-Western
5= Soap Opera (z.B. Dallas)
6= amerikanischer Slapstick

Abb.23: Positionierung verschiedener Programm-Genres im zweidimensionalen Merkmalsraum (fiktives Beispiel)

Ähnlich wie redaktionelle Programme ließen sich theoretisch auch TV-Spots nach inhaltlichen Dimensionen beschreiben.[1]

Es sind nun Plazierungen vorstellbar, bei denen Programm und Botschaft in den inhaltlichen Dimensionen divergie-

1) Es sei auf die sog. EFA (Emnid Faktorielle Anzeigenanalyse) verwiesen, bei der Anzeigen inhaltsanalytisch untersucht und die identifizierten Variablen faktorenanalytisch verdichtet wurden.
Ziel war jedoch nicht eine inhaltliche Charakterisierung der oben angesprochenen Art, sondern vielmehr eine "grobe inhaltliche Klassifikation" von Werbemitteln anhand von sechs Faktoren (z.B. Suggestion, Information, Motivation) (Vgl. Nieschlag/Dichtl/Hörschgen (1985), S. 544).

ren. Dabei können unerwünschte Effekte auftreten, vor allem, wenn die Distanzen im Merkmalsraum stark ausgeprägt sind und eine enge Bindung zwischen Programm und Botschaft vorliegt.
So sind Konflikte beim Adressaten zu vermuten, wenn stark unterschiedliche emotionale Ebenen angesprochen sind, wie dies z.B. bei einem humorvoll gestalteten Spot nach einer melodramatischen Spielhandlung der Fall wäre.[1]
Kognitive Dissonanzen können beim Publikum ausgelöst werden, wenn verschiedene inhaltliche Dimensionen gegenläufige Wertvorstellungen repräsentieren. Ein Beispiel hierfür wäre das Zusammenwirken eines einfachen Lebensstils im Programm mit einem luxuriösen Ambiente im Werbefilm.[2]

Die obigen Beispiele sprechen dafür, die inhaltlichen Dimensionen des Programms einerseits und der Werbebotschaft andererseits bei der Plazierung des Spots zu berücksichtigen, um Widersprüche zu vermeiden.
Hinzu kommt, daß bestimmte inhaltliche Elemente bei der Gestaltung einer Werbebotschaft gezielt eingesetzt werden können, um entsprechenden psychologischen Eigenschaften der Adressaten gerecht zu werden. So kann z.B. der in einem Spot gezeigte luxuriöse Lebensstil die Wertvorstellungen und Interessen der Zielpersonen ausdrücken. Hintergrund einer solchen werblichen Konzeption ist eine Segmentierung nach psychografischen Kriterien, z.B. nach dem Aktivitäten, Interessen, Meinungen und Werte umfassenden Life-Style-Ansatz, und ein demgemäß abgestimmter Instrumenteneinsatz.

Es ist nicht unwahrscheinlich, daß die Nutzung medialer Inhalte, die sich durch ausgeprägte inhaltliche Dimensionen (z.B. Luxus, Familiärität, Abenteuer) kennzeichnen

---

1) Eine derartige Konstellation könnte jedoch als "Gag-Effekt", d.h. als gezielter Kontrast konzipiert werden.
2) Vgl. zur Theorie der kognitiven Dissonanz ausführlich Festinger (1957).

lassen, entsprechenden psychologischen Prädispositionen des Zielpublikums entspricht. Dieser Schluß liegt vor allem dann nahe, wenn eine enge Bindung des Zuschauers an das Programm vorliegt.[1)]
Sind nun psychografische Daten über die Fernsehzuschauer nicht direkt verfügbar (vgl. 4.5.2), so kann der Umweg über die inhaltliche Analyse von Programmen Anhaltspunkte einer zielgruppenorientierten Plazierung liefern.

Wenn auch die empirische Validierung von Zusammenhängen zwischen Programmnutzung und psychografischen Eigenschaften des Publikums aufwendig sein dürfte, so werden oft Plausibilitätsüberlegungen hinreichend sein, um eine Beurteilung alternativer Programmumfelder im Hinblick auf die Psychografie der Zielgruppe vorzunehmen. Bei einer entsprechenden Kontinuität der Plazierung ist es darüber hinaus denkbar, prägnante Stilmittel eines Programm-Genres bei der Botschaftsgestaltung aufzugreifen.

Es wurde deutlich, daß eine Abstimmung zwischen der Botschaft und deren Plazierung im Programmkontext sinnvoll ist, vor allem vor dem Hintergrund unterschiedlicher Arten und Inhalte von Programmen. Es sind sicher Fälle vorstellbar, in denen die Nicht-Berücksichtigung des Umfeldaspektes neutral wirkt; durch die Kompatibilität von Botschaft bzw. Zielgruppe und Programm werden jedoch in jedem Fall positive Bedingungen geschaffen.
Diese wiederum können einen Beitrag zur Wirksamkeit der Kommunikationsmaßnahme leisten (vgl. 4.4.2.2).

Einschränkend muß jedoch auf Grenzen einer Abstimmung zwischen Plazierung und Botschaft bzw. einer gezielten Gestaltung der Botschaft hingewiesen werden. So dürfte sich der damit verbundene Aufwand meist nur bei einer entsprechenden Anzahl von Schaltungen im Umfeld eines Programms, z.B. einer Serie, rechtfertigen.

---

1) Die Bindung an das Programm wäre durch Befragung feststellbar oder aber anhand der gemessenen Häufigkeit der Nutzung (vgl. 4.5.2) zu operationalisieren.

Ferner ist der Informationswert der für die Planung verfügbaren Programmschemata der Sender in solchen Fällen für eine Abstimmung nicht ausreichend, wo nicht eine konkrete Sendung, sondern nur das Segment (z.B. Spielhandlung) angegeben ist[1].

4.4.2.2 Einflüsse auf die Werbewirkung

Die zielgruppenorientierte Programmselektion, vor allem nach der thematischen Affinität zum Produkt, sowie die Berücksichtigung qualitativer Wirkungen zwischen Programm und Werbebotschaft sind geeignet, die Wirksamkeit einer Werbemaßnahme zu beeinflussen. Betroffen sind insbesondere die Aufmerksamkeits- und die Erinnerungswirkung, die bei der Aufnahme und der Verarbeitung des Werbeappells von Relevanz sind.
Die Einordnung dieser Stufen der werblichen Beeinflussung in einen prozessualen Zusammenhang der Werbewirkung zeigt Abbildung 24.

Wirkungsrelevante Beiträge können insbesondere vom Werbeumfeld sowie von der Nutzungsintensität von Programm und Werbung ausgehen.
Beide Faktoren sind Aspekte der Kontaktqualität eines Mediums, die als inter- und intramediales Bewertungskriterium in die Mediaselektion einfließen kann.[2]

---

1) Vgl. beispielhaft RTL plus (1986b).
2) Schweiger (1975, S. 169) schreibt: "Das Ausmaß, in dem die Werbebotschaft aufgenommen und behalten wird und in dem die Zielpersonen positiv motiviert werden, hängt von der Kontaktqualität ab. Die Kontaktqualität wird einerseits durch die Werbebotschaft und deren Gestaltung, andererseits durch das Medium beeinflußt, in das die Werbebotschaft eingebettet ist."
Vgl. ausführlich zu weiteren Faktoren der Kontaktqualität (z.B. soziale und räumliche Situation bei der Mediennutzung, Funktion und Image des Werbeträgers) Schweiger (1975), S. 177 ff.; Axel Springer Verlag und GWA Gesellschaft Werbeagenturen (1984), S. 40 ff.

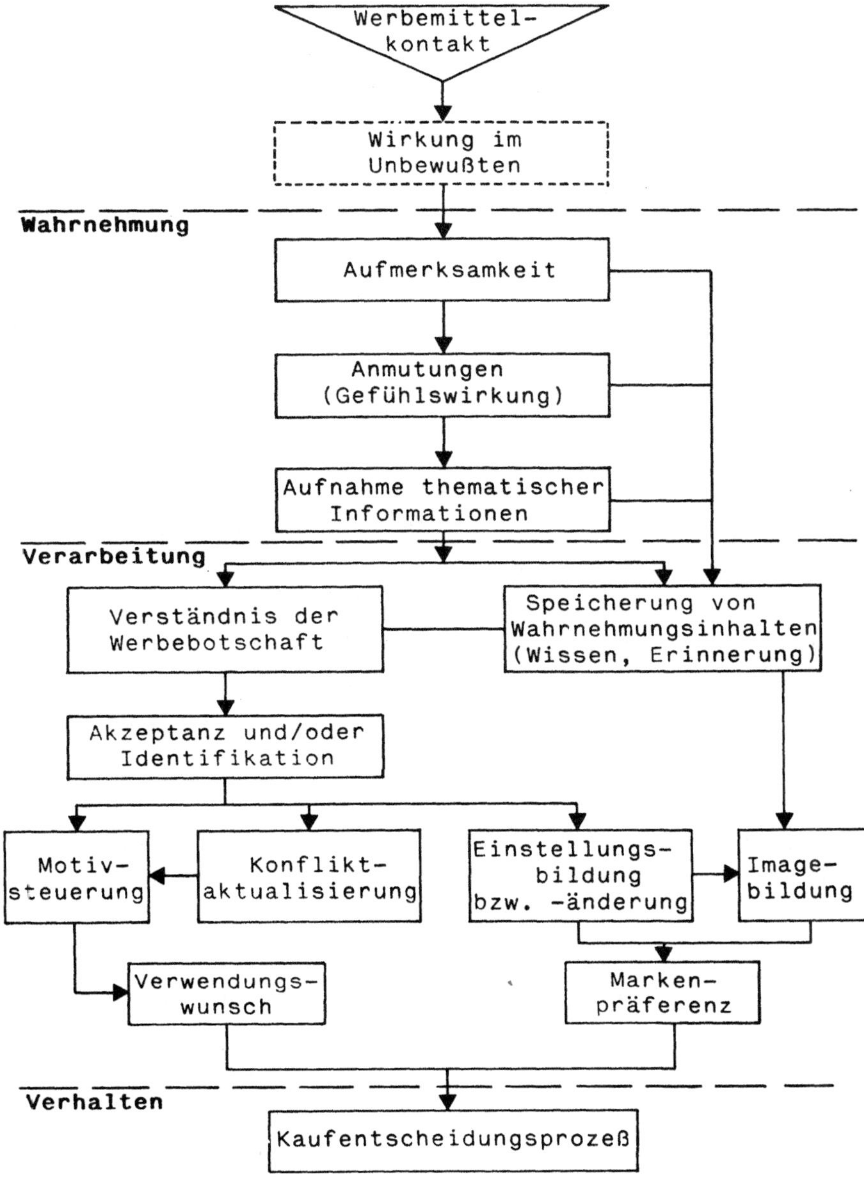

Abb.24: Werbepsychologischer Bezugsrahmen zur Werbewirkung
Quelle: Meffert (1986), S. 455[1)]

---

1) Diese Prozeßbetrachtung der werblichen Beeinflussung entspricht den Stufenmodellen der Werbewirkung, bei denen eine Abfolge psychologischer Teilprozesse unterstellt wird (vgl. beispielhaft Howard/Sheth (1968), S. 467 ff.; Lavidge/Steiner (1961), S. 59 ff.). Insbesondere der hierarchische Mechanismus der Modelle ist jedoch nicht vollständig abgesichert (vgl. z.B. Wimmer (1979), S. 11).

Umfeldwirkungen können durch den thematischen Bezug des Programms zum beworbenen Produkt sowie durch weitere Möglichkeiten der Abstimmung zwischen Plazierung bzw. Botschaft und Programm hergestellt werden (redaktionelles Umfeld).

So stellt eine Frauensendung einen kompatiblen Programmkontext für eine Kosmetikwerbung dar; durch eine weitere Abstimmung, z.B. im Hinblick auf die Machart der Sendung, die redaktionelle Thematik oder inhaltliche Dimensionen wird die Anbindung nochmals verstärkt.

Eine derartige Konstellation kann die Wahrnehmung der Botschaft durch den Adressaten positiv beeinflussen.

So ist bei der Nutzung spezieller redaktioneller Inhalte ein implizites Interesse für damit zusammenhängende Produktgattungen nicht unwahrscheinlich (vgl. 4.3.3). Ein vorhandenes Produktinteresse bedingt wiederum eine größere Beachtung des Werbemittels.[1] Zudem begünstigt die Aufgeschlossenheit gegenüber Programminhalt und beworbenem Produkt die Aufnahme thematischer Informationen (vgl. Abb. 24).

Die grundsätzliche "Vorakzeptanz" kann gezielt genutzt werden, indem die werbliche Argumentation an redaktionelle Inhalte anknüpft (z.B. technische Daten eines Automobils).

Den geschilderten Wirkungszusammenhängen kommt verstärkte Bedeutung zu, wenn der Rezipient Informationen zur Problemlösung sucht, z.B. bei komplexen Kaufentscheidungen.

Die Konsonanz im Hinblick auf unthematische Zusammenhänge zwischen Werbung und Programm, wie sie z.B. bei einer Abstimmung der emotionalen Ebenen vorliegt, wird als positive Anmutung (vgl. Abb. 24) bei der Wahrnehmung der Botschaft erlebt.

Der Einfluß des redaktionellen Umfeldes von Zeitschriften auf die Wahrnehmung und auch Verarbeitung einer Botschaft wurde in empirischen Studien bestätigt. So war die Erinnerungswirkung von Anzeigen bei der Schaltung in thema-

1) Vgl. Pratz/Müller-Grote (1970), S. 432 f.

tisch affinen Titeln höher als bei einem inhaltlich neutralen Umfeld.[1)]
Eine weitere Wirkungssteigerung zeigt sich, wenn eine Einbettung in das thematisch adäquate Teilsegment der Zeitschrift stattfindet.[2)] Eine derart enge Anbindung an den redaktionellen Inhalt kann bei der TV-Werbung theoretisch regelmäßig hergestellt werden, vor allem, wenn die Plazierung unmittelbar vor oder nach der Sendung erfolgt.[3)]

Den wirkungsfördernden Effekten einer Abstimmung zwischen Botschaft und Programm steht eine erhöhte <u>Erwartungshaltung</u> des Adressaten gegenüber.
So wird die Werbung im thematisch kompatiblen Umfeld - eben wegen der geschilderten Aufnahmebereitschaft der Zielperson - entsprechenden Qualitätsanforderungen genügen müssen. Auch das Produkt selbst ist aufgrund der Sensibilisierung interessierter Zielpersonen erhöhten Ansprüchen ausgesetzt.

Bei kontinuierlicher Plazierung ein und derselben Botschaft in einem speziellen Programmkontext, z.B. einer Serie, besteht zudem die Gefahr von Wearout-Effekten. Die

---

1) Vgl. Jahreszeiten-Verlag (1964); Nieschlag/Dichtl/Hörschgen (1985), S. 557.
2) Vgl. Jahreszeiten-Verlag (1968), S. 115.
3) Der Einfluß des Umfeldes auf die Werbewirkung ist nicht unangefochten (vgl. Schweiger (1975), S. 187; Landgrebe (1976), S. 18 f.). Entgegengesetzten Auffassungen zufolge haben Botschaften, die in einen völlig produktfremden Zusammenhang eingebettet sind, sogar eine erhöhte Chance, von der Zielperson wahrgenommen zu werden. Die Aufnahme der Botschaft könnte in einem solchen Fall mit einer Orientierungsreaktion verglichen werden, die auf ungewöhnliche Reizkonstellationen erfolgt (vgl. Kroeber-Riel (1984), S. 57 f.).
Die Entscheidung für ein geeignetes Umfeld hängt unter diesem Gesichtspunkt u.a. vom vorrangigen kommunikativen Werbeziel ab. Soll z.B. bei Produktneueinführungen eine Hinwendung zur Botschaft initiiert werden, so kann eine im oben beschriebenen Sinne aufmerksamkeitsstarke Plazierung naheliegen.
Hat dagegen eine Auseinandersetzung der Zielpersonen mit dem Angebot bereits eingesetzt, kann das thematisch abgestimmte Umfeld adäquater sein.

Wiederholung und Gleichförmigkeit im Zusammenspiel zwischen Umfeld und Botschaft kann Abnutzungserscheinungen der Werbung bedingen, die sich in nachlassender Aufmerksamkeits- und Gedächtniswirkung dokumentieren würden.[1)]
Da jedoch eine regelmäßige Anbindung an ein spezielles Programm die Wiedererkennung fördert und somit den Lernprozeß der Werbebotschaft stützt[2)], ist es sinnvoll, möglichen Verschleißerscheinungen durch gezielte Konzipierung variierender Spots, z.B. nach dem Serienprinzip[3)], vorzubeugen.

Ein der Aufmerksamkeitswirkung tendenziell abträglicher Effekt zeigt sich bei der Berücksichtigung des werblichen Umfeldes einer Botschaft.
So mag es sein, daß im Kontext thematisch prägnanter TV-Programme eine Agglomeration von Werbung für ähnliche oder gleiche Produktfelder und damit ein gleichförmiges werbliches Umfeld entsteht. Die Folge ist eine unmittelbare Wirkkonkurrenz produktthematisch verwandter Botschaften, die den eigenen Werbeauftritt beeinträchtigen kann.[4)]
In diesem Zusammenhang spielt jedoch die Frage der Bewertung des Konkurrenzwerbedrucks eine Rolle: So mag ein starkes werbliches Umfeld zwar wirkungsschmälernde Effekte für die eigene Werbung haben, andererseits bewirkt die Präsenz wiederum eine Minderung der Wirksamkeit der

---

1) Vgl. zu Verschleißerscheinungen der Werbung durch Kontaktwiederholung Grass/Wallace (1969), S. 3 ff.
2) Vgl. ausführlich zu lerntheoretischen Erkenntnissen in der Werbewirkungsforschung Kroeber-Riel (1984), S. 363 ff.
3) In USA gewinnt eine Praxis der Spotgestaltung zunehmend an Bedeutung, bei der die Botschaft nach gleichem erzählerischen und dramaturgischen Muster aufgebaut wird wie erfolgreiche TV-Serien. Die Werbetreibenden gehen davon aus, daß sich dadurch "ein Stammpublikum für die Spots aufbaue, das sich für deren inhaltlichen Fortgang interessiere" (o.V. (1987h), S. 25).
4) Vgl. Freter (1974), S. 118 f.

Konkurrenzwerbung.[1][2]

Die Plazierung von Werbung im produktverwandten Umfeld kann negative Auswirkungen auf das Image der Botschaft haben.

So wird die <u>Glaubwürdigkeit</u> der Werbeaussage in Frage gestellt sein, wenn eine zu forcierte Verbindung zu redaktionellen Inhalten stattfindet. Besonders gefährdet sind in diesem Sinne neuartige Sonderformen der Werbung in privaten Programmen, z.B., wenn als Programm "getarnte" Werbebotschaften lanciert werden, Werbung und Programm nicht klar zu unterscheiden sind (z.B. bei Formen der Moderatorenwerbung), oder das beworbene Produkt zusätzlich in der der Werbeausstrahlung vorangehenden Sendung plaziert wird.[3]

Von Bedeutung ist, daß Fernsehwerbung generell als weniger glaubwürdig empfunden wird als Werbung in den übrigen Medienkategorien[4], auch wenn das Fernsehen selbst aufgrund der Realitätsnähe der Darstellung als das glaubwürdigste aller Massenmedien gilt.[5] Eng im Zusammenhang damit ist vermutlich die Tatsache zu sehen, daß TV-Werbung einen subjektiv stärker empfundenen Werbedruck als die Printwerbung beim Empfänger erzeugt.[6]

Bei der Plazierung der Botschaft sind diese Aspekte zu berücksichtigen. Mangelnde Glaubwürdigkeit beeinträchtigt die <u>Akzeptanz</u> der Werbeaussage durch den Adressaten (vgl.

---

1) Vgl. Schweiger (1975), S. 189.
2) Wichtiger Einflußfaktor bei der Entscheidung zwischen Anpassung oder Abhebung im Hinblick auf das Mediaverhalten der Konkurrenz ist die jeweilige Marktsituation. So hat in expandierenden Märkten der Konkurrenzeinfluß ambivalenten Charakter: Neben negativen Auswirkungen für den eigenen Marktanteil können von der Konkurrenzwerbung gleichzeitig wachstumsfördernde Effekte für den Gesamtproduktbereich ausgehen, die damit auch dem eigenen Produkt zugute kommen (vgl. Axel Springer Verlag (1982b), S. 9 f.).
3) Vgl. Mohn (1985), S. 595 ff. ausführlich zu der beschriebenen Problematik der Werbesonderformen.
4) Vgl. Uenk (1982), S. 1948; Hearne (1985); Magazine Publishers Association (1982).
5) Vgl. Kiefer (1981), S. 285 f.
6) Vgl. Axel Springer Verlag (1970), S. 101 ff.

Abb. 24) und wirkt sich damit unmittelbar störend auf den Verarbeitungsprozeß der Botschaft aus.

Abschließend sollen Aspekte neuartiger Möglichkeiten der TV-Werbung erläutert werden, die geeignet sind, die Nutzungsintensität des Mediums und der Botschaft zu beeinflussen und von daher für die Werbewirkung von Relevanz sein können.

Die Kontaktqualität des Fernsehens wird beeinträchtigt durch Nebentätigkeiten, die den Zuschauer vom Programm ablenken. In Abhängigkeit von der Untersuchungsanlage wurden bis zu 75 % nebenbeschäftigte Zuschauer festgestellt.[1)]
Die Aufnahmefähigkeit für das Programm kann, je nach Umfang und Art der Nebenbeschäftigung[2)] stark eingeschränkt sein: Im Extremfall wird das Medium zur Hintergrundkulisse.[3)] Dies wiederum bedingt, verglichen mit einer aufmerksamen Fernsehnutzung, ein geringeres Erinnerungsvermögen an das Programm und vor allem an eingestreute Werbebotschaften.[4)]

Ein Grund für die stark ausgeprägte Nebentätigkeit ist der Zeitraum des öffentlich-rechtlichen Werbefernsehens, der in den angesprochenen Untersuchungen erhoben wurde. So kommt im Zeitabschnitt von 17.30 bis 20.00 Uhr zwangsläufig sozial-familiären Beschäftigungen wie Hausarbeit, Abendessen, Unterhaltungen zwischen den Familienmitglie-

---

1) Vgl. Axel Springer Verlag (1979), S. 8; Gruner + Jahr (1975b); Gruner + Jahr (1979).
Vgl. zur Methodik der Erfassung von Nebentätigkeiten Dahms (1983), S. 279 f.
2) Es ist plausibel, eine Differenzierung der Nebentätigkeiten im Hinblick auf den Grad der Ablenkung vom Fernsehprogramm zu berücksichtigen (vgl. Dahms (1983), S. 282).
3) Vgl. Gruner + Jahr (1985), S. 35.
4) Vgl. Axel Springer Verlag (1979), S. 47 ff.; Venkatesan/Haaland (1968), S. 203 ff.

dern ein hoher Stellenwert zu.[1]
Mit der Werbung nach 20 Uhr bei privaten Programmen bietet sich die Perspektive, veränderte Bedingungen der Fernsehnutzung anzutreffen. Der Zuschauer hat mehr "Muße" zum Fernsehen, kann sich dem Programmangebot konzentrierter zuwenden.
Eine intensivere Nutzung des Programms impliziert zwangsläufig eine höhere Kontaktchance für die umliegenden TV-Werbemittel; ferner ist durch die veränderten Nutzungsbedingungen eine stärkere Hinwendung des Zuschauers auch zum Fernsehspot denkbar.[2]

Interessant ist in diesem Zusammenhang eine grundsätzliche Aufgeschlossenheit der Rezipienten für "gut gemachte" Werbung. So konstatieren Praktiker eine zunehmende "Vertragsmentalität" der Konsumenten dergestalt, daß qualitativ hochwertige, bedürfnisadäquate Werbung mit Gegenleistungen honoriert wird: "Unterhältst Du mich, beispielsweise durch einen Popsänger sehr gut in Sachen Pepsi Cola oder Coca Cola, dann werde ich dir auch treu bleiben und eine Zeitlang Dein Getränk trinken."[3]
Es entsteht möglicherweise eine erhöhte Zuschauerbindung an die Kategorie Werbung, die speziell im Bereich TV gestützt werden kann durch eine zielgruppengerechte Werbung, die im Umfeld adäquater Programme ausgestrahlt wird. Damit wird eine Nutzung von TV-Werbung vorstellbar, die mit der des Programms vergleichbar wäre, charakterisiert durch die gezielte Suche nach Unterhaltung oder Information.

---

1) Nach einer Erhebung zur Nebentätigkeit beim Fernsehen waren über die Hälfte der nebenbeschäftigten Zuschauer durch Hausarbeit und Essen gebunden (vgl. Dahms (1983), S. 281).
2) Eine intensive Programmnutzung kann der Aufnahme des Werbespots in solchen Fällen hinderlich sein, wo die Auseinandersetzung mit redaktionellen Inhalten zu sehr in den Vordergrund tritt. Eine negative Beziehung zur Anzeigenwirkung wurde in diesem Sinne für Beiträge mit starkem Realitätsbezug festgestellt, während Inhalte mit Ratgeber- oder Unterhaltungsfunktion positiv wirken (vgl. Pratz/Müller-Grote (1970), S. 431).
3) o.V. (1986ae), S. 5.

Vor dem Hintergrund einer solchen Nutzungsmotivation wären sog. "inheritance effects" (Erbungseffekte)[1] erzielbar, wenn z.B. dem Rezipienten im Rahmen eines Musik-Kanals ein Spot im Stil eines Videoclips oder nach einer Kochsendung eine in Rezeptempfehlungen eingebettete Produktaussage "angeboten" wird.
Zu beachten sind jedoch wiederum hohe Anforderungen an Konzeption und Gestaltung des Spots, zumal eine intensivere Nutzung die Gefahr von Widerständen gegen die Botschaft birgt.[2]

Einer Veränderung der Mediennutzungsintensität kommt von daher entscheidende Bedeutung für die Kontaktqualität zu, daß das Fernsehen als passives Bildmedium durch eine - verglichen mit den Printmedien - tendenziell oberflächliche Nutzung gekennzeichnet ist.[3] Nachteilige Auswirkungen auf den Lernprozeß und die Verankerung der Botschaft im Bewußtsein werden vermutet.[4] Als Indiz dafür kann die für das Medium Fernsehen typische Entfaltung der Werbewirkung im Zeitablauf gewertet werden: Es wird schnell Wirkung aufgebaut, die sich jedoch innerhalb wesentlich kürzerer Zeit als bei den Printmedien wieder abbaut.[5]
Auch im Hinblick auf die produktbezogene Erinnerung schneidet das Fernsehen häufig schlechter ab als die Anzeigenwerbung.[6]
Eine <u>involviertere Nutzung</u> der TV-Werbung, wie sie durch Gestaltung und Plazierung der Botschaft erreichbar ist, kann diesen Effekten entgegenwirken.

---

1) Der Begriff des Erbungseffektes wird in der TV-Programmplanung eingesetzt, wenn der Zuschauer von einem Angebot auf das nächste "herübergezogen" werden soll (vgl. Schenk/Büchner/Rössler (1986), S. 74).
2) Vgl. Schweiger (1975), S. 190.
3) Vgl. Krugman (1971), S. 3 ff.
4) Vgl. Gruner + Jahr (1985), S. 16.
5) Vgl. Axel Springer Verlag (1981), S. 44 ff.; Gruner + Jahr (1970).
6) Vgl. Krugman (1977), S. 8 ff.; L'Express (1982); Wenzel (1981), S. 21 ff.

4.5 Determinanten der Einsatzmöglichkeiten

4.5.1 Determinanten der Erreichbarkeit von Zielgruppen

Das grundsätzliche Potential der Selektionsmöglichkeiten bei privaten Programmen liegt in der Erreichbarkeit definierter Zielgruppen. Voraussetzung dafür ist die Verfügbarkeit von Programmangeboten, die entsprechende Zielpublika binden können sowie die tatsächliche Nutzung der Programme durch die intendierten Zuschauer.

4.5.1.1 Entwicklung des Programmangebotes

Das verfügbare Programmangebot soll im Hinblick auf die aktuelle und potentielle Differenzierung untersucht werden. Der Grad der inhaltlichen Vielfalt der Kanäle und einzelner Programmbestandteile ist als Indiz für das grundsätzliche Spektrum der Zielgruppenselektionsmöglichkeiten zu werten.
Den theoretischen Hintergrund stellt dabei die Annahme dar, daß die Fernsehnutzung durch das Angebot selbst bedingt ist.[1)]

Eine Differenzierung des Programmangebotes hat in der Herausbildung einiger Special Interest-Kanäle stattgefunden. Es handelt sich vor allem bei den national verbreiteten Programmen um eine Spezialisierung auf breit angelegte Interessensegmente bzw. Zielpublika.
Das Potential für eine Etablierung weiterer spezialisierter Programme muß schon von daher als sehr begrenzt bezeichnet werden, daß in einem Land von der Größe der Bundesrepublik derartige Angebote kaum rentabel zu betreiben sind. Es muß in diesem Zusammenhang wiederum die Notwendigkeit massenattraktiver Programme zur Sicherung von Einschaltquoten und Werbeeinnahmen betont werden.

---

1) Andere, z.T. gegensätzliche Erklärungsfaktoren für den Fernsehkonsum werden in Kap. 4.5.1.2 behandelt.

Vor demselben Hintergrund ist die Entstehung inhaltlich differenziert positionierter General Interest-Kanäle zu sehen. Die Konkurrenz der Sender um die Masse der Zuschauer bewirkt die Entstehung gleichartiger Programme, vom Prinzip her ähnlich wie das Phänomen der Produktimitation.[1)] Diese Tatsache dokumentiert sich bei Programmvergleichen in einer Konzentration der kommerziellen Anbieter auf die publikumswirksamste Programmkategorie der Unterhaltung.[2)]

Auch innerhalb der Unterhaltungskategorie herrscht in weiten Bereichen Übereinstimmung zwischen RTL plus und SAT 1: Das Angebot wird hauptsächlich durch Spielhandlungen repräsentiert, die wiederum in ähnlichen Genres angesiedelt sind, und zwar Actionfilm, Krimi, Abenteuer- und Liebesfilm.[3)]

Markante Komplementarität besteht allenfalls in den Nummernsendungen und in den praktischen Informationssendungen, denen bei RTL plus einige Bedeutung zukommt, während diese Programm-Segmente bei SAT 1 kaum bzw. gar nicht vertreten sind (vgl. 4.3.3). Der Beitrag derartiger Positionierungsunterschiede im Hinblick auf eine Publikumsdifferenzierung zwischen den Sendern darf jedoch nicht überbewertet werden.

Es wird wiederum der Stellenwert <u>einzelner Programmbestandteile (Sendungen)</u> für die Ansprache differenzierter Zielgruppen deutlich.

Wichtig ist in diesem Zusammenhang die Programmpolitik der Sender, die durch die Bereitstellung verschiedener Programminhalte sowie deren Plazierung im Zeitablauf Nutzungschancen bei einem intendierten Publikum schaffen. So setzt z.B. RTL plus mit dem Ziel einer Publikumsdif-

---

1) Vgl. Steiner (1952), S. 194 ff. Zum gleichen Ergebnis kommt Gollmer (1985, S. 132), indem er konstatiert, daß "die Massenmedien bei weitgehender Werbefinanzierung unter marktwirtschaftlichen Voraussetzungen dazu neigen, homogene Inhalte hervorzubringen".
2) Vgl. Krüger (1985), S. 257 ff.; Krüger (1986), S. 485 ff.; Dartsch (1986), S. 14.
3) Vgl. Krüger (1986), S. 490, S. 504.

ferenzierung auf eine Strategie der "horizontalen" und "vertikalen" Programmstrukturierung (Baukastenprinzip). Es werden im Tagesablauf, in Abstimmung mit Rezeptionsgewohnheiten und -möglichkeiten des Zielpublikums (z.B. Jugendliche, Hausfrauen, berufstätige Erwachsene) verschiedene Programm-Segmente plaziert, diese wiederum werden z.T. im Laufe einer Woche nach Genres differenziert.[1)]
Eine ähnliche Programmpolitik verfolgt - wenn auch weniger ausgeprägt - SAT 1. Die Kontinuität der Programmdramaturgie fördert die Stabilität des Zuschauerverhaltens und die Bindung des Publikums an den Sender, was wiederum für die Planbarkeit zielgruppenspezifischer Plazierungen von Bedeutung ist.

Das Programmspektrum innerhalb der privaten Sender muß jedoch, verglichen mit dem öffentlich-rechtlichen Fernsehen, als eher gleichförmig bezeichnet werden.
Die dort vorhandene Programmvielfalt kann für die kommerziellen Anbieter nicht bestätigt werden, sowohl hinsichtlich einer ausgeglicheneren Berücksichtigung informierender und bildender Sendungen als auch hinsichtlich des Differenzierungsgrades innerhalb der Kategorien.
So ist es vor dem Hintergrund der an anderer Stelle erwähnten Integrationskraft unterhaltender Sendungen fraglich, ob z.B. die verfügbaren Spielhandlungen geeignet sind, strukturell unterschiedliche Publikumskontingente anzusprechen. Die teilweise durch lediglich "punktuelle Präferenzverlagerungen"[2)] der Nutzer zu kennzeichnenden Angebote werden noch am ehesten nach bestimmten psychologischen Merkmalen der Zuschauer differenzieren, wie sie sich aus der inhaltlichen Positionierung des Programms

---

1) Die wesentlichen Programmelemente des Baukastensystems sind die Musiksendungen, eine Soap Opera, eine Serie sowie Spielfilme, die in dieser Reihenfolge an jedem Tag ausgestrahlt werden. Die Soap Opera und die Serie laufen in Fortsetzung täglich, während Musikschiene und Spielfilm im Laufe der Woche nach Genres variiert werden.
2) Stolte (1985), S. 255.

ergeben können (vgl. 4.4.2.1).

Der Anteil nichtpolitischer Information, die sich als Programmumfeld zur Schaltung von Botschaften nach Themen- bzw. Produktinteresse anbietet, ist vor allem bei SAT 1 als gering einzustufen.
Die Befriedigung spezialisierter Interessen kleiner Zuschauergruppen, vergleichbar mit den Minderheitenprogrammen des öffentlich-rechtlichen Fernsehens, findet nicht statt. Die Erreichbarkeit von komplex definierten bzw. kleineren Zielgruppen sowie von Kontingenten mit ausgeprägten Interessenstrukturen ist demzufolge gegenwärtig eingeschränkt.
Vielmehr begünstigt das massierte Angebot breit streuender Unterhaltung in der Prime Time die Plazierung undifferenzierter Botschaften. Außerhalb dieser Zeitspanne sind eine stärkere Zielgruppenorientierung in der Programmstruktur und damit mehr Möglichkeiten einer differenzierten Ansprache zu konstatieren.

Das Prinzip der Zuschauermaximierung würde forciert durch eine Abrechnung der Werbeeinschaltungen nach der tatsächlichen Reichweite (vgl. 4.4.1). Dementgegen steht jedoch die Aufrechterhaltung der Integrität und Glaubwürdigkeit des Gesamtprogramms. Darüber hinaus wird durch ein Angebot an Zielgruppensendungen die Attraktivität des Werbeträgers für differenzierte Kommunikationsmaßnahmen erhöht. Die Nachfrage der Werbetreibenden kann damit Impulse für die Programmplanung geben.
Ferner ist in einer späteren Entwicklungsphase des privaten Fernsehens, "nach der Auskämpfung der Hauptkonkurrenzplätze für die Jedermannprogramme" eine vermehrte Entstehung von Zielgruppenprogrammen zu vermuten.[1)]

---

1) Faul (1985), S. 276.

4.5.1.2 Entwicklung der Fernsehnutzung

Es wurde bei der Untersuchung der Zielgruppenselektionsmöglichkeiten von der Hypothese einer angebotsabhängigen Fernsehnutzung ausgegangen.
Eine Einschränkung wurde a.a.O. mit einer vorwiegend situationsbedingten Nutzungsmotivation aufgezeigt. Weiterhin wird angenommen, daß die Mediennutzung grundsätzlich bis zu einem gewissen Grade wechselhaft und beliebig sei.[1)]

Besondere Bedeutung kommt dem Nutzungsverhalten der Zuschauer vor dem Hintergrund der quantitativen Ausweitung des Fernsehangebotes zu. Mit der potentiellen Verfügbarkeit einer Vielzahl von Kanälen bei weitgehender Stabilität der Sehdauer (vgl. 2.3.2) ist die Fernsehnutzung einem hohen Selektionsdruck unterworfen.
Eine vermehrte Selektivität ist damit zwangsläufig (vgl. auch 4.4.1); fraglich sind hingegen die Modalität der Programmauswahl und die damit verbundenen Auswirkungen auf die Qualität der Fernsehnutzung. Es lassen sich im wesentlichen die folgenden Lernprozesse der Rezipienten unterscheiden:[2)]

1. Es setzt - mit vermehrtem Angebot in dieser Kategorie - eine intensivierte Nutzung von Unterhaltungsprogrammen ein, beschreibbar mit dem vielzitierten Begriff des "Unterhaltungs-Slaloms".[3)] Dies geschieht nicht im Sinne einer gezielten Nutzung bestimmter Programme, sondern dient in erster Linie der Befriedigung eskapistischer Bedürfnisse der Rezipienten, nämlich der "Entproblematisierung von Sachverhalten und Streßmilderung"[4)].
   Die empirische Bestätigung dieser These deutet sich in den Forschungsergebnissen zur Programmnutzung in

---

1) Vgl. Kiefer (1983), S. 606.
2) Vgl. Saxer (1980), S. 395 ff., insbes. S. 399 ff.
3) Vgl. o.V. (1985a), S. 17; Merkle (1984a), S. 160.
4) Saxer (1980), S. 396.

der Konkurrenzsituation kommerziellen und öffentlich-rechtlichen Fernsehens an. Der Schwerpunkt der Nutzung liegt bei den Unterhaltungsangeboten, und zwar mit deutlich ausgeprägter Neigung der Zuschauer zum häufigen Umschalten zwischen den Kanälen via Fernbedienung, ohne Rücksicht auf inhaltliche Zusammenhänge.[1]
Wird breite Unterhaltung in direkter Konkurrenz zu Zielgruppen- bzw. Informations- oder Bildungsprogrammen gesendet, so laufen diese Gefahr, zu reinen Minderheitenprogrammen zu werden. Die Nutzung entspricht nicht der Gesamtpalette des Angebotes, sondern ähnelt vielmehr einem "Unterhaltungskarussell .., das die immer gleichen Runden dreht"[2].

2. Es erfolgt eine selektive Zuwendung zum Programm mit einer impliziten Habitualisierung des Fernsehkonsums. Das Programm vermittelt kaum mehr Stimuli, das Medium selbst wird zum Beiläufigkeitserlebnis degradiert.[3]

3. Die erhöhten Wahlmöglichkeiten führen zur Entwicklung "effizienter Suchstrategien"[4]. Das Spektrum der TV-Medien und Programmtypen wird im Hinblick auf vorhandene Interessenstrukturen effizient genutzt. Diese Art der Mediennutzung ist durch kognitive Orientierung und Kompetenz gekennzeichnet. Nicht unwahrscheinlich ist dabei eine Entwicklung zu weiterer Spezialisierung der Programminteressen.

Bemerkenswert sind die unterschiedlichen Nachfrageimpulse, die die skizzierten Nutzungsmodalitäten für die Entwicklung des Programmangebotes darstellen. Vor allem die eskapistische Fernsehnutzung begünstigt die einseitige Herausbildung massenattraktiver Unterhaltung.

---

1) Vgl. Dehm/Klingler (1985), S. 460 ff.; Hachmeister (1986), S. 5; Maletzke (1986), S. 193; Dartsch (1986), S. 14.
2) Dehm et al. (1985), S. 48 sowie S. 21, S. 45 ff.
3) vgl. auch Schäuble/Goerchen/Thode (1982), S. 81.
4) Saxer (1980), S. 400.

Eine Souveränität der Rezipienten, wie sie unter Punkt 3 beschrieben ist, fördert dagegen die Etablierung differenzierter Angebote aller Programm-Kategorien.

Für die Zielgruppenselektion bedeutet das Nutzungsverhalten vom Typ 1 und 2 eine ernsthafte Beschränkung.
Indem das Medium zur "Berieselung" funktionalisiert wird, ist seine Nutzung in hohem Maße wahllos und dem Zufall unterworfen; gleiches gilt für das "Channel-Switching".
Durch die zumindest sekundäre Bedeutung des Angebotes selbst entzieht sich die Ansprache intendierter Publikumssegmente einer gezielten Planung.
Auch der Schluß auf ein mit der Programmnutzung verknüpftes Produktinteresse ist kaum mehr gerechtfertigt.
Unmittelbar tangiert ist ferner die Kontaktqualität der Fernsehwerbung, und zwar durch eben jene Parameter, die mit den Werbemöglichkeiten in privaten Programmen positiv beeinflußt werden und damit zu einer Erhöhung der Werbewirkung beitragen können (vgl. 4.4.2.2).
Wurden a.a.O. die Perspektiven einer Erhöhung der Nutzungsintensität von Medium bzw. Botschaft nachgewiesen, so müssen bei den hier beschriebenen Prämissen gegenteilige Wirkungsmechanismen unterstellt werden: Der Involvierungsgrad des Zuschauers ist als gering zu bezeichnen, sowohl bei der Habitualisierung des Fernsehkonsums als auch bei der Fraktionierung der Nutzung durch häufiges Umschalten auf der Suche nach Unterhaltung.
Der Erzielung von Umfeldwirkungen zwischen Botschaft und Programm im Sinne einer erhöhten Aufnahmebereitschaft des Adressaten laufen derartige Nutzungskonstellationen ebenfalls naturgemäß zuwider.

Demgegenüber bietet die kompetente Fernsehnutzung gute Voraussetzungen für die Erreichbarkeit differenzierter Zielgruppen. Es findet eine bewußte Selektion und eine starke Hinwendung zum angebotenen Programm statt. Im Idealfall entscheidet sich der Zuschauer vor dem Rezeptionsvorgang und ordnet sich damit in eine thematisch definierte Zielgruppe ein.[1]

Die Bedeutung der in extremer Ausprägung dargestellten Nutzungsmodalitäten für den künftigen Umgang der Rezipienten mit dem Medium Fernsehen ist schwer abschätzbar, zumal es sich weitgehend um lediglich "plausible Vermutungen"[2] handelt. Fraglos ist die Art der Nutzung durch entsprechende Prädispositionen der Zuschauer determiniert, die z.T. schichtspezifisch ausgeformt sind.[3] Kommerzialisierung des Fernsehens und Programmausweitung sind vermutlich geeignet, sowohl die passiv-konsumtive als auch die aktiv-selektive Verhaltenstendenz zu verstärken.
Schließlich sind Zusammenhänge zwischen der Art der Fernsehnutzung und dem Typ des Programms wahrscheinlich. So dürfte die Selektivität im Sinne einer spezifischen und gezielten Programmwahl bei informativen Sendungen generell vergleichsweise höher sein als beim Gros der unterhaltenden Angebote.[4]

4.5.2 Determinanten der Erfaßbarkeit

Die Erfaßbarkeit dokumentiert sich bei der vorliegenden Themenstellung in der Verfügbarkeit der relevanten Mediennutzungsdaten als zielgruppenspezifische Informationen.[5] Vor allem im Rahmen einer differenzierten Kommunikationsstrategie sind sie die Voraussetzung für eine zielgruppenorientierte Planung bzw. Nutzung des Mediums Fernsehen als Werbeträger.

Das Problem der Erfaßbarkeit der Rezipienten ist darüber hinaus grundsätzlich für die Etablierung des Privatfernsehens von herausragender Bedeutung. Datentransparenz,

1) Vgl. Kiefer (1983), S. 606.
2) Saxer (1980), S. 395.
3) Vgl. Saxer (1980), S. 401 ff.; Saxer (1985), S. 3.
4) Vgl. Schenk/Büchner/Rössler (1986), S. 76.
5) Vgl. zu weiteren Aspekten der Erfaßbarkeit von Zielgruppen Freter (1983), S. 186.

allgemein und im Hinblick auf spezielle Zielgruppen, ist zum Leistungsnachweis der Sender und für eine strategische Planbarkeit des Mediums unabdingbar und wird von daher zunehmend von den Werbetreibenden als Basis für eine Berücksichtigung neuer Fernsehangebote in den Mediaplänen gefordert.[1]
Dies entspricht einer Annahme der Werbeagentur Grey, wonach die im Privatfernsehen engagierten Werbekunden je nach Stand der Diffusion der neuen Angebote die Mentalität von Mäzenen, Testern oder Kaufleuten aufweisen, schließlich jedoch die kaufmännisch orientierte Betrachtungsweise den Ausschlag gibt.[2]
Abgesehen von der Bedeutung der Datentransparenz für eine leistungsorientierte und zielgruppenspezifische Mediaplanung, können Strukturdaten der Mediennutzung eine Überprüfung der tatsächlichen Differenzierungsfähigkeit des Programmangebotes im Hinblick auf unterschiedliche Rezipientenmerkmale ermöglichen.

Zu beachten ist ferner, daß die erhöhten Anforderungen an die Datenversorgung, wie sie mit erweitertem Einsatz-, speziell Zielgruppenselektionspotential gegeben sind, eine in dieser Form für die gesamte Mediengattung TV neuartige Problemstellung sind. So implizieren die bisher beschränkten werblichen Einsatzmöglichkeiten öffentlich-rechtlichen Fernsehens zwangsläufig ein anderes, niedrigeres Anspruchsniveau hinsichtlich der Datentransparenz (s.u.).
Es werden im folgenden Status Quo und Perspektiven der Erfassung zielgruppenspezifischer Nutzung des privaten Fernsehens beleuchtet.
Im Anschluß daran wird das Einsatzpotential verfügbarer Datenbestände im Rahmen der Mediaplanung untersucht.

Grundsätzlich sind unter dem Aspekt zielgruppenselektiver Mediaplanung im Bereich des Fernsehens die in Abbildung

---

1) Vgl. Walter (1985), S. 62; Vogler (1985b), S. 67; o.V. (1985c), S. 1; Schweitzer (1986), S. 78 ff.
2) Vgl. o.V. (1985i), S. 9; o.V. (1985k), S. 39.

25 dargestellten Datenquellen denkbar; es lassen sich Untersuchungen des werbenden Unternehmens, Erhebungen der Fernsehsender sowie unabhängige Untersuchungen zur Medien-, speziell zur Fernsehnutzung unterscheiden.

unternehmenseigene Marktforschung	Untersuchungen der Fernsehsender	unabhängige Untersuchungen
- Zielgruppen-Marktforschung - zusätzliche oder integrierte Erhebungen zur Fernsehnutzung	- Untersuchungen zur (zielgruppenspezifischen) Fernsehnutzung	- kontinuierliche Zuschauerforschung (GfK, teleskopie) - Media-Analyse (MA) - Markt-Media-Erhebungen

Abb. 25: Informationsquellen zielgruppenspezifischer Mediaplanung im Bereich des Fernsehens

Die <u>unternehmenseigene Zielgruppen-Marktforschung</u> ist Grundlage einer differenzierten Kommunikationsstrategie: Je mehr segmentspezifische Informationen erhoben werden bzw. zur Verfügung stehen, desto fundierter und gezielter kann die werbliche Ansprache erfolgen. Im Hinblick auf einen Einsatz des Mediums TV wäre es insofern sinnvoll, die Fernsehnutzung der Zielgruppe in die Erhebungen mit einzubeziehen. So könnten z.B. Präferenzen hinsichtlich inhaltlicher (Sender, Programm-Segmente und -Genres) oder zeitlicher Aspekte des Fernsehkonsums abgefragt werden.

Der Spielraum für <u>Untersuchungen der privaten Sender</u> ist

insbesondere in der gegenwärtigen Situation determiniert durch die Finanzkraft der Anbieter. Ein Potential ist am ehesten bei den großen nationalen (SAT 1, RTL plus), ggf. bei den internationalen (Sky Channel, Super Channel) Veranstaltern gegeben.
Zu beachten ist, daß beim derzeitigen Entwicklungsstand die Kriterien eines quantitativen Leistungsnachweises, z.B. technische Reichweiten, effektive, globale Reichweiten, Marktanteile an der Gesamtsehdauer sowie Zuschauerakzeptanz im Vordergrund stehen. Erste Untersuchungen dieser Art sind die a.a.O. angesprochene Sky Channel-Studie[1] sowie Tagesablauf-Untersuchungen von RTL plus (mit Infratest) bzw. SAT 1 (mit dem EMNID-Institut).[2]
Vor allem die letztgenannten Erhebungen betonen die Position des jeweiligen Senders im Gesamtprogrammangebot, und zwar mit besonderem Gewicht auf der Konkurrenz zwischen SAT 1 und RTL plus.
Eine zielgruppenspezifische Nutzung der Sender ist allenfalls ansatzweise berücksichtigt. So weist die SAT 1-Untersuchung die soziodemografische Struktur der Zuschauerschaft aus (Alter, Bildung, Beruf des Haushaltsvorstandes). Im Rahmen der Sky Channel-Untersuchung wurden soziodemografische und wenige grundlegende Konsummerkmale der Gesamtzuschauerschaft erhoben sowie die Programmnutzung nach Alter und Geschlecht in Abhängigkeit von der Zeit.

Mit der Teilnahme von SAT 1 und RTL plus an der kontinuierlichen Zuschauerforschung der GfK (s.u.) ist für diese Anbieter die Möglichkeit gegeben, Sonderauswertungen unter Zielgruppengesichtspunkten vorzunehmen, z.B. im Hinblick auf die Nutzung bestimmter Programminhalte.[3]

Die GfK-Fernsehforschung ist ein Beispiel für eine Beteiligung privater Sender an gemeinschaftlichen Forschungsansätzen, die aufgrund ihres Neutralitätscharakters der

---

1) Vgl. Sky Channel (1986 b und c).
2) Vgl. SAT 1 (1986d); RTL plus (1986a).
3) Vgl. SAT 1 (1986c).

Kategorie Unabhängige Untersuchungen subsumiert sind.[1]

Seit das bisherige System der Fernsehforschung[2] um das sog. Kabel- und Satelliten-Panel (KaSat-Panel) erweitert wurde, ist eine Erhebung der privaten Programme möglich.[3] SAT 1 und RTL plus nutzen seit Mitte 1986 die Daten des Panels auf der Basis von Lizenzverträgen, die mit ARD und ZDF als den Auftraggebern der Fernsehforschung geschlossen wurden. Der kooperative Ansatz des Forschungssystems ist von daher bedeutsam, daß eine gemeinsame Datenbasis für die Mediaplanung im Bereich des Fernsehens zur Verfügung steht und zudem die "methodische Zuverlässigkeit durch kontinuierliche Kontrolle vieler Beteiligter sichergestellt ist"[4].
Der Dynamik der Verkabelung wird durch laufende Anpassung der Stichprobe an die Angaben der Bundespost zur Entwicklung der Kabelanschlüsse in den Bundesländern entsprochen.[5]
Kernbestandteil des Meßsystems ist das GfK-Meter. Das Meßgerät wird an das Fernsehgerät der Panel-Haushalte angeschlossen, um täglich das Sehverhalten der Haushalte und Personen zu registrieren, zu speichern und weiterzuleiten.[6]

---

1) Einschränkend muß angemerkt werden, daß es sich bei der kontinuierlichen Zuschauerforschung der GfK um eine gemeinsame Untersuchung mehrerer Anbieter einer Medienkategorie (TV) handelt. Demgegenüber sind Forschungsansätze, die von verschiedenen Medienkategorien und ggf. von Werbetreibenden (z.B. Media-Analyse, s.u.) getragen werden, zwangsläufig interessenunabhängiger.
2) Vgl. ausführlich zum Zuschauerforschungssystem der GfK Wiedemann (1985), S. 131 ff.; Buß/Darkow (1984), S. 85 ff.; Siepmann (1985), S. 13.
3) Die Erfassung zusätzlicher terrestrischer Verbreitung von RTL plus und SAT 1 durch das GfK-Meßsystem ist zum gegenwärtigen Zeitpunkt noch nicht geklärt. Vgl. zur Problematik der Reichweitenschätzung bei terrestrischer Programmausstrahlung Kap. 3.2.4.
4) Darkow (1986), S. 11.
5) Vgl. GfK-Fernsehforschung (1986), S. 3 f.
6) Vgl. GfK-Fernsehforschung (1986), S. 5; ausführlich zur Meßtechnologie Wiedemann (1985), S. 134 f.

Als Ergebnis von Verhandlungen zwischen dem Gesamtverband Werbeagenturen GWA und den öffentlich-rechtlichen Veranstaltern sowie RTL plus und SAT 1 wurde die Berichterstattung, die dem kontinuierlichen Nachweis der Werbezuschauerschaften dient, formal und inhaltlich auf die Wünsche der Werbetreibenden abgestimmt.[1]
Die Untersuchungsergebnisse werden den Auftraggebern periodisch in drei Berichtsformen vorgelegt: als (Programm- und Werbeblock-)Wochenbericht, in dem sendungs- und werbeblockbezogene Reichweiten einzeln aufgelistet werden, als Trendbericht, der quartalsweise und jährlich durchschnittliche Viertelstundenreichweiten ausweist und als Werbeblockbericht, der monatlich, quartalsweise und jährlich erstellt wird und wiederum Durchschnittswerte darstellt.[2]

Zielgruppenspezifische Leistungswerte der TV-Medien werden insbesondere im Wochenbericht und im Werbeblockbericht ausgewiesen. Beide zeigen die Daten für Frauen, Männer sowie für die haushaltsführende Person, beim Werbeblockbericht wird zusätzlich eine Differenzierung nach Altersklassen vorgenommen (14-29 Jahre, 30-49 Jahre, ab 50 Jahre). Auf die Darstellung des Zuschauersegmentes "Kinder im Alter zwischen 6 und 13 Jahren" wird wegen Fallzahlproblemen vorerst verzichtet. Bildungs- und Berufstätigkeitsgruppen, die in der Basisberichterstattung der Fernsehforschung ausgewiesen werden, sind in den Veröffentlichungen des KaSat-Panels gleichfalls nicht enthalten. Es ist vorgesehen, neben der Standardberichterstattung zusätzliche Auswertungen anzubieten, z.B. weitere Altersaufgliederungen.[3]
Anzumerken ist, daß die demografischen Strukturen der erhobenen Haushalte durch kontinuierliche Panelüberprüfungen und Anpassungen weitgehend mit denjenigen der

---

1) Vgl. ZDF-Medienforschung (1986); Arbeitsgemeinschaft Rundfunkwerbung (1987).
2) Vgl. ZDF-Medienforschung (1986), S. 3 f.
3) Vgl. Arbeitsgemeinschaft Rundfunkwerbung (1987), S. 13.

Media-Analyse (s.u.) übereinstimmen.[1]
Eine Erhebung weiterer zielgruppenspezifischer Daten, z.B. des Kaufverhaltens, ist nach Angaben der Sender in der kontinuierlichen Zuschauerforschung nicht intendiert und wäre zudem im Rahmen der Untersuchungsanlage vermutlich nicht zu realisieren.

Wichtigste Informationsquelle der Mediaplanungspraxis ist die Media-Analyse (MA).[2] Es handelt sich um eine umfassende, jährlich durchgeführte Reichweitenanalyse von Print- und elektronischen Medien. Auftraggeber sind Verlage, Werbefunk- und Werbefernsehveranstalter, Werbeagenturen und Werbetreibende.[3]
Bis 1986 basierte die MA auf dem Single-Source-Prinzip, d.h. der Erhebung aller Daten aus einer Quelle. Mit der Einführung des Partnerschaftsmodells (ab der MA '87) erfolgt eine getrennte Erfassung der Print- und elektronischen Medien mit anschließender Ergebnisfusion. Vorrangiges Ziel ist die Berücksichtigung unterschiedlicher methodischer Anforderungen der Werbeträger; so wird z.B. die Fernseh-Tranche als Spezialerhebung nach dem GfK-Metersystem (s.o.) durchgeführt.[4]

Ab 1987 ist die Nutzung der privaten TV-Sender SAT 1 und RTL plus erstmals in der MA ausgewiesen.
Die Bedeutung der MA liegt in der Bereitstellung einer allgemeingültigen "Währung" für die Bewertung der Leistung von Medien[5], von daher ist die Integration von SAT 1 und RTL plus als wichtiger Schritt in der Entwicklung der beiden Anbieter zu werten.
In einer weiteren Funktion ist die MA Grundlage für die

---

1) Vgl. Arbeitsgemeinschaft Rundfunkwerbung (1987), S. 4 und Anlagen 2a-g.
2) Vgl. o.V. (1985s), S. 104.
3) Vgl. Hess (1981), S. 20.
4) Vgl. o.V. (1985d), S. 31; o.V. (1986ag), S. 66.
5) Faehling (1986), S. 15.

Anpassung von Media-Daten anderer Analysen[1] bzw. für die Fusionierung von Datenbeständen über sog. Bindeglieder (s.u.).[2]

Bei der zielgruppenspezifischen Differenzierung der MA-Daten liegt das Schwergewicht im soziodemografischen Bereich. Bemerkenswert ist die Berücksichtigung von Verdichtungen soziodemografischer Merkmale, die in einem weiten Sinne der Dimension Lebensalter angehören, zu sog. Demo-Typen.[3]
Über die Soziodemografie hinaus ist der Informationsgehalt der MA "eher dürftig"[4]: Es werden einige Freizeitaktivitäten, der Haushaltsbesitz von privaten Investitionsgütern sowie die Selbsteinkäufer von Lebensmitteln und Getränken ausgewiesen.

Andere Untersuchungen, vor allem die Markt-Media-Erhebungen der Verlage, beinhalten weitergehende zielgruppenanalytische Planungsdaten. Ursprünglich als Instrumente zur Akquisitionsunterstützung konzipiert, wurden die Untersuchungen kontinuierlich differenziert und in methodischer Hinsicht objektiviert, so z.B. durch Anpassung der Reichweitenwerte an die MA.
Die Markt-Media-Analysen bieten neben ihrer Funktion als Instrumente der Mediaplanung weiteres Nutzungspotential im Rahmen grundlegender Marketingentscheidungen, z.B. bei der Abgrenzung von Zielgruppen oder der Bestimmung von Absatzpotentialen.[5]
Es werden außer der Mediennutzung vorrangig Konsum-, in gewissem Umfang psychologische Daten erhoben. Konsumbe-

---

1) Die Anpassung der im Rahmen von Zielgruppen-Untersuchungen erhobenen Mediadaten an die "Währung" der MA mit dem Ziel der Objektivierung hat sich in der Forschungspraxis zunehmend etabliert. Beike (1986, S. 34 ff.) beschreibt Prinzip und Methodik der Anpassung der Fernsehnutzungsdaten (ARD, ZDF) einer Life Style-Typologie an die MA.
2) Vgl. Axel Springer Verlag (1982a), S. 74 f.
3) Vgl. Hess (1981), S. 32 ff.; Arbeitsgemeinschaft Media-Analyse (1986), S. 176 f.
4) Faehling (1986), S. 16.
5) Vgl. Axel Springer Verlag (1982a), S. 74 ff.

zogene Daten werden für Marken (z.B. Verbraucheranalyse[1], Typologie der Wünsche[2]) bzw. Märkte oder Produktbereiche (z.B. Allensbacher Werbeträger-Analyse[3]) erfaßt, und zwar in Form von Markenpräferenzen und -bindung, Verwendungsintensitäten, Entscheidungskompetenz bei der Markenwahl oder Kaufbeteiligung.
Psychografische Daten werden in den Markt-Media-Untersuchungen im wesentlichen durch produkt- bzw. produktbereichsbezogene Einstellungen repräsentiert[4]: z.B. Innovationsbereitschaft, Preisbewußtsein, Aufgeschlossenheit gegenüber Werbung, Meinungsführerschaft. In umfassender Form sind derartige Merkmale in der Allensbacher Werbeträger-Analyse ausgewiesen.
In einem weitergehenden Schritt ist mittels multivariater Datenanalysemethoden eine Marktsegmentierung über Einstellungstypen in einzelnen Produktbereichen möglich (z.B. Brigitte-Typologie[5]).[6]
Die Allensbacher Werbeträger-Analyse berichtet als erste Untersuchung seit 1985 über RTL plus und SAT 1.[7]

Unter dem Gesichtspunkt eines zielgruppenorientierten Einsatzes privaten Fernsehens ist jedoch zu berücksichtigen, daß es sich um vergleichsweise "grobe" Daten handelt, die dem Selektionspotential der Sender kaum Rechnung tragen. So können die für die Sender ausgewiesenen Durchschnittsangaben lediglich Hinweise über Zielgruppenstrukturen der Gesamtseherschaft liefern.
Mit wachsender Reichweite der privaten Sender ist damit zu rechnen, daß diese aufgrund ihrer Marktbedeutung in

1) Vgl. ADAC Verlag et al. (1986).
2) Vgl. Burda Verlag (1986).
3) Vgl. Institut für Demoskopie, Allensbach (1986).
4) Frühere Ansätze genereller Einstellungsmessung (z.B. die sog. GfK-Skalen) erwiesen sich als nicht durchgängig, d.h. produktunabhängig erklärungsmächtig für das Konsumverhalten.
5) Vgl. Gruner + Jahr (1975a).
6) Vgl. ausführlich zu den Methoden multivariater Datenanalyse im Rahmen der Marktsegmentierung Böhler (1977), S. 150 ff.; zu Typologien in Verlagsuntersuchungen Braunschweig (1975).
7) Vgl. Tennstädt (1985), S. 6.

die Markt-Media-Erhebungen der Verlage einbezogen werden. Aufgrund größerer finanzieller Spielräume wäre dann auch eine Beteiligung der Sender an gemeinschaftlichen Untersuchungen der Werbeträger[1)] vorstellbar, was wiederum die Perspektive einer differenzierteren Datenerhebung, z.B. im Hinblick auf einzelne Programmbestandteile, implizieren würde.

Eine Alternative zur Bereitstellung zielgruppenspezifischer TV-Nutzungsdaten aus einer Single-Source-Untersuchung besteht in der Fusion von zwei verschiedenen Stichproben. Das Prinzip einer Fusion basiert auf einer statistischen Zusammenfassung der Informationen von verschiedenen Personen aus zwei Untersuchungen über gemeinsame Merkmale (sog. Bindeglieder).
Somit können die Reichweitenwerte der MA über die auch in einer weiteren Untersuchung erhobenen soziodemografischen Merkmale mit Daten des Kaufverhaltens oder psychografischen Daten kombiniert werden. Die Problematik einer Fusion besteht jedoch in hohen Anforderungen hinsichtlich der Kompatibilität der Erhebungstechniken sowie im Auffinden geeigneter Bindeglieder.[2)] Die praktischen Möglichkeiten der Zusammenführung unterschiedlicher Erhebungen sind aufgrund der noch nicht ausgereiften Fusionstechniken als begrenzt zu bezeichnen.[3)]

Im Hinblick auf die grundsätzliche Verfügbarkeit zielgruppenspezifischer Planungsdaten für die privaten Fernsehmedien muß somit festgehalten werden, daß diese im wesentlichen auf soziodemografische Angaben beschränkt sind. Die kurzfristige Perspektive einer Bereitstellung von Kaufverhaltensdaten - sofern sie über die in der MA enthaltenen Angaben hinausgehen - ist gering einzustufen,

---

1) Die Verbraucheranalyse ist ein Beispiel einer gemeinschaftlichen Untersuchung, die von zahlreichen Verlagen herausgegeben wird.
2) Vgl. Hess (1981), S. 128 f.; Freter (1974), S. 47; ausführlich zu Fusionen mit MA-Daten Wendt-Maeder (1976).
3) Vgl. Axel Springer Verlag (1982a), S. 277.

gleiches gilt für psychografische Daten.
Bei einer Beurteilung des Potentials der datengestützten Zielgruppenselektion im Bereich der Fernsehwerbung sollte jedoch relativierend berücksichtigt werden, daß in der Mediaplanungspraxis generell überwiegend mit soziodemografisch definierten Zielgruppen operiert wird.[1] Dies ist nicht zuletzt mit dem hohen Stellenwert der MA erklärbar, die sich wegen der großen Zahl der erfaßten Werbeträger zwangsläufig im Umfang der Zielgruppenmerkmale beschränken muß.

Für die Erfaßbarkeit von Zielgruppen ist ferner von Relevanz, für welche Einheiten die Zielgruppendaten erhoben bzw. ausgewiesen werden.
Es wurde bereits angedeutet, daß durchschnittliche, senderbezogene Nutzungsdaten eine Ausschöpfung des Selektionspotentials nicht gewährleisten. Die in privaten Programmen gegebenen Freiheitsgrade der Plazierung nach einzelnen Werbeblöcken, Plätzen in den Blöcken und vor allem nach Programminhalten sollten idealerweise ihre Entsprechung finden in einer Darstellung der TV-Nutzung in diesen Kategorien.
Es handelt sich dabei um einen völlig neuen Planungsansatz für das Werbefernsehen; aufgrund der eingeschränkten Plazierungsmöglichkeiten im öffentlich-rechtlichen Fernsehen hatte sich für diesen Bereich die Planung mit über den gesamten Tag als Durchschnitt ermittelten Werten (Seher pro durchschnittliche halbe Stunde) eingebürgert.[2]

In den USA haben Programme bzw. Zuschauerprofile von Programmen als Basis für die Mediaplanung im TV-Bereich traditionell einen hohen Stellenwert.[3] Diese Tatsache dokumentiert sich in der Bedeutung der Programmforschung im Rahmen der Mediaplanung.[4]

1) Vgl. Wahler (1986c), S. 40.
2) Vgl. Axel Springer Verlag (1982a), S. 37.
3) Vgl. o.V. (1986bv), S. 19a.
4) Vgl. beispielhaft Ehrenberg (1968), S. 55 ff.; Frank/Becknell/Clokey (1971), S. 204 ff.; Wells (1969), S. 21 ff.; Gensch/Shaman (1980), S. 85 ff.

Von den oben dargestellten Informationsquellen für das private Fernsehen bietet die GfK-Fernsehforschung programmspezifische Nutzungsdaten nach soziodemografischen Merkmalen.
Sinnvoll wären zielgruppenspezifisch verdichtete Ex-post-Analysen für spezielle Programme (Sendereihen, Serien) sowie für Programm-Kategorien und insbesondere Segmente und Genres. Es können gezielte Auswertungen der kontinuierlichen Zuschauerforschung mit dem Ziel einer Erfassung segmentspezifischer Resonanz von TV-Sendungen erfolgen.[1)]

In einer experimentellen Studie in den USA wurden für demografisch und nach dem Kaufverhalten definierte Zuschauertypen signifikante Programmpräferenzen nachgewiesen.[2)] In Kombination mit Modellen zur Prognose von TV-Ratings lassen sich zielgruppenspezifische Zuschauerdaten vorhersagen.[3)]
Die beschriebenen Daten liefern grundsätzliche Informationen über zielgruppenabhängige Programmpräferenzen, die insbesondere bei kontinuierlich gesendeten Programmen für die Spotplazierung von Relevanz sind. Ferner sind im Falle ähnlicher Programminhalte Analogieschlüsse denkbar.

Im Hinblick auf die Reichweiten der <u>Werbeeinheiten</u> ist ebenfalls eine Verfeinerung der bisher üblichen Berichterstattung sinnvoll.
Wurden in der Vergangenheit lediglich Durchschnittswerte für Blöcke und Jahre von den Sendern zur Verfügung gestellt, so erfolgt in der jetzigen GfK-Fernsehforschung der Ausweis der einzelnen Werbeblöcke als Durchschnitt

---

1) Vgl. Bortz (1986), S. 64 ff., speziell S. 70. Bortz stellt den sog. Attraktivitätsindex zur Messung (zielgruppenspezifischer) Resonanz von TV-Programmen vor, der auf Basis von Einschaltquoten ermittelt wird.
2) Vgl. Gensch/Ranganathan (1974), S. 390 ff.
3) Vgl. Gensch/Shaman (1980), S. 91. Das dargestellte Prognosemodell basiert auf der Auswertung von Zeitreihen.

der jeweiligen Spotreichweiten.[1]
Heftige Diskussionen wurden in jüngster Zeit um die Veröffentlichung einzelner Spotreichweiten geführt.[2]
Insbesondere Vertreter der öffentlich-rechtlichen Anstalten wiesen diese Berichtsform mit dem Hinweis auf Untersuchungen zurück, wonach rund 60% der Spots eines Blocks die gleiche Reichweite aufweisen wie der Block, weitere 30% um "nur" einen Prozentpunkt abweichen.

Dennoch ist die Verfügbarkeit exakter Spotreichweiten in der Entwicklung zu erhöhter Datentransparenz absehbar: als Entsprechung differenzierter Plazierungsmöglichkeiten und mit der Perspektive einer Erfolgskontrolle der Spotausstrahlung (s.u.).
Spotbezogene Reichweiten sind vor allem von daher sinnvoll, daß zielgruppenspezifisch unterschiedliches Ein- bzw. Ausschaltverhalten des Publikums im Sinne der unter 4.3.1 angesprochenen Zuschauerfluktuationsanalysen feststellbar ist.
Die grafische Darstellung der Reichweitendaten eines Werbeblocks bzw. der einzelnen Spots[3] zeigt den Stellenwert zielgruppenspezifischer Spot-Berichterstattung.
Verglichen mit dem globalen Reichweitenverlauf (Abb. 26), bei dem nur geringe Abweichungen vom Durchschnitt zu verzeichnen sind, weisen die zielgruppenspezifischen Werte (Abb. 27) sowohl erhebliche Abweichungen vom Durchschnittswert als auch unterschiedliche Reichweitenverläufe auf. Am markantesten ist die Entwicklung der Einschaltquoten für Kinder, bei denen im letzten Viertel des Blocks sprunghaft eine Verdreifachung stattfindet. Die Sehbeteiligung der Männer beträgt am Ende des Blocks weniger als die Hälfte des Eingangswertes, auch die älte-

---

1) Vgl. o.V. (1986ac), S. 12; Arbeitsgemeinschaft Rundfunkwerbung (1987), S. 8.
2) Vgl. Wild (1985), S. 893 ff.; o.V. (1986bf), S. 22 f.
3) Es liegen die Reichweitendaten eines Werbeblocks des Bayerischen Rundfunks (16.6.1986) zugrunde, die von teleskopie zur Verfügung gestellt wurden.

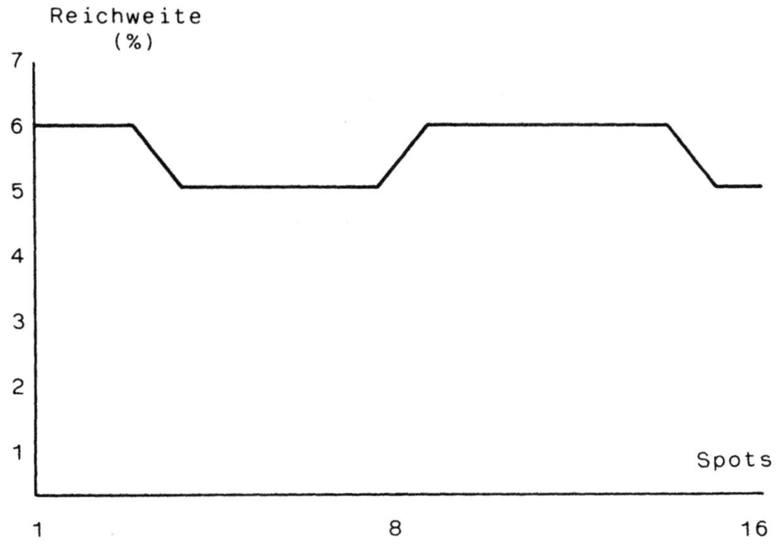

Abb. 26: Spotreichweite eines Werbeblocks

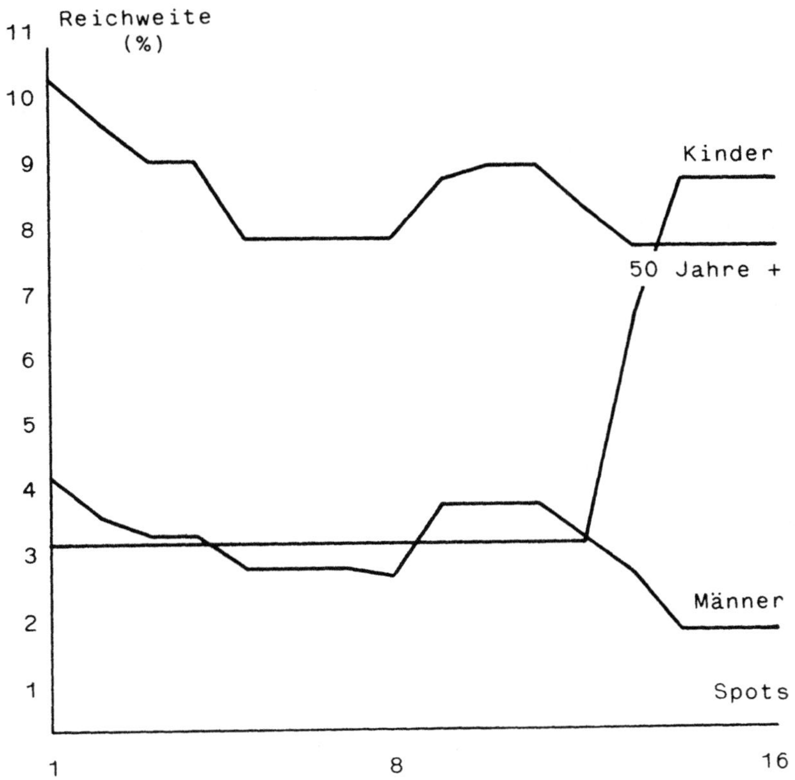

Abb. 27: Zielgruppenbezogene Spotreichweite eines Werbeblocks

ren Zuschauer nehmen im Zeitablauf deutlich ab.

Die obigen Ausführungen zeigen die Spielräume datengestützter Planung. Bis zur Verfügbarkeit differenzierter Daten, vor allem hinsichtlich einer erweiterten Anzahl von Zielgruppenmerkmalen sowie von programmspezifischen Nutzungsdaten, kommt solchen Formen der Plazierung verstärkte Bedeutung zu, die aus Plausibilitätsüberlegungen abgeleitet werden können. Es sind dies z.B. die unter 4.3.3 dargestellten Plazierungen nach Produktinteresse sowie eine Abstimmung zwischen Programmumfeld und psychografischen Eigenschaften der Zielgruppe (vgl. 4.4.2.1).

Es sei ferner darauf hingewiesen, daß beim gegenwärtigen Zuschauerpotential von SAT 1 und RTL plus bei der Planung Fallzahlprobleme auftreten können. So fallen mit hoher Wahrscheinlichkeit bei komplex definierten Zielgruppen sowie bei Zielgruppenreichweiten einzelner Programmbestandteile oder gar Werbeblöcke die Stichproben so klein aus, daß ungenügende Signifikanzniveaus bzw. zu große Konfidenzintervalle zustande kommen.

Abschließend wird ein exemplarischer Planungsablauf skizziert (vgl. Abb. 28), der das grundsätzliche Procedere der TV-Planung sowie die Bedeutung einzelner Datenbestände verdeutlicht. Ausgangspunkt ist eine beispielhaft gewählte soziodemografische Zielgruppe.

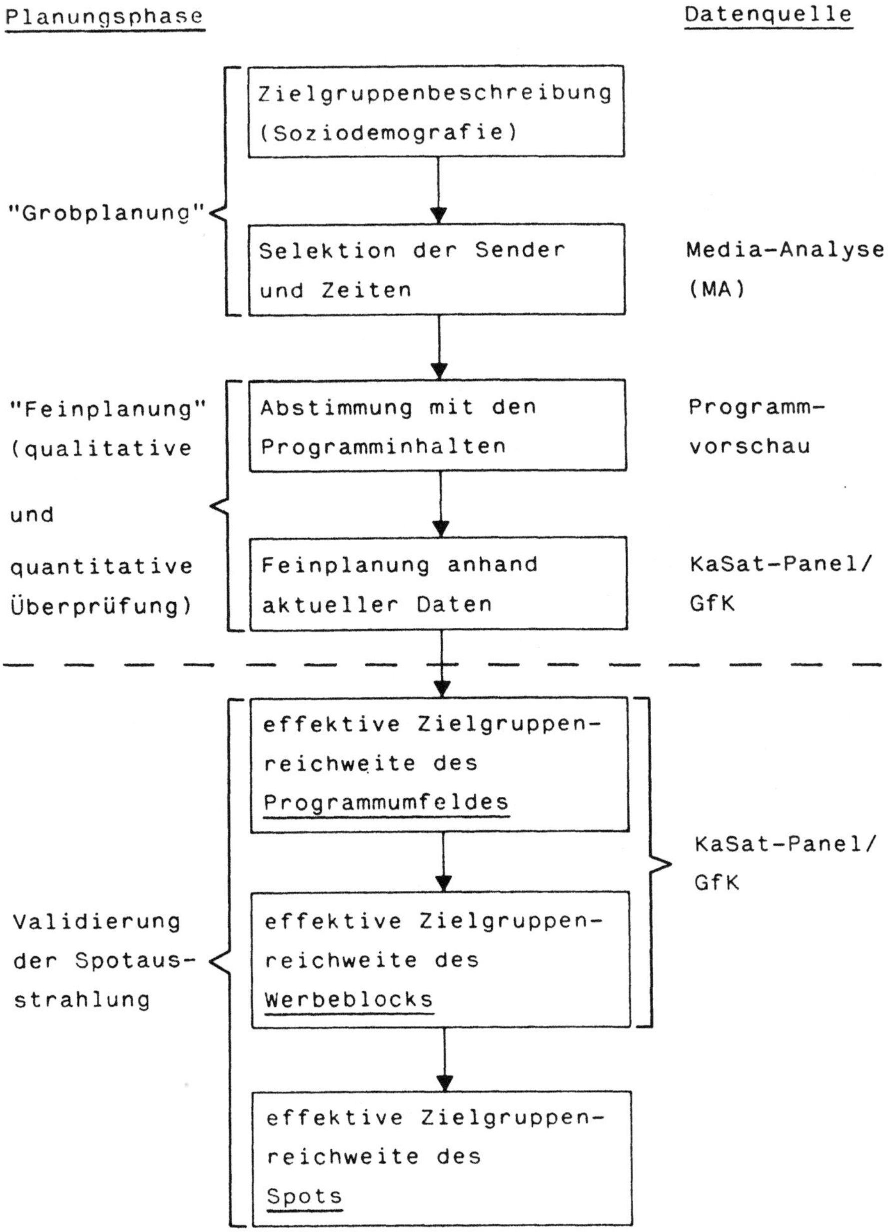

Abb. 28: Exemplarischer Ablauf zielgruppenspezifischer Planung für das private Fernsehen

Der vorgestellte Planungsprozeß gliedert sich in drei Phasen:
Die "Grobplanung" auf Basis der Media-Analyse führt zu einer Auswahl potentiell zu belegender Sender und Zeiten[1], und zwar nach deren Reichweiten in der soziodemografisch beschriebenen Zielgruppe.

Die "Feinplanung" dient zunächst der qualitativen Abstimmung der Sender und Zeiten mit dem jeweiligen Programm, z.B. unter Produktgesichtspunkten oder hinsichtlich psychografischer Eigenschaften der Zielgruppe. Voraussetzung hierfür ist die Verfügbarkeit entsprechend detaillierter Programminformationen (vgl. 4.4.2.1).
Die "Feinplanung" anhand aktueller Daten - sowohl nach Zeiten als auch nach Programmen - wird mit der Flexibilität der GfK-Zuschauerforschung möglich. Somit können die Daten des KaSat-Panels, die unter demografischen Gesichtspunkten kompatibel mit der MA sind, ergänzend im Rahmen der Planung genutzt werden. Diese Vorgehensweise ist geeignet, die vergleichsweise trägen Informationen der MA[2] durch aktuellere Daten aufzuwerten. Die Nutzbarkeit aktueller, für kürzere Zeiträume ausgewiesener Daten ist vor allem vor dem Hintergrund der Tatsache von Bedeutung, daß die Fernsehnutzung im Gegensatz zu einem periodisch erscheinenden Printmedium naturgemäß sehr viel höheren Fluktuationen unterworfen ist.

Die dritte Phase umfaßt die Validierung der Werbeeinschaltung durch Erfassung effektiver Reichweiten und betrifft damit den Problemkreis der Werbeerfolgskontrolle.[3]
Es ist in diesem Zusammenhang festzustellen, daß die

---

1) Die MA weist die Reichweiten der Fernsehmedien in halbstündigen Intervallen aus.
2) Vgl. o.V. (1986ad), S. 8. Die Daten der MA werden über den Zeitraum ca. eines Jahres erhoben, wobei die Untersuchung ein halbes Jahr vor der Veröffentlichung abgeschlossen wird (vgl. Faehling (1986), S. 17).
3) Meffert bezeichnet die Herstellung eines Kontaktes zwischen Werbemittel und Umworbenen als "Berührungserfolg" (Meffert (1986c), S. 567); vgl. auch Behrens (1963), S. 108 f.

elektronische Erfassung der Fernsehnutzung mit dem GfK-Meter als valides Instrument bestätigt wurde[1], das im Vergleich zu den durch Befragung festgestellten Leserschaftswerten härtere Daten liefert.[2] Hinzu kommt, daß mit den Reichweitenwerten für Printmedien Werbe<u>träger</u>kontakte wiedergegeben werden, während insbesondere die effektive Spotreichweite die Chance des Werbe<u>mittel</u>kontaktes repräsentiert.[3]

Die Erfassung von effektiven Werbemittelreichweiten kann - vor dem Hintergrund flexibler Buchungsmöglichkeiten - kontinuierlich mit dem Ziel einer ständigen Optimierung des ursprünglichen Streuplanes erfolgen. Hierbei spielen die neben der standardisierten Berichterstattung angebotenen Möglichkeiten des Abrufs aktueller Daten der GfK-Fernsehforschung eine Rolle.
So werden zeitabhängige Nutzungswerte am nächsten Morgen nach der Ausstrahlung bereitgestellt (TV-Quick), im weiteren Verlauf der Verarbeitung werden die Daten auf Ma-

---

1) Vgl. Arbeitsgemeinschaft Rundfunkwerbung (1987), S. 9 f. Die Validität der Meßmethode wurde durch sog. Coincidental-Checks geprüft, die das Zuschauerverhalten zeitgleich durch telefonische oder persönliche Interviews bzw. Beobachtung ermitteln (vgl. ausf. Dahms (1983), S. 279 ff.).

2) Vgl. Pfister (1986), S. 54.

3) Als Schwachpunkte der Reichweitenmessung durch das Gfk-Meter können das Push-Button-Prinzip zur Feststellung der fernsehenden Personen sowie die mangelnde Erfassung der tatsächlichen Hinwendung zum Programm gelten (vgl. zur Problematik der Nebentätigkeiten Kap. 4.4.2.2).
Eine neue Optimierungsmöglichkeit der Zuschauerforschung ist ein von COLLETT entwickeltes Beobachtungsverfahren. Den Testhaushalten wird ein Fernsehgerät mit einer eingebauten halb verborgenen Videokamera zur Verfügung gestellt, die das Verhalten der Zuschauer bei der Fernsehnutzung aufzeichnet. Auf diese Weise ist der tatsächliche Kontakt mit der Werbebotschaft (im Sinne einer aktiven Zuwendung zum Bildschirm) feststellbar, ferner Zuschauerreaktionen auf das Programm und auf Werbespots (Collett (1986), S. 15 ff.). Wenn auch methodische Fehlerquellen mit dem beschriebenen Verfahren auf ein Mindestmaß zu reduzieren sind, so ist es nach Auffassung der Verfasserin aus ethischen Erwägungen abzulehnen.

gnetbändern gespeichert und in einer Datenbank für Online-Abfragen (INMARKT) zur Verfügung gehalten.[1] Die elektronisch gestützte Datenauswertung ermöglicht auf seiten der Mediaplanung die Integration der verfügbaren Informationen.

Die Ex-post-Bewertung von Werbeeinschaltungen kann schließlich als Basis für Prognosen zielgruppenspezifischer Werbemittelkontaktchancen dienen, indem die Datenansammlung für einen Spot z.B. als Zeitreihenanalyse ausgewertet wird. Derartige Prognosen können speziell von Interesse sein im Hinblick auf feste Werbeplätze oder bei geplanten Plazierungen in ähnlichen Programmumfeldern.

Die teleskopie Gesellschaft für Fernsehforschung, die bis 1984 für die Zuschauerforschung von ARD und ZDF verantwortlich war, bietet heute als unabhängiges Institut Fernsehnutzungsdaten an. Im vorliegenden Zusammenhang von Relevanz ist insbesondere ein Prognosesystem für TV-Daten, das auf Basis kontinuierlicher Auswertung personenbezogener Spotreichweiten eine zielgruppenspezifische Optimierung der Werbeeinschaltungen ermöglicht.[2]

Beim momentan üblichen Abrechnungsmodus besteht mit der Bewertung zukünftiger zielgruppenbezogener Einschaltquoten zudem die Perspektive wirtschaftlicher Plazierungen durch Erzielung unterdurchschnittlicher Preise für (ef-

---

1) Vgl. Wiedemann (1985), S. 135.
2) Das Modell beruht auf der Analyse von ca. 150.000 Werbespots, die 1985 und 1986 in ARD und ZDF ausgestrahlt wurden. Das mathematische Kernstück sind multiple Regressionen auf Basis von Prädiktorvariablen. Letztere beinhalten Determinanten der Spotplazierung (Monat, Tag, Block, Position innerhalb eines Blocks) sowie Determinanten des Programmumfeldes (vorangegangenes und nachfolgendes Programm, Gegenprogramme).
Zielgruppendaten fließen als Haushalts- und Personenattribute ein (Alter, Geschlecht, Einkommen, Ausbildung, Beruf).
Werbespots der privaten Programme werden bislang nicht erhoben (vgl. teleskopie (1987); Radtke (1986), S. 106).

fektive) 1000 Seher.[1)]

Das Potential der Planung mit prognostizierten Ratings ist jedoch zu relativieren u.a. um die Verfügbarkeit anvisierter Sendeplätze sowie um Unwägbarkeiten in der Programmstruktur und vor allem im Konkurrenzprogramm. Insbesondere der zuletzt genannte Punkt, der wiederum auf die Unregelmäßigkeit der Nutzung von TV-Medien weist, zeigt die grundsätzlichen Grenzen der Planung bzw. Prognose auf Basis von (Zielgruppen-)Nutzungsdaten.
Verstärkt wird die restriktive Wirkung des übrigen Programmangebotes durch die Perspektive einer forciert konkurrenzorientierten Programmgestaltung der öffentlich-rechtlichen und privaten Sender, die zudem - ähnlich wie in den Vereinigten Staaten - gekennzeichnet sein könnte durch regelmäßige kurzfristige Änderungen des Programms (z.B. bei aktuellen Sportübertragungen).

---

1) Vgl. Bursee (1987), S. 72. Insbesondere bei breit streuenden Tausenderpreisen (SAT 1) sind Möglichkeiten ökonomischer Plazierung gegeben.

5. Schlußbemerkung

Die Selektionsmöglichkeiten des privaten Fernsehens implizieren aufgrund ihrer Relevanz für die dargestellten Strategien ein erweitertes Einsatzpotential der Medienkategorie TV für die Kommunikation. Dementsprechend wird von Experten ein zukünftig hoher Stellenwert neuer Fernsehangebote als Werbeträger prognostiziert.[1)]
Dieser dokumentiert sich nicht zuletzt in der Anzahl der im Werbefernsehen beworbenen Produkte. Das Niveau von derzeit 1.300 gilt als beträchtlich steigerbar; so werden z.B. in Großbritannien rund 4.000 Produkte mit TV-Werbung unterstützt.[2)]

Den Einsatzmöglichkeiten privaten Werbefernsehens stehen jedoch gestiegene Anforderungen an Werbetreibende und -agenturen im Hinblick auf den Umgang mit dem Medium gegenüber. Angesprochen sind damit Merkmale der Entscheidungsträger, die als unternehmensspezifische Determinanten der Akzeptanz neuer TV-Angebote (im Gegensatz zu medienspezifischen Determinanten) vorgestellt wurden (vgl. 2.3.1).

Als wesentlicher Gesichtspunkt ist zunächst eine grundsätzliche Aufgeschlossenheit der Entscheidungsträger angesichts neuer Programme bzw. Einsatzmöglichkeiten zu nennen.
Eben diese Innovationsbereitschaft der Werbetreibenden wurde wiederholt als unzulänglich kritisiert: "Nur wenige von ihnen haben die Herausforderung bislang angenommen."[3)]
Die an RTL plus erteilten Werbeaufträge entsprechen über-

---

1) Beispielhaft sei auf eine Delphi-Befragung von 250 Teilnehmern des Inter Media Congress (Hamburg 1985) zu Medien-Angebot und Medien-Konkurrenz im Jahre 1995 hingewiesen (vgl. o.V. (1985n), S. 530 ff., insbes. S. 536).
2) Vgl. Wünsch (1986), S. 17.
3) Koch (1987), S. 12.

wiegend den Buchungsgepflogenheiten des öffentlich-rechtlichen Werbefernsehens - differenzierte Plazierungsmöglichkeiten werden kaum genutzt.[1)]

Darüber hinaus erfordert das erweiterte Einsatzspektrum im Bereich der TV-Werbung ein angemessenes Know-how insbesondere auf seiten der Mediaplanung.
Durch die Vielfalt der Kanäle bzw. der Buchungsmöglichkeiten innerhalb eines Kanals steigt die Datenfülle, die bei der Erstellung der Mediapläne zu verarbeiten ist. Abgesehen davon, daß die Planung damit zeit- und kostenintensiver wird, ist eine Weiterentwicklung der EDV-Programme für die Datenauswertung unumgänglich.

Das in der vorliegenden Untersuchung akzentuierte strategische Potential neuer TV-Angebote verdeutlicht zudem die enge Verbindung strategischer Entscheidungen der Kommunikationsplanung mit Fragen der Medienselektion und -belegung.
War beim Zuteilungsverfahren des öffentlich-rechtlichen Werbefernsehens lediglich Abwicklungs- und damit Sachbearbeiterkompetenz gefordert, so sollte bei neuartigen Einsatzmöglichkeiten neben fachlicher Kenntnis über neue Programme ein profundes Marketingverständnis des Mediaplaners gegeben sein.
Besonders evident ist diese Notwendigkeit bei der Beurteilung und Selektion zielgruppenaffiner Plazierungen sowie bei deren qualitativen Implikationen (vgl. 4.3; 4.4.2).
Es ist vor dem Hintergrund der Historie der TV-Werbung in der Bundesrepublik fraglich, ob die beschriebene personelle Kompetenz derzeit gegeben ist.

Einschneidende Veränderungen sind ferner auf dem Gebiet des Medieneinkaufs absehbar, dem künftig eine exponierte Stellung bei der TV-Werbung zukommen wird.
Es ergeben sich gegenüber der bisher üblichen langfri-

1) Quelle: RTL plus.

stigen Buchung "unspezifischer" Werbezeiten größere Handlungsspielräume. So hat sich in den USA eine Praxis der Budgetierung und Buchung etabliert, wonach ein Teil der Werbeetats regelmäßig für kurzfristige TV-Buchungen disponierbar bleibt, die im übrigen oft zu weitaus günstigeren als den regulären Preisen von den Sendern angeboten werden.

Generell haben - verglichen mit einem monopolistischen öffentlich-rechtlichen Fernsehen - Preisverhandlungen mit den Sendern in einem kommerziellen System eine ungleich höhere Bedeutung: Das Werbefernsehen wird von einem "verkaufspassiven" zu einem "verkaufsaktiven" Medium.

Der TV-Einkäufer in den Vereinigten Staaten ist darüber hinaus spezialisiert auf die Beurteilung neuer Programme (z.B. Serien), die von den Sendern vor der Ausstrahlung vorgestellt und für die Buchung von Sendezeiten angeboten werden.

Der Einkäufer bewertet die Programme anhand vergangenheitsbezogener Analysen vergleichbarer Programme (vgl. 4.5.2). Eine wesentliche Rolle spielen jedoch fundierte Kenntnisse über Programmnutzung und -präferenzen der Rezipienten sowie die Fähigkeit intuitiver Einschätzung der künftigen Marktbedeutung und Zielgruppenrelevanz eines Programms.

Es werden wiederum die Anforderungen an personelle Qualifikation im Hinblick auf einen Umgang mit dem Medium Fernsehen deutlich, der die gegebenen Potentiale ausschöpft.

Verzeichnis der Anhänge

Eutelsat I-F 1 (ECS-1, Spotbeam West)

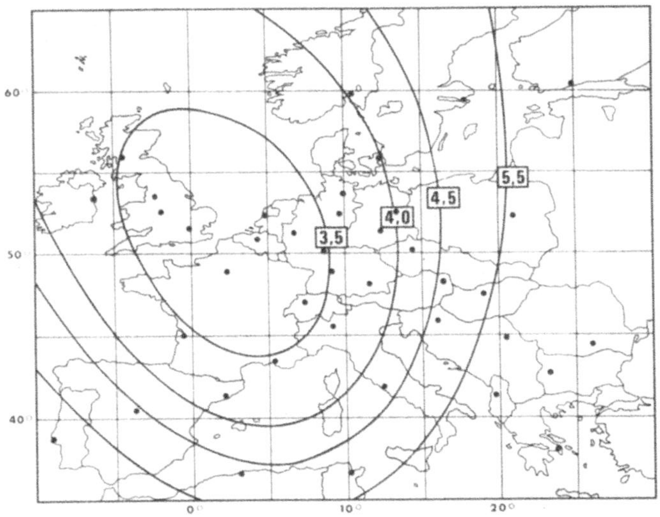

Intelsat V

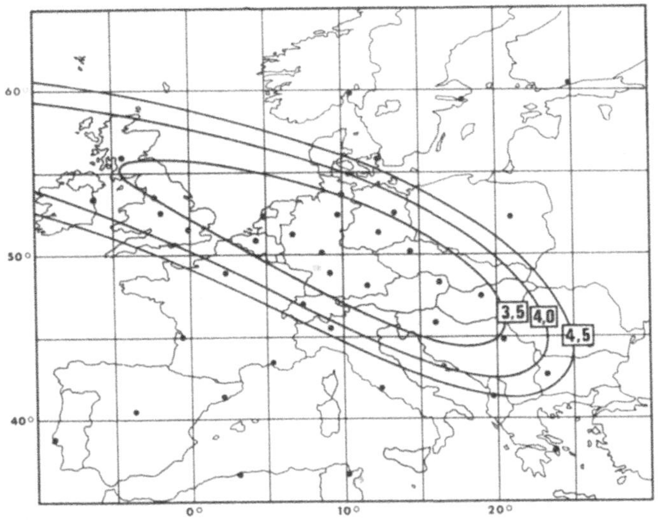

Anhang 1: Ausleuchtzonen des ECS und des Intelsat
Quelle: Bayerischer Rundfunk (1985), S. 8, S. 9.

TV-SAT

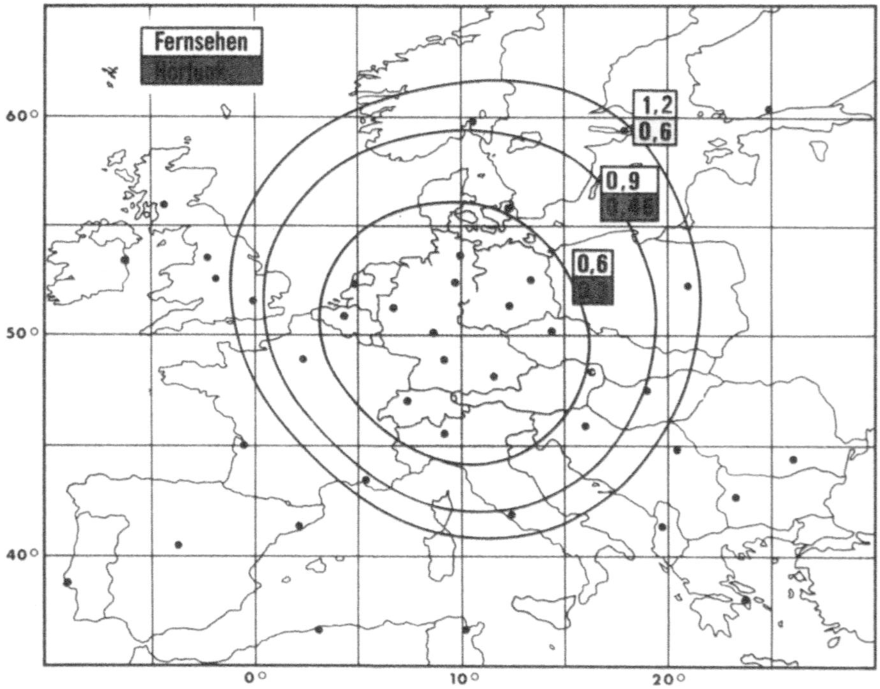

TDF-1

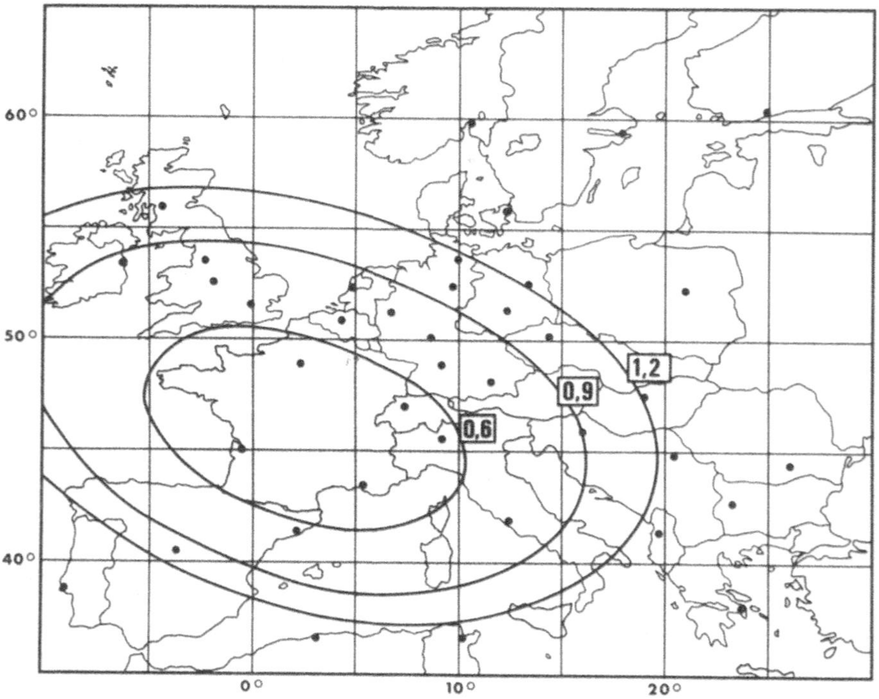

Anhang 2: Ausleuchtzonen des TV-SAT und des TDF-1
Quelle: Bayerischer Rundfunk (1985), S. 4.

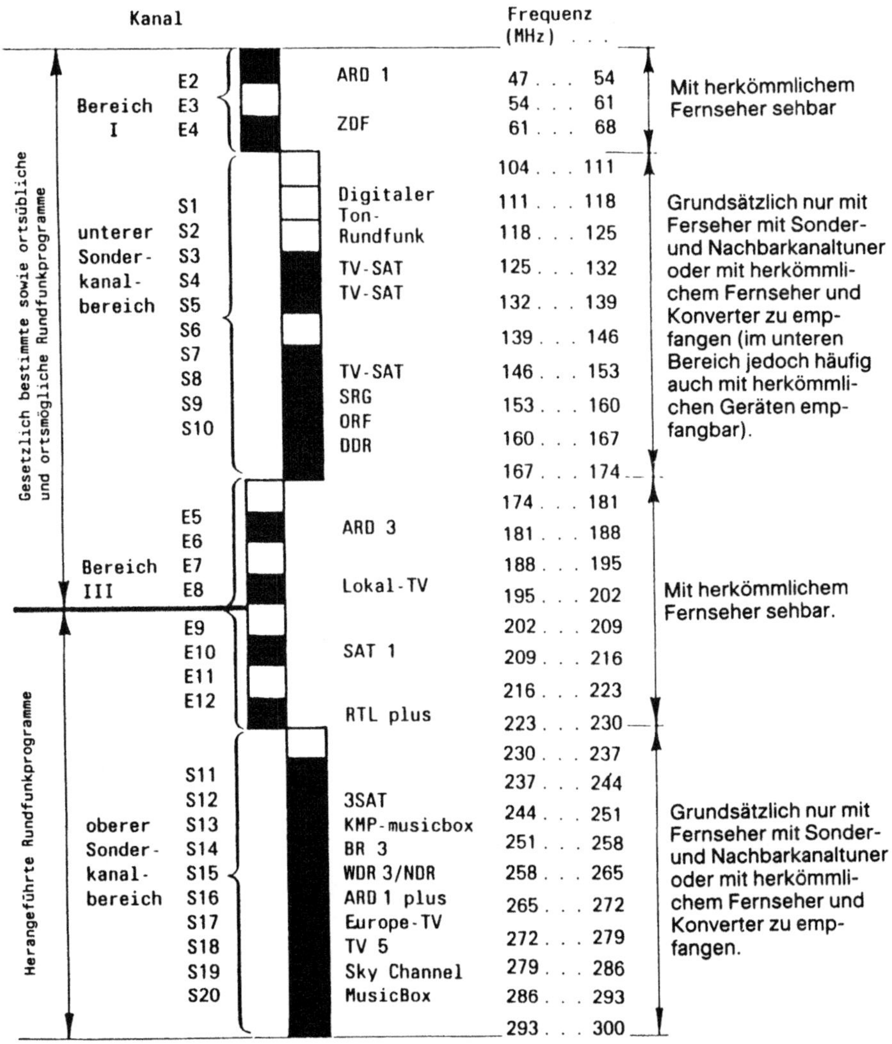

Anhang 3: Vorstellung der Deutschen Bundespost über eine bundesweite Regelbelegung der Kanäle der Breitbandkabelnetze (1985)
Quelle: Bauer et al. (1986a), 4.3.2, S. 15.

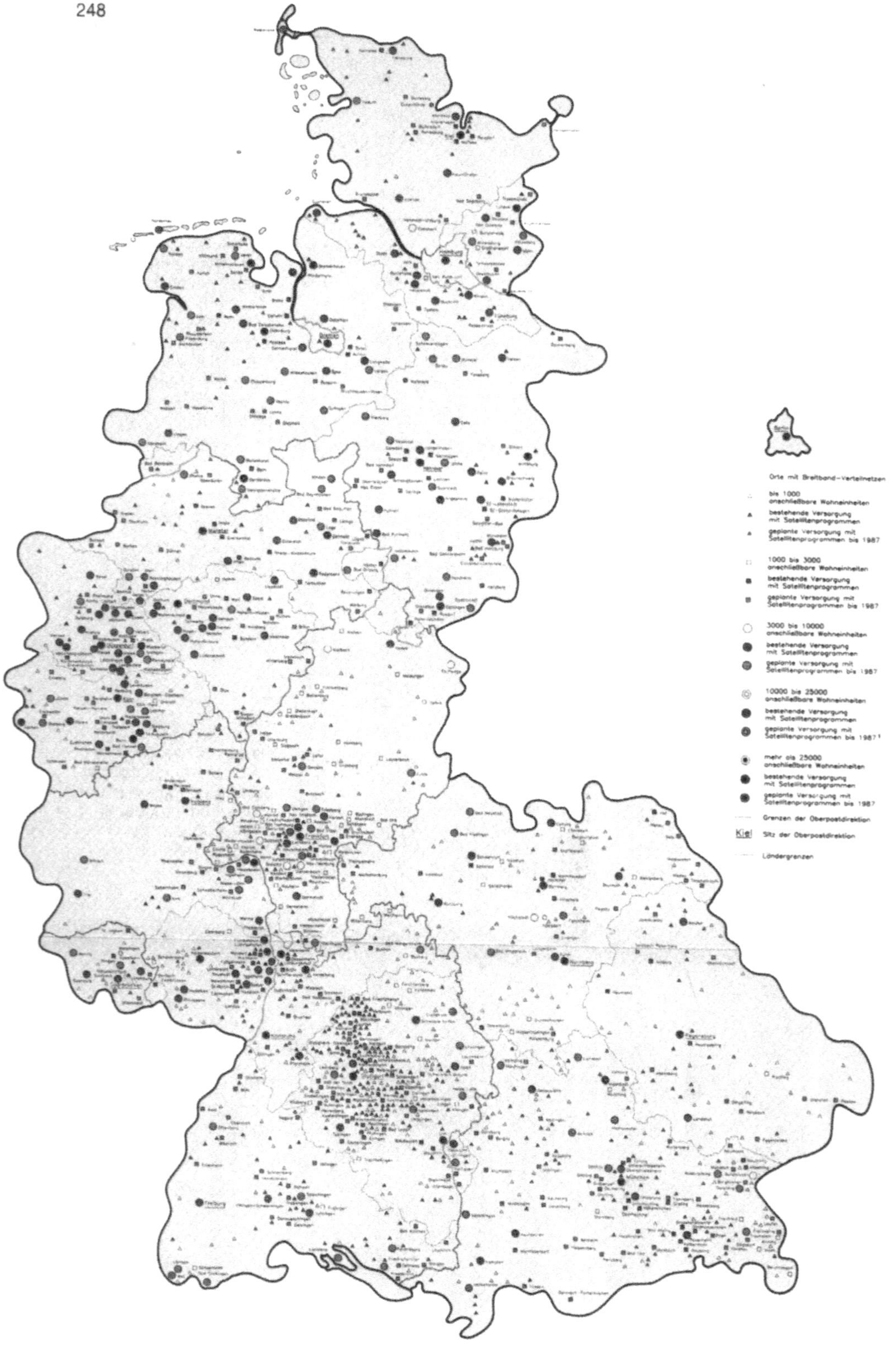

Anhang 4: Breitbandverteilnetze in der Bundesrepublik
Quelle: Bauer et al. (1986a), 4.3.4, S. 17.

Land	Verfügbarkeit		Nachfrageüberhang	Flexibilität der Buchung	Plazierungsmöglichkeiten	Restriktionen
	Zulässigkeit von TV-Werbung	tägl. verfügbare Werbezeit (Durchschnitt)				
Österreich	x	46 min.	x	September des Vorjahres	Woche	Gesetzgeber: Hochprozentige alkohol. Getränke, Tabakwaren Senderintern: Private Darlehen, Heiratsangebote, politische Parteien, religiöse Gruppe, pharmazeutische Erzeugnisse
Belgien/ Luxemburg	x	RTL 77 min. RTBF 9 min.	nur zwischen 20.00 und 21.30 Uhr	2 Wochen vor Ausstrahlung	Tag und Block	RTL: Keine Beschränkungen RTBF: Nur Werbung für Produktfelder, Coporate Werbung
Dänemark						
Finnland	x	27 min.	x	3 Monate vor Beginn eines Quartals	Tag und Block	verboten: politische Parteien, religiöse Gruppen, alkohol. Getränke, Bestattungsunternehmen, Briefkontakt-Clubs, unmoralische Literatur, Intimhygiene-Produkte, Tabakwaren, eingeschränkt: pharmazeutische Produkte, Aktien und Bankdepots, Lotterien, Ratenkauf, Weiterbildung, freie Stellen
Frankreich	x	54 min.	x	Oktober des Vorjahres	Zuteilung	Alkohol. Getränke, Tabakwaren, Presse, Schallplatten, Einzelhandelswerbung, Tourismus

Land	Verfügbarkeit		Nachfrageüberhang	Flexibilität der Buchung	Plazierungsmöglichkeiten	Restriktionen
	Zulässigkeit von TV-Werbung	tägl. verfügbare Werbezeit (Durchschnitt)				
Griechenland	x	57 min.	Angebotsüberhang	Mitte des Vormonats	Tag und Block	verboten: verschreibungspflichtige Arzneimittel, Tabakwaren, eingeschränkt: Intimhygiene-Produkte
Irland	x	90 min.	x	Tag der Ausstrahlung	Tag und Block	Tabakwaren, Kreditinstitute, Bestattungsunternehmen, Wetten, alkohol. Getränke, Verhütungsmittel, Schwangerschaftstests Kontaktlinsen, Brustvergrößerungen, Haar- u. Kopfhauptkliniken, Atemtestgeräte, Heilkuren
Italien	x	national: 540 min. regional: 80 min.	x	2 Monate vor Ausstrahlung	Tag und Block (Minimum 2 Spots)	verboten: Tabakwaren, Waffen Diät-Methoden und -Produkte, Tageszeitungen, Zeitschriften, Kliniken, Spielbetriebe u. Pferderennbahnen, Lotterien u. Preisausschreiben, Kreditinstitute, Horoskope, Heiratsvermittler-Agenturen, Stellenvermittlungsunternehmen, private Forschungsanstalten, Betungsunternehmer, Shows u. Kinos, Theater, Night Clubs, eingeschränkt: alkohol. Getränke, Intimpflege, Schwangerschaftstests

Land	Verfügbarkeit		Nachfrageüberhang	Flexibilität der Buchung	Plazierungsmöglichkeiten	Restriktionen
	Zulässigkeit von TV-Werbung	tägl. verfügbare Werbezeit (Durchschnitt)				
Niederlande	x	37 min.	x	September des Vorjahres	Zuteilung	verboten: Tabakwaren eingeschränkt: alkohol. Getränke, Preisausschreiben, Versandhäuser, pharmazeutische Produkte, Diät-Produkte, Fortbildungskurse, nicht-kommerzielle Botschaften, zuckerhaltige Süßigkeiten nicht vor 19.55 Uhr
Norwegen						
Portugal	x	88 min.	Angebotsüberhang	15 Tage vor Ausstrahlung	Tag und Block	verboten: Tabakwaren (außer innerhalb 6 Monaten nach Produkteinführung), Pfandleiher, Glücksspiele eingeschränkt: alkohol. Getränke (nicht vor 22.00 Uhr)
Spanien	x	244 min.	x	grundsätzlich 6 Monate vor Ausstrahlung	Tag und Block	verboten: alkohol. Getränke (mehr als 23% Alkoholgehalt) eingeschränkt: alkohol. Getränke u. Tabakwaren nicht vor 21.30 Uhr, neue Tabakprodukte nur bis 2 Jahre nach Einführung
Schweden						
Schweiz	x	60 min.	x	Oktober des Vorjahres	Ausstrahlungszeitpunkt (Tageszeit) bei langen Spots	Alkohol. Getränke, Tabakwaren, pharmazeutische Erzeugnisse, religiöse u. politische Botschaften

Land	Verfügbarkeit		Nachfrageüberhang	Flexibilität der Buchung	Plazierungs-möglichkeiten	Restriktionen
	Zulässigkeit von TV-Werbung	tägl. verfügbare Werbezeit (Durchschnitt)				
Großbritannien	x	122 min.	Angebotsüberhang	Tag der Ausstrahlung	Tag und Block	verboten: alkohol. Getränke, Tabakwaren eingeschränkt: politische u. wohltätige Organisationen, pharmazeutische Erzeugnisse, Kuren
Bundesrepublik Deutschland	x	40 min.[1)]	x	September des Vorjahres	Zuteilung	verboten: Tabakwaren, verschreibungspflichtige Arzneimittel, Kriegsspielzeuge u. -spiele eingeschränkt: Diät-Kurse, Intimhygiene-Produkte, Sex-Artikel etc. (abhängig von der Zustimmung der Sender)

1) ohne Privatanbieter

Anhang 5: Einsatzmöglichkeiten europäischer TV-Medien
Quelle: Gruner + Jahr/SSC&B Lintas (1985)

Kanal	Land	Anbieter	Finanzierung	A	B	CH	D	DK	E	F	GB	L	N	NL	S	SF	Europa
Satellit: ECS 1-F1 (13° Ost)																	
1	Italien	RAI 1	Gebühren/Werbung	-	1200000	244000	-	-	-	-	-	-	-	-	-	-	1444000[1]
2	BRD	3SAT	ZDF, ORF, SRG	290000	-	333901	1541000	-	-	-	-	-	-	-	-	-	2164901
3	Niederlande	Europa Television	ARD, NOS, RAI, RTE, RTP	-	-	235000	174000	10500	-	-	10000	17500	95000	2100000	120000	30000	5292400[8]
4	Frankreich	TV 5	4 Länder[2]	16000	1050000	406700	952000	7600	5000	67000	4700	40000	48900	1500000	138900	75000	4312500[9]
	USA	Worldnet	USIA[3]	-	310000	289000	50000	-	-	1027	675	41100	63311	20400	40699	17600	834081[10]
6	England	Sky Channel	Werbung	288740	734302	1068411	1379000	21589	5041	27058	176165	70889	244468	2828367	176577	218764	7283806[14]
7	Schweiz	Teleclub	Pay-TV	-	-	30000	-	-	-	-	-	-	-	-	-	-	30000
8	Luxemburg	RTL plus	Werbung	284000		-	1746000	-	-		-		-	-	-	-	2230000[4]
9	Belgien	Filmnet	Pay-TV	-	28000	-	-	55	-	-	-	-	2000	52000	1000	2000	85055
10	BRD	SAT 1	Werbung	316000	-	-	1424000	-	-	-	-	-	-	-	-	-	1740000
12	England	Music Box	Werbung	-	529751	673966	1195000	12010	10705	27265	88790	63555	-	2118970	171000	210783	5101795
Satellit: ECS 1-F2 (7° Ost)																	
6	Norwegen	NRK	Gebühren	-	-	-	-	-	-	-	-	-	1100[11]	-	-	-	1100
Satellit: Intelsat V F-12 (60° Ost)																	
	BRD	musicbox	Werbung	-	-	-	1211000	-	-	-	-	-	-	-	-	-	1211000
	BRD	Bayerisches Fernsehen	Gebühren/Werbung	-	-	-	874000	-	-	-	-	-	-	-	-	-	874000[5]
	BRD	WDR 3	Gebühren/Werbung	-	-	-	493000	-	-	-	-	-	-	-	-	-	493000[5]
	BRD	Eins plus	ARD/SRG	-	-	-	1245000	-	-	-	-	-	-	-	-	-	1245000
Satellit: Intelsat V F-2 (1° West)																	
	Schweden	SVT 1	Gebühren	-	-	-	-	-	-	-	-	-	3000[12]	-	-	-	3000
	Schweden	SVT 2	Gebühren	-	-	-	-	-	-	-	-	-	3000[12]	-	-	-	3000
	Norwegen	New World Channel	Werbung[7]	-	-	-	-	-	-	-	-	-	-	-	-	-	
Satellit: Intelsat VA F-11 (27,5° West)																	
	England	Children's Channel	Werbung/Pay-TV	-	-	-	-	-	-	-	91000	-	-	-	-	-	91000
	England	Premiere	Pay-TV	-	-	-	-	-	-	-	50000	-	-	-	-	-	50000
	England	Screen Sport	Werbung/Pay-TV	-	-	-	-	-	-	-	77000	-	-	-	120000	800	197800
	England	Lifestyle	Werbung/Pay-TV	-	-	-	-	-	-	-	64000	-	-	-	-	-	64000
	England	Arts Channel	Werbung/Pay-TV	-	-	-	-	-	-	-	6000	-	-	-	-	-	6000
	USA	CNN	Werbung														17000[6]

1 ohne terristrischen Empfang in Italien; 2 zu den bisherigen Finanziers (den staatlichen französischen Programmen TF 1, Antenne 2 und FR 3, dem belgischen RTBF und der Schweizer SSR) ist die kanadische CTOC hinzugekommen; 3 United States Information Agency; 4 inklusive terrestrischer Empfang: D (400000 in der Zahl für Deutschland enthalten) B, F, L (zusammen 200000); 5 ohne terrestrischen Empfang; 6 in Hotels in zehn Ländern; darüber hinaus Empfang und Auswertung durch EBU-Anstalten; 7 nach Wechsel auf diesen Satelliten nur zwei Stunden Testsendungen pro Woche; 8 inklusive 400 Haushalte in Island und 1,5 Millionen Haushalte (terristrisch) in Portugal; 9 inklusive Island (700); 10 inklusive Marokko (230) und Island (49); 11 nur Spitzbergen, ohne terr. Ausstrahlung auf dem Festland; 12 nur Kabelnetze im Westen Norwegens, ohne terr. Ausstrahlung in Schweden; 13 keine Angaben über Abonnenten in Schweden; 14 inklusive Irland (42353), Portugal (863), Island (219); Länderkürzel: A = Österreich; B = Belgien; CH = Schweiz; D = BRD; DK = Dänemark; E = Spanien; F = Frankreich; GB = Großbritannien; I = Italien; L = Luxemburg; N = Norwegen; NL = Niederlande; S = Schweden; SF = Finnland

Anhang 6: Übersicht der Satellitenprogramme (Oktober/ November 1986)

Quelle: o.V. (1987i), S. 79.

83	84	85	Jan 86	Product
				SOFT DRINKS
	●	●		Canada Dry – Mixers
●	●	●	●	Coca Cola
	●	●		Seven Up – Regular
				– Lite
		●		Solo
				FINANCIAL
		●	●	American Express – Card
				– Travellers Cheques
				FOOD/RESTAURANTS
●	●	●		Alfred Benson – Benbits Chewing Gum
				– Bentasil Chewing Gum
				– Sorbits Chewing Gum
				– Ultramint Chewing Gum
		●		Brinkers (Margarine) – Bak en Braad
				– Leeuwezegel
		●		Cote D'Or (Confectionery) – Mini Bars
				– Chokotoff
		●		Fisherman's Friend – Lozenges
●	●	●	●	Freia (Confectionery) – Dent
				– 'M'
				– Melkesjokolade
				– Twist
		●		Frionor – Frozen Foods
		●		Iglo/Ola – Festini Ice Cream
				– Viennetta Ice Cream
●				Jacobs Coffee – Expresso Maestro Lorenzo
●			●	Kelloggs – Cornflakes
				– Frosties
				– Rice Krispies
				– Snacks
	●			Lyons – Maryland Cookies
●	●	●	●	Mars (Confectionery) – Bounty
				– Mars Bars
				– M&M Candies
				– Raiders
				– Snickers
●	●	●		Mars (Food) – Uncle Ben's Rice

83	84	85	Jan 86	Product
				Food/Restaurants (continued)
●	●	●	●	McDonalds – Restaurants
				– McNuggets
●				Mills – Coffee
		●		Nestlé – Nescafé Gold Coffee
				– Findus Frozen Pizzas & Fish Fingers
	●			Nidar Bergene – Chocolates
				– Lozenges
		●	●	Ocas – Moroccan Oranges
		●		Polly Peanuts
			●	Potters Linia – Lozenges
	●			Skipper Spro – Lozenges
	●			Warner Lambert – Halls Lozenges
				– Chiclets Gum
●	●	●		Wrigleys (Confectionery) – Juicy Fruit Gum
				– PK Gum
				HOLIDAY/TRAVEL/TRANSPORT
●				Avis – Car Hire
		●		British Airways
	●	●		Cathay Pacific Airways
		●	●	DHL – Courier Services
	●	●		Singapore Airlines
			●	TWA
		●	●	Yugoslav Tourist Board – YugoTours
				HOUSEHOLD APPLIANCES/EQUIPMENT
●				Arabia Artica – Dishes
●				Black & Decker – Drill
				– Electric Saw
				– Planer
				– Stapler
				– Woodworker
	●	●		Braun – Hairdryer
				– Shavers
	●			Fiskars Kitchen Equipment – Knives
		●		Jotun – Paints
●	●	●	●	Mars (Petfood Division) – Brekkies Cat Food
				– Frolic Dog Food
				– Pal Dog Food

83	84	85	Jan 86	Product
				Household Appliances/Equipment (cont.)
				– Whiskas Cat Food
	●	●		Omega Watches – Dynamic
	●	●	●	Procter & Gamble – Ariel
				– Dash 3
				– Dreft Automatic
				– Dreft Liquid
	●	●		Pulsar Watches
	●	●		Quaker – Felix Cat Food
				– Miaow Cat Food
●				Rolex Watches
●				Rowenta – Steam Iron
		●	●	Samsonite – Luggage
	●			Seiko Watches
	●	●		Siemens – Cookers
				– Microwaves
				– Refrigerators
●				Unilever – Comfort
				– Lux
				– Solidux
		●		STK – Heating
		●		Swatch Watches
				LEISURE
	●			Arcade – Records
				– TSA Turbo Cassettes
		●		Atlantic Gap Records – Country's
	●	●	●	BASF – Audio Tapes – Greatest Hits
	●			British Telecom
	●	●		Canon – Cameras
		●		CBS Records – Billy Joel
				– Julio Iglesias
				– Barbra Streisand
			●	Dino Music
	●			Dream Gala Records
		●		Dunlop – Golf Balls
●				Dupont – Antron Plus
		●	●	Duracell – Batteries
		●		Fuji – Films
		●	●	Hasbro – Transformers

83	84	85	Jan 86	Product
				Leisure (continued)
	●	●		Hitachi – Stereo Systems
				– Video Systems
		●		Island Records – Grace Jones
	●	●		K-Tel – Rolling Stones
				– Randy Crawford
●	●	●	●	Kodak – Films
				– Video Tapes
	●			Lego – Duplo
	●			Matsushita – Panasonic
				– TV
				– Video Tapes
	●	●	●	Mattel – Baby Skates
				– Barbie Doll
				– Master of the Universe
				– Hot Wheels
				– Heart Family
				– Rainbow Brite
	●	●	●	Minolta – Cameras
	●	●		Nikon – Cameras
		●		Olympus – Cameras
	●			PD Magnetic Tapes
		●		Pedigree Toys – Sindy Dolls
	●	●	●	Philips – Philishave
				– Audio Cassette
		●		Phonogram – Everly Brothers
		●		Pueblo Films – Santa Claus The Movie
		●		RCA Columbia/International Video
				– Ghostbusters
●				Salora – TV Sets
	●			Scand – Video
		●		Sony – TV Sets
				– Audio Equipment
			●	Silver Eagle Records
		●	●	Tellydisc Records – Richard Clayderman
				– The Shadows
				– Cliff Richard
				– Perfect Harmony
				– Friends
				– The Bee Gees

83	84	85	Jan 86	Product
				Leisure (continued)
		●		Tomy Toys – Zoids
	●	●		UIP Films – 2010 Film Trailer
	●			Warner Brothers – Gremlins
				MOTORS
	●	●	●	General Motors – Opel Kadett Cars
		●	●	Mitsubishi Cars
	●	●	●	Nissan Cars
●		●		Norsk Bilauksjon – Car Auction
		●	●	Peugeot Corporate
	●	●		Renault – Renault 5
				– Renault 25
				– Renault 11
		●		Toyota Cars
		●	●	Valvoline – Engine Oil
				OFFICE EQUIPMENT
	●			Berol Pens
	●	●		Canon – Copiers
				– Typewriters
●	●	●	●	IBM – Personal Computers
	●	●		NEC – Computers
		●		Wang – Computers
●	●	●	●	Xerox – Copiers
				– Typewriters
				PUBLISHING & MAGAZINE
	●	●	●	International Herald Tribune – Newspaper
●				Marshall Cavendish
				– 'Great Composers' Publication
	●			News Group – News of the World
				– The Sun
				TOILETRIES/COSMETICS/ PHARMACEUTICALS
		●		Carven – Ma Griffe
	●	●	●	Colgate/Palmolive – Ultrabrite Toothpaste
			●	Colgate Gel
		●	●	Color Quick – Hair Band

83	84	85	Jan 86	Product
				Toiletries/Cosmetics/Pharmaceuticals (continued)
		●	●	Euroslim – Weightwatchers
	●	●	●	Gillette – Contour Shavers
				– Blue II Shavers
				– Papermate Shavers
	●	●	●	Jordan – Toothbrushes
●				Kimberley-Clark – Kleenex
		●	●	L'Oreal – Studio Line Cosmetics
		●	●	Prestige et Collections
				– Anais Anais Perfume
				– Cacharel Pour L'Homme
	●	●	●	Procter & Gamble – Head & Shoulders
		●	●	Richardson Vicks – Vicks Blue
				– Vicks Vapour Rub
		●		Rochas – Lumiere Perfume
		●		Shulton – Blue Stratos After Shave
				– Old Spice After Shave
		●		Unilever – Timotei Shampoo
				– Denim After Shave
	●			Warner Lambert – Schick Razors
		●		Yardley – Yardley Gold After Shave
				FASHION
		●		Adidas – Sportswear
		●		Amex Fashion – Moustache
				– Emmanuelle
		●		Benetton Fashion
		●	●	Dim – Tights
		●		Kappa – Sportswear
		●	●	Kangaroo – Shoes
		●		Levis – Jeans
				SPONSORSHIP
		●	●	American Express
		●		Canon – Cameras
				IBM
			●	Martini Sportsline
		●	●	Mitsubishi
	●	●		Omega

Anhang 7: Sky Channel: Kunden- und Produktportfolio

Quelle: Sky Channel (1986a), S. 10 f.

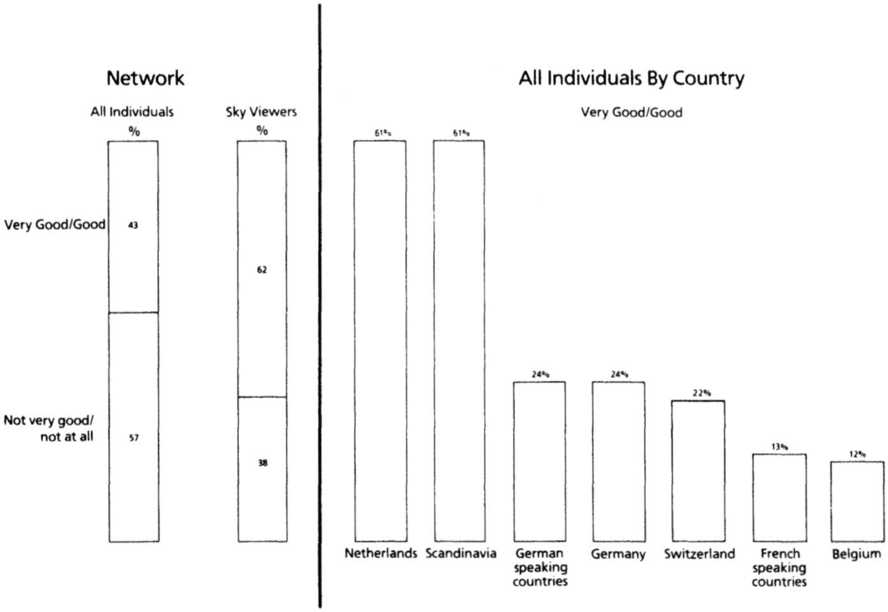

Anhang 8: Verständnis englischsprachiger Fernsehprogramme
Quelle: Sky Channel (1986b), S. 35.

Anhang 9: Verkabelung in Westeuropa 1985
Quelle: Communications & Information Technology (CIT) Research Limited; vgl. Whitten (1985), S. 16.

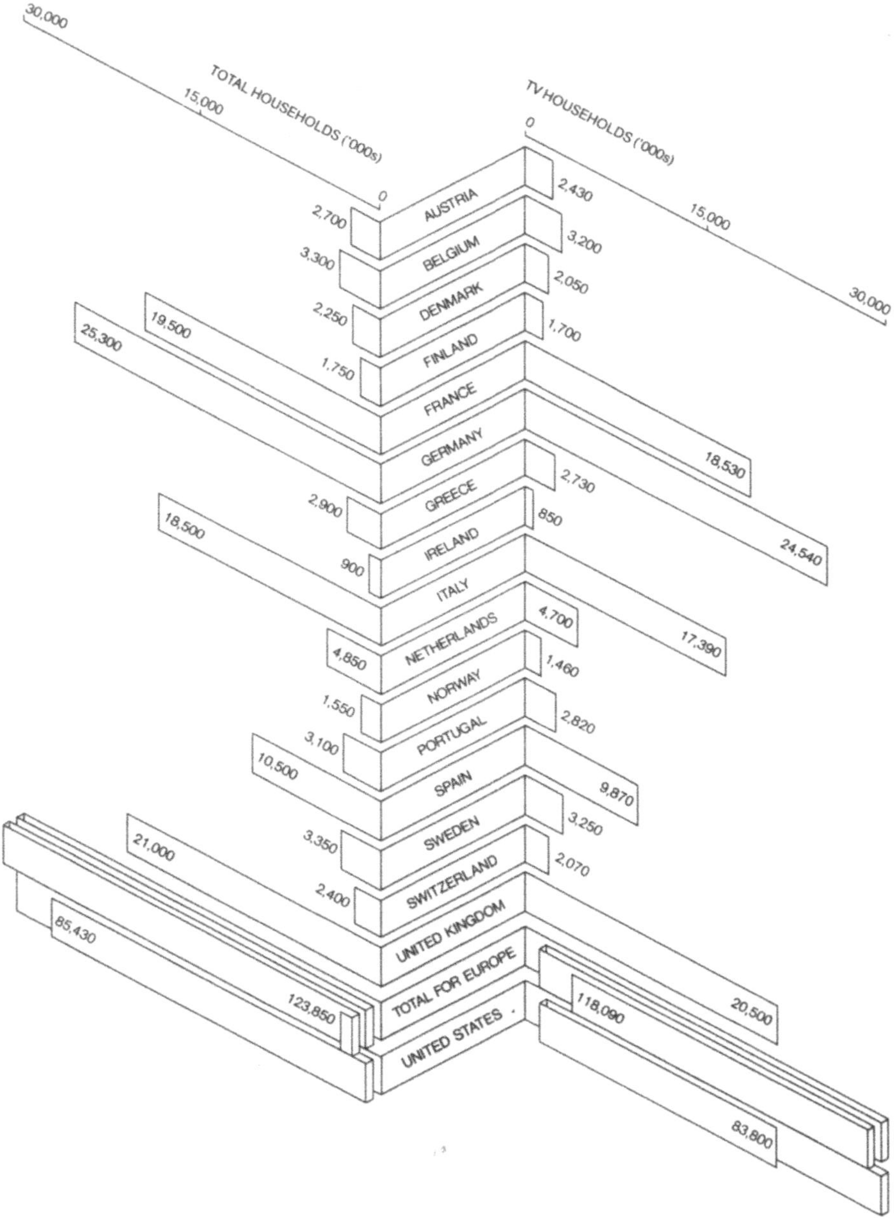

Anhang 10: Reichweiten der terrestrischen TV-Sender in Europa 1984
Quelle: Ogilvy & Mather Europe (1984), S. 7.

Network

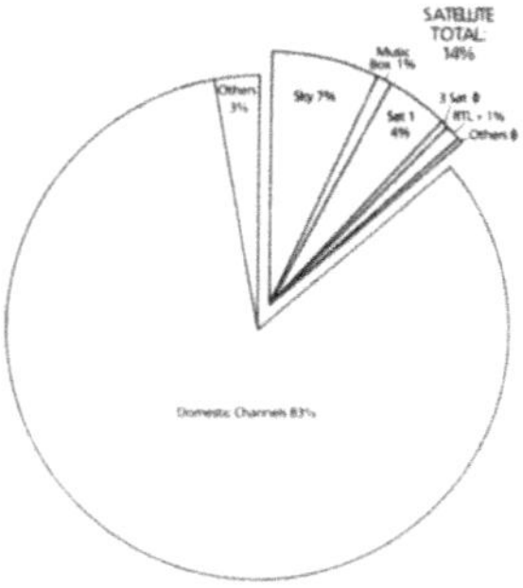

All Adults 16-64

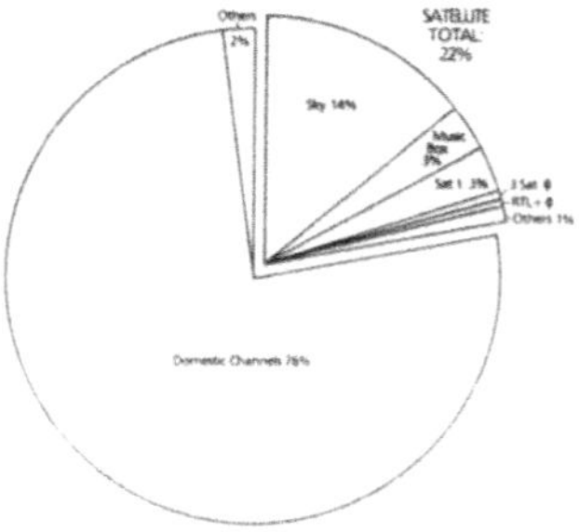

All Adults 16-24

Netherlands

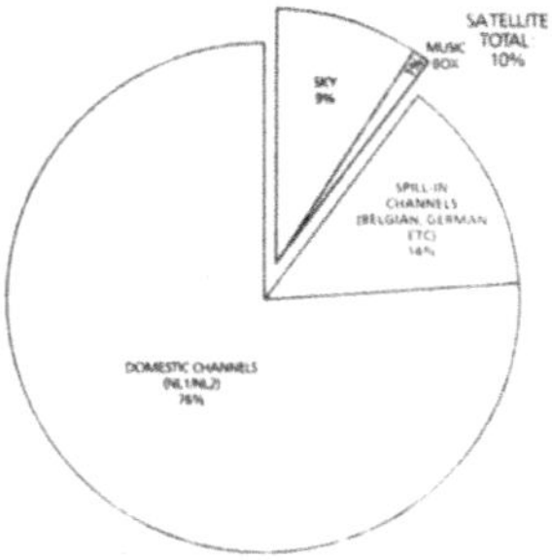

All Adults 16-64

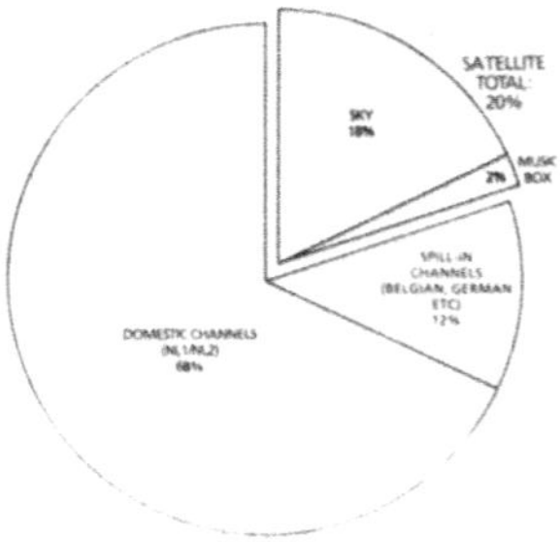

All Adults 16-24

Scandinavia

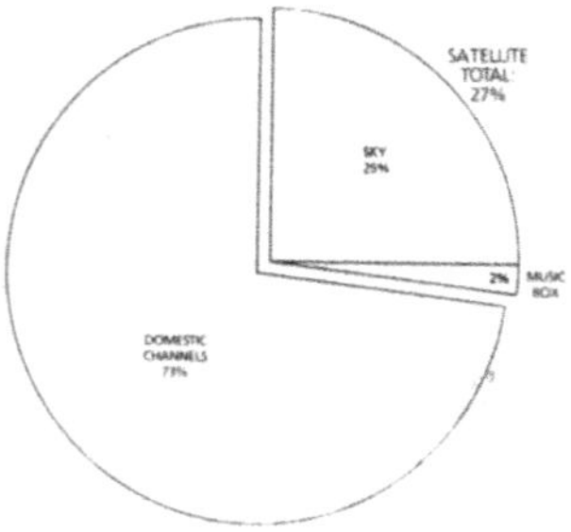

All Adults 16-64

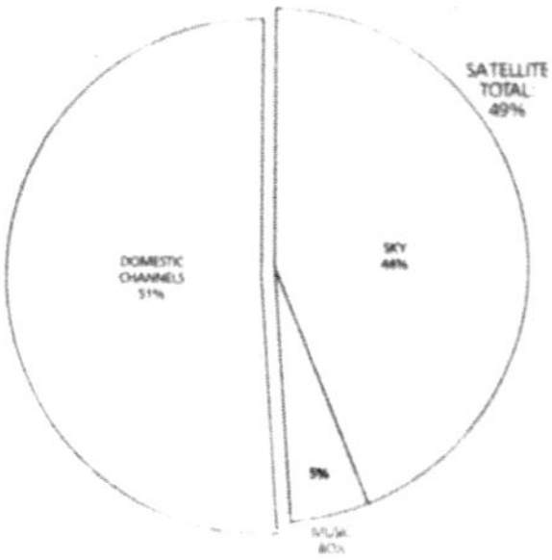

All Adults 16-24

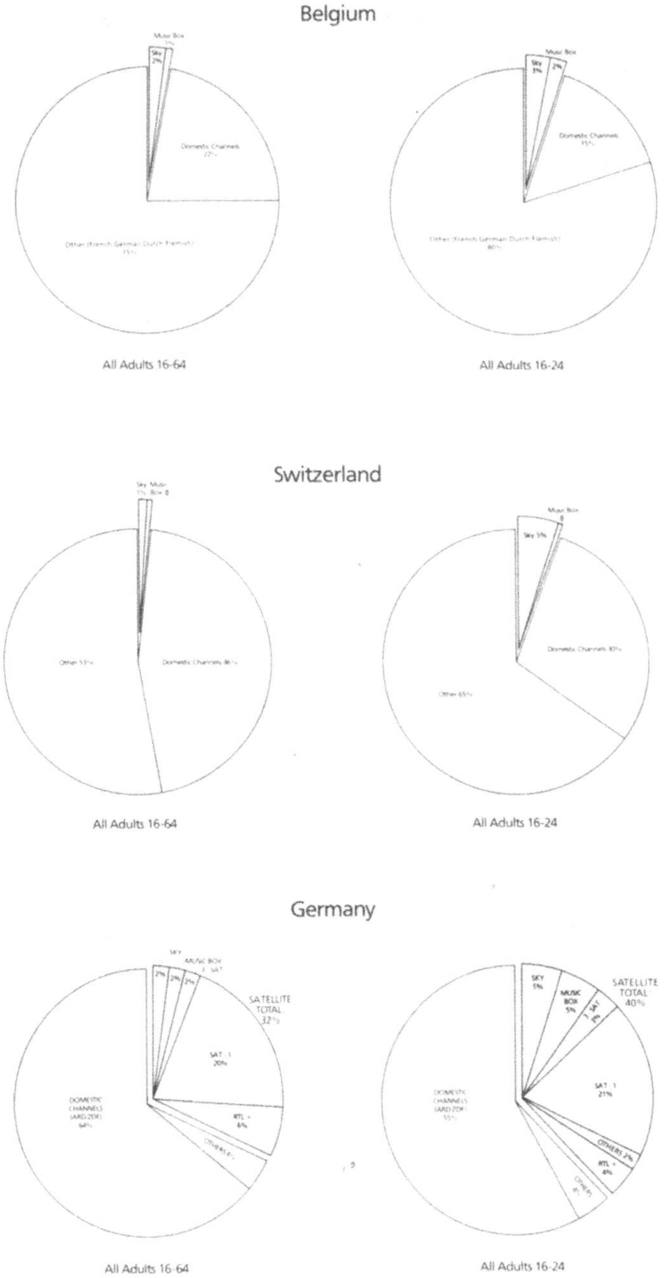

Anhang 11: Anteile der internationalen Satellitensender an der wöchentlichen Gesamtsehdauer
Quelle: Sky Channel (1986b), S. 94-99.

Italien	42%
Großbritannien	34%
Niederlande	30%
Finnland	24%
Österreich	22%
BRD	19%
Frankreich	13%
Spanien	12%
Portugal	10%
Schweiz	9%
Irland	9%
Belgien	8%

Anhang 12: Zweitfernsehgeräte in Europa
Quellen: EGTA, RTBA; vgl. Biebl/Frederking (1985), S. 18.

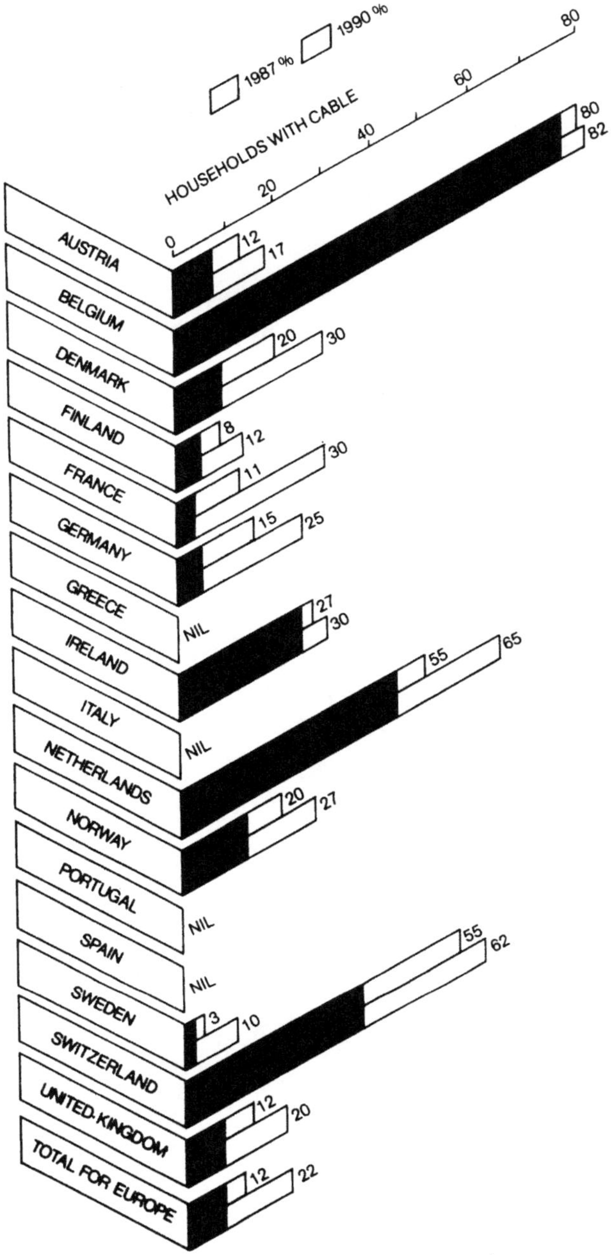

Anhang 13: Prognosen zur Verkabelung in Westeuropa (1984)
Quelle: Ogilvy & Mather Europe (1984), S. 20.

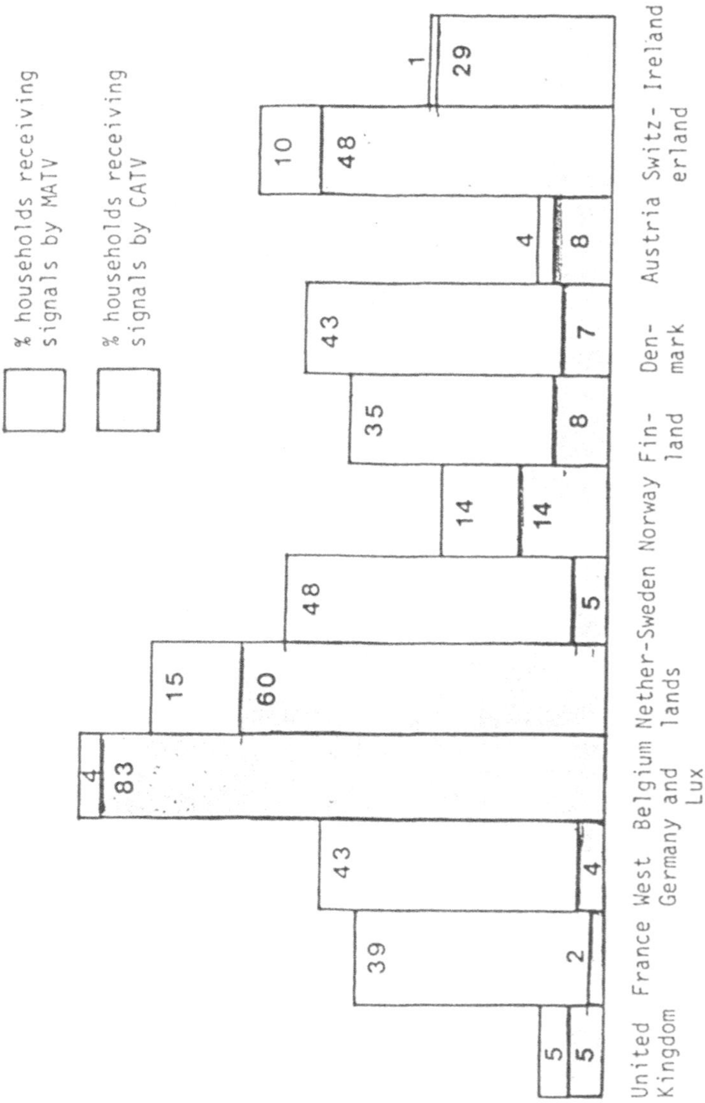

Anhang 14: (Groß-)Gemeinschaftsantennenanlagen in Westeuropa 1985
Quelle: Communications & Information Technology (CIT) Research Limited; vgl. Whitten (1985), S. 15.

Kombination mehrerer hochentwickelter Technologien

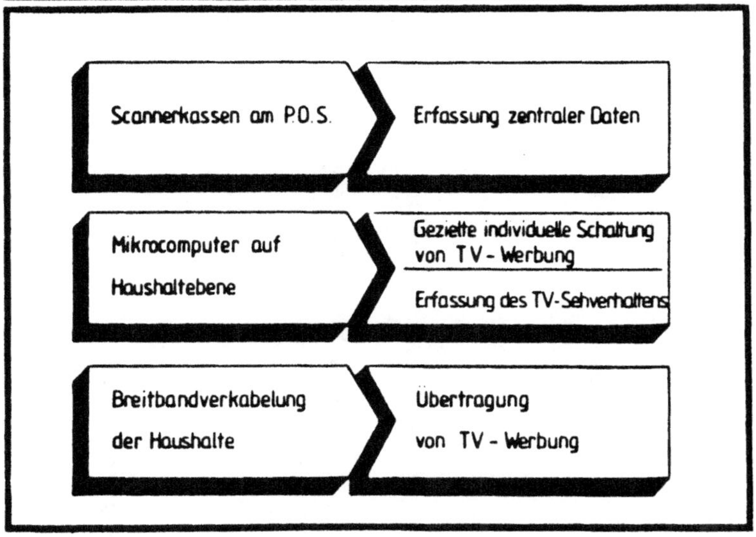

Testsystem – Single Source

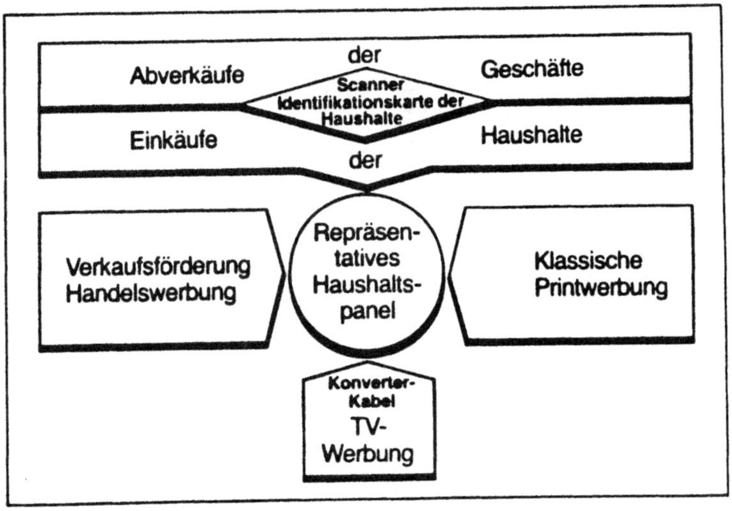

Anhang 15: Technologien und Testsystem des GfK-BehaviorScan
Quelle: Arbeitsgemeinschaft GfK-BehaviorScan (1986), S. 2, S. 16.

KRITERIENGRUPPE / ANFORDERUNG	KAUFVERHALTENSRELEVANZ	AUSSAGEFÄHIGKEIT INSTRUMENTEEINSATZ	OPERATIONALITÄT	ERREICHBARKEIT	ZEITLICHE STABILITÄT	WIRTSCHAFTLICHKEIT
SOZIO-ÖKONOMISCHE KRITERIEN	niedrig	niedrig	hoch	mittel/ hoch	hoch	hoch
PSYCHOGRAPHISCHE KRITERIEN						
- PERSÖNLICHKEITSBEZOGEN	niedrig	niedrig	niedrig	niedrig	hoch	niedrig/ mittel
- PRODUKTBEZOGEN	mittel/ hoch	mittel	niedrig	niedrig	mittel	niedrig
KRITERIEN DES BEOBACHTBAREN KONSUMENTENVERHALTENS	mittel/ hoch	mittel	mittel/ hoch	mittel	mittel	mittel/ hoch

Anhang 16: Vergleichende Beurteilung der Segmentierungsmerkmale
Quelle: Freter (1983), S. 97

LITERATURVERZEICHNIS

ACKERMANN, E. (1984):
Satellitenfernsehen: Was wird der Satellit bringen?, in: Media Spectrum, 1984, Nr. 1, S. 68-70.

ADAC VERLAG ET AL. (1986):
Verbraucheranalyse, München u.a. 1986.

ALBRECHT, U./BRAUN, K. (1982):
Werbung über Satelliten, in: Markenartikel, 44. Jg., 1982, Nr. 3, S. 118-124.

ALGERMISSEN, J. (1981):
Das Marketing der Handelsbetriebe, Würzburg/ Wien 1981.

ALTHANS, J. (1982):
Die Übertragbarkeit von Werbekonzeptionen auf internationale Märkte, Frankfurt/M. 1982.

ARBEITSGEMEINSCHAFT GfK-BEHAVIORSCAN (1986):
GfK-BehaviorScan - Experimenteller Mikro-Testmarkt zur Optimierung des Marketing-Mix (inklusive TV-Werbung), Nürnberg 1986.

ARBEITSGEMEINSCHAFT MEDIA-ANALYSE (1980):
Media-Analyse, Frankfurt/M. 1980.

ARBEITSGEMEINSCHAFT MEDIA-ANALYSE (1986):
Media-Analyse, Frankfurt/M. 1986.

ARBEITSGEMEINSCHAFT RUNDFUNKWERBUNG (1986):
Planungsdaten - Gesamtübersichten - Werbefunk/ Werbefernsehen, Frankfurt/M. 1986.

ARBEITSGEMEINSCHAFT RUNDFUNKWERBUNG (1987):
Protokoll des Gesprächs zwischen Gesamtverband Werbeagenturen GWA und ARW, ZDF-Werbefernsehen, SAT 1, RTL plus, GfK vom 21.1.1987, Frankfurt/M.

ARBEITSKREIS SPECIAL INTEREST (1986):
Special Interest Zeitschriften: Stabilität und Qualität im Mediaeinsatz '87, Norderstedt 1986.

ARBEITSKREIS WERBEFERNSEHEN DER DEUTSCHEN WIRTSCHAFT (1986):
Das blockierte Medium - Vom Recht des Werbefernsehens auf freie Marktwirtschaft, Wiesbaden 1986.

AXEL SPRINGER VERLAG (1970):
Werbedosis - Werbewirkung, Untersuchung der Response-Funktionen von Anzeigenkampagnen, Konstanz 1970.

AXEL SPRINGER VERLAG (1979):
Seherqualität - Eine Pilotstudie zur Kommunikationswirkung des Werbefernsehens, Hamburg 1979.

AXEL SPRINGER VERLAG (1981):
Markt-Mechanik-Analyse 4, Hamburg 1981.

AXEL SPRINGER VERLAG (1982a):
Media - Modell und Praxis, Hamburg 1982.

AXEL SPRINGER VERLAG (1982b):
Share of Mind - Strategiebewertung, Hamburg 1982.

AXEL SPRINGER VERLAG UND GWA GESELLSCHAFT WERBEAGENTUREN (1984):
Maßstäbe für Kontaktqualität - Die Qualifizierung der Werbeträger-Kontakte bei Zeitschriften, Hamburg 1984.

AYLMER, R.J. (1970):
Who Makes Marketing Decisions in the Multinational Firm, in: Journal of Marketing, 34. Jg., 1970, Nr. 4, S. 25-30.

BARNET, S.M. (1984):
Die Globalisierung der Werbung hat begonnen, in: Markenartikel, 46. Jg., 1984, Nr. 7, S. 376.

BARSIG, F. (1985):
Herbstnebel über der Medienlandschaft, in: ZV+ZV, 1985, Nr. 43, S. 17-18.

BARSIG, F. (1987):
Die Spätgeburt des Medien-Staatsvertrages, in: ZV+ZV, 1987, Nr. 13, S. 3.

BARSIG, F./FREDERKING, K. (1986):
Ein Flickenteppich voller Löcher, in: Neue Medien, Nr. 10, erschienen 1986, S. 46-51.

BAUER, E. (1985):
Individualisierung der Nachfrage oder "Globalisierung" der Märkte, in: Markenartikel, 47. Jg., 1985, Nr. 4, S. 144-146.

BAUER, H.G./DETJEN, C./MÜLLER-RÖMER, F./POSEWANG, W. (1986a) (zitiert als Bauer et al., 1986a):
Die neuen Medien - Technik, Anwendungen, Marketing, Ulm 1986.

BAUER, H.G./DETJEN, C./MÜLLER-RÖMER, F./POSEWANG, W. (1986b) (zitiert als Bauer et al., 1986b):
Die neuen Medien - Recht, Ulm 1986.

BAUER VERLAG (1986):
Jugend, die kaufbeeinflussende Kraft in der Familie, Repräsentativbefragung von 500 Jugendlichen und ihren Müttern, Hamburg 1986.

BAUMANN, R. (1985):
Kaufhauskonzerne erzielen die besten Platzgewinne, in: Horizont, 1985, Nr. 44, S. 14-16.

BAUMWOLL, J. (1986):
Life Cycle For Brands? Forget It!, in: Advertising Age, 57. Jg., März 1986, S. 18 und S. 22.

BAYERISCHER RUNDFUNK (1985):
Satellitenrundfunk, München 1985.

BEHRENS, K.C. (1963):
Absatzwerbung, Wiesbaden 1963.

BEIKE, P. (1986):
Life Style-Typen und ihre Fernseh-Nutzung, in: ZDF-Werbefernsehen (Hrsg.): Blickpunkte, Heft 16, Dezember 1986, S. 34-40.

BENDER, K. (1986):
WDR - Erfolg mit "Fersehfenstern", in: Medienspiegel, 10. Jg., 1986, Nr. 22, S. 16.

BEREKOVEN, L. (1978):
Internationales Marketing, Wiesbaden 1978.

BEREKOVEN, L. (1985):
Weltmarken-Konzepte zwischen Wunsch und Wirklichkeit, in: Markenartikel, 47. Jg., 1985, Nr. 6, S. 288-296.

BEREKOVEN, L. (1986):
Wie sieht die Gastronomie der Zukunft aus, und mit welchen Marketing- und Marktbearbeitungsmaßnahmen wird sie am effizientesten bearbeitet?, in: Kreaktiv (Veröffentlichung von Fuhrer & Partner, Kilchberg), S. 15-16.

BERG, K. (1983):
Die Auswirkungen neuer Medien auf Organisation und Struktur der klassischen Massenmedien, in: Media Perspektiven, 1983, Nr. 4, S. 301-307.

BERG, K. (1986):
Analyse und Bewertung des Niedersachsen-Urteils des Bundesverfassungsgerichts vom 4. November 1986 für die juristische Kommission der ARD, in: Media Perspektiven, 1986, Nr. 12, S. 799-802.

BERTH, R. (1974):
Internationales Marketing, in: Marketing Enzyklopädie, Band 2, München 1974, S. 537-553.

BESSLER, H. (1983):
Auf dem Weg zur Welt-Medienkultur, in: Funk-Korrespondenz, 1983, Nr. 15, S. 1-5.

BEUTTEL, W./SIMMERL, J./ESCHERLE, H.J. (1980):
Entscheidungsverhalten bei Auslandsaktivitäten, München 1980.

BEYERING, L. (1985):
Marketing-Zielgruppe Individuum, in: Absatzwirtschaft, 28. Jg., 1985, Nr. 3, S. 78-80.

BIDLINGMAIER, J. (1973):
Marketing, Band 2, Reinbek bei Hamburg 1973.

BIEBL, E./FREDERKING, K. (1985):
Mit Videoclips ins Herz und an die Kasse, in: Neue Medien, Nr. 6, erschienen 1985, S. 12-24.

BIEBL, E./MANTHEY, D. (1985):
Der Dschingis-Khan der Medien, in: Neue Medien, Nr. 3, erschienen 1985, S. 122-133.

BLÜMLE, E.-B./BANNIER, K.G. (1975):
Handelsmarketing - Herstellermarketing, Unterschiede und Gemeinsamkeiten, in: GfK (Hrsg.): Jahrbuch der Absatz- und Verbrauchsforschung, 21. Jg., 1975, Heft 2, S. 166-175.

BLUMENTHAL, N.B. (1985):
The Influence of Political and Legal Conditions on the Development of the Media, unveröffentlichtes Manuskript zum Referat auf dem Inter Media Congress, Hamburg 1985.

BÖCKER, F./GIERL, H. (1986):
Die Beurteilung einer Zeitschrift als Werbeträger, Berlin 1986.

BÖHLER, H. (1977):
Methoden und Modelle der Marktsegmentierung, Stuttgart 1977.

BOIT, P. (1979):
Kommunikationspolitik, in: Falk, B./Wolf, J. (Hrsg.): Handlexikon für Handel und Absatz, München 1979, S. 342-347.

BOLLINGER, G./KAHLERT, M. (1985):
Kabelpilotprojekt Ludwigshafen: Merkmale erster Teilnehmer, in: Media Perspektiven, 1985, Nr. 6, S. 464-470.

BORMANN, R. (1985):
Einzelhandel: Der verkannte Werberiese, in: Absatzwirtschaft, 28. Jg., 1985, Nr. 4, S. 48-52.

BORTZ, J. (1986):
Zur Messung der Attraktivität von Fernsehsendungen, in: Rundfunk und Fernsehen, 34. Jg., 1986, Nr. 1, S. 64-72.

BRADSHAW, T. (1986):
Paneuropäisches Fernsehen - Ein Wachstumsmarkt?, Präsentation bei einer Veranstaltung des Marketing Clubs Frankfurt/M., Mai 1986.

BRAUNSCHWEIG, E. (1975) (Hrsg.):
"Typologien", Band 2 der Schriften der Heinrich Bauer Stiftung, 1975.

BRIEGER, M. (1986):
Die Bürger und die Medien von morgen - Prognos-Szenario zur Medien-Entwicklung bis 1995, in: Horizont, 1986, Nr. 27, S. 6-7.

BUNDESMINISTERIUM FÜR DAS POST- UND FERNMELDEWESEN, REFERAT FÜR ÖFFENTLICHKEITSARBEIT (1984):
Neue "Medien", Bonn, November 1984.

BUNDESRECHNUNGSHOF (1984):
Bericht des Bundesrechnungshofes zur Wirtschaftlichkeit öffentlicher Breitbandverteilnetze, Juni 1984, III 6-13001/84.

BUNDESVERBAND DEUTSCHER ZEITUNGSVERLEGER (1985):
Memorandum zur Medienpolitik der Länder, Oktober 1985, dokumentiert in: Media Perspektiven, 1985, Nr. 10, S. 769-772.

BUNDESVERBAND KABEL UND SATELLIT E.V. (1985):
Standpunkte und Forderungen, Bonn 1985.

BUNDESVERBAND KABEL UND SATELLIT E.V. (1987):
Presseerklärung zum Medien-Staatsvertrag: Deutliche Zurückhaltung bei den Privaten, Bonn, 13.3.1987.

BURDA VERLAG (1986):
Typologie der Wünsche, Offenburg 1986.

BURSEE, J. (1987):
Wann lohnen Spots bei "privat"?, in: Neue Medien, 1987, Nr. 1, S. 72.

BURTON, J. (1986):
Swedish Tv Ad Ban Under Fire, in: Advertising Age, 57. Jg., Februar 1986, S. 48.

BUSS, M. (1980):
Videorecorder statt Verkabelung?, in: Media Perspektiven, 1980, Nr. 11, S. 745-750.

BUSS, M./DARKOW, M. (1984):
Der Weg zur GfK-Fernsehforschung, in: Media Perspektiven, 1984, Nr. 2, S. 85-93.

CLEF, U. (1986):
Video-Kommunikation: Analog oder Digital, Band 1: Videocassette & Bildplatte in Werbung, Verkaufsförderung und Verkaufstraining, Köln 1986.

COLLETT, P. (1986):
Video-Recording the Viewers in Their Natural Habitat, in: Arbeitspapiere zum ESOMAR-Seminar, Helsinki 1986, S. 15-21.

COX, P./BRADSHAW, T. (1984):
Sky Channel - The Formative Years, in: Markenartikel, 46. Jg., 1984, Nr. 12, S. 588-595.

CUNTZ, C.F. (1985):
"Fernseh-Werbemarkt aus der Auftraggeber-Sicht: Marktveränderungen durch private Anbieter?", in: TV-Courier/Dokumentation, 25. Jg., 1985, Nr. 22 - D 12.11.1985, S. 7-8.

DAHMS, H. (1983):
Wie Zuschauer fernsehen - Zur Qualität des "Fernsehkontakts", in: Media Perspektiven, 1983, Nr. 4, S. 279-298.

DARKOW, M. (1986):
Im Juli begann die Zukunft - wir wissen schon, wie sie aussieht, in: ZDF-Werbefernsehen (Hrsg.): Blickpunkte, Heft 16, Dezember 1986, S. 11-16.

DARSCHIN, W./FRANK, B. (1986):
Tendenzen im Zuschauerverhalten, Ergebnisse der GfK-Fernsehforschung für das Jahr 1985, in: Media Perspektiven, 1986, Nr. 4, S. 209-222.

DARTSCH, M. (1986):
Die Fernsehprogramme von morgen: Vielfalt oder Verengung?, in: Medien Bulletin, 5. Jg., 1986, Nr. 7, S. 14-16.

DEHM, U./ECKHARDT, J./GERHARD,P./KLINGLER, W. (1985) (zitiert als Dehm et al., 1985):
Kabel- und Satellitenfernsehen - Nutzungsdaten, Befragungsergebnisse, Programmbewertung, Mannheim 1985.

DEHM, U./KLINGLER, W. (1984):
Das Kabelpilotprojekt Ludwigshafen/Vorderpfalz im Urteil der Bevölkerung - Ein erster Trend, in: Media Perspektiven, 1984, Nr. 11, S. 879-887.

DEHM, U./KLINGLER, W. (1985):
Programmvielfalt versus Programmnutzung - Ergebnisse einer Tagebuchuntersuchung im Kabelpilotprojekt Ludwigshafen - Vorderpfalz, in: Media Perspektiven, 1985, Nr. 6, S. 459-463.

DEMKOWYCH, C. (1986):
Music on the Upswing in Advertising, in: Advertising Age, 57. Jg., März 1986, S. 5.

DEUTSCHE BUNDESPOST (1985):
Amtsblatt der Deutschen Bundespost, Nr. 87 vom 9.7.1985.

DICHTL, E. (1974):
Die Marktsegmentierung als Voraussetzung differenzierter Marktbearbeitung, in: WiSt, 3. Jg., 1974, Nr. 3, S. 97-102.

DILL, R. (1986):
Advertiser müssen umdenken, Interview in: ZV+ZV, 1986, Nr. 15, S. 26-27.

DILL, R. (1987):
Europa TV zu früh am Start, in: ARD Magazin, 2. Jg., 1987, Nr. 1, S. 4.

DISCH, K.A. (1985):
Zukunft aus Kommunikation, in: Marketing Journal, 18. Jg., 1985, Nr. 1, S. 3.

DOHMEN, J. (1972):
Wesen und Aufgabe der Werbeträger, in: Ruland, G. (Hrsg.): Werbeträger, 3. Aufl., Bad Homburg 1972, S. 29-63.

DOYLE/DANE/BERNBACH (1982):
The Implications of Satellite TV in Europe, London 1982.

DUNN, W. (1976):
Multinational Promotional Strategy in Europe, in: Journal of Marketing, 40. Jg., 1976, Nr. 4, S. 50-57.

ECKHARDT, J. (1982):
Stellenwert des Radiohörens - Versuch eines neuen Forschungsansatzes, in: Rundfunk und Fernsehen, 30. Jg., 1982, Nr. 2, S. 178-188.

EG-KOMMISSION (1984):
Fernsehen ohne Grenzen - Grünbuch über die Errichtung des gemeinsamen Marktes für den Rundfunk, insbesondere über Satellit und Kabel, Brüssel 1984.

EG-KOMMISSION (1986):
Vorschlag für Rundfunk-Richtlinien, Vorlage für den EG-Ministerrat (verabschiedet am 29.4. 1986), dokumentiert in: epd/Kirche und Rundfunk, 38. Jg., 1986, Nr. 39/40, S. 19-21.

EHRENBERG, A.S.C. (1968):
The Factor Analytic Search for Program Types, in: Journal of Advertising Research, 8. Jg., 1968, Nr. 1, S. 55-63.

ELLINGER, T. (1966):
Die Informationsfunktion des Produktes, Einzelveröffentlichung aus "Produktionstheorie und Produktionsplanung", Köln/Opladen 1966, S. 255-336.

ENGELSING, E./JOHANNSEN, U. (1967):
In welchen Medien soll man werben?, Checkliste zum Intermediavergleich, in: Die Anzeige, 43. Jg., 1967, Nr. 17, S. 23-37.

EPF (1985):
Planungs- und Tarifunterlagen für das Jahr 1986, Ludwigshafen 1985.

EPF (1986):
Planungs- und Tarifunterlagen für das Jahr 1987, Ludwigshafen 1986.

EURO-ADVERTISING (1986):
Wertewandel, in: Briefe, Düsseldorf, September 1986.

L'EXPRESS (1982):
L'implication des lecteurs et des téléspectateurs dans les messages publicitaires, Paris 1982.

FAEHLING, D. (1986):
Datenvielfalt und Transparenz der Märkte, in: Horizont, 1986, Nr. 49, S. 15-17.

FALK, B./WOLF, J. (1982):
Handelsbetriebslehre, 6. Aufl., Landsberg am Lech 1982.

FALKE, W. (1984):
Was sie schon immer über Konverter wissen wollten, in: Neue Medien, Nr. 1, erschienen 1984, S. 192-194.

FAUL, E. (1985):
Programmforschung im Kabelpilotprojekt Ludwigshafen/Vorderpfalz - Auszüge aus den Erläuterungen des Projektentwurfs, in: Media Perspektiven, 1985, Nr. 4, S. 271-287.

FECHLER, C. (1982):
Die Gestaltung und die Produktion der Fernsehwerbung, in: Tietz, B. (Hrsg.): Handbuch der Kommunikations- und Werbewirtschaft, Band 2, Landsberg/Lech 1982, S. 1313-1376.

FESTINGER, L. (1957):
A Theory of Cognitive Dissonance, Stanford 1957.

FINK, S. (1986):
Die verdrängte Botschaft, in: ZV+ZV, 1986, Nr. 11, S. 24-26.

FIUCZYNSKI, H.W. (1984):
Fernsehen ohne Grenzen - Grünbuch der EG-Kommission, in: Markenartikel, 46. Jg., 1984, Nr. 12, S. 563-570.

FRANK, R.E./BECKNELL, J.C./CLOKEY, J.D. (1971):
Television Program Types, in: Journal of Marketing Research, 8. Jg., 1971, Nr. 2, S. 204-211.

FRANK, R.E./MASSY, W.F./WIND, Y. (1972):
Market Segmentation, Englewood Cliffs N.Y. 1972.

FREDERKING, K. (1986):
Sky Channel - Das Jahr der Strategiespiele, in: Neue Medien, Nr. 11, erschienen 1986, S. 102-111.

FRENKEL, R. (1986):
Sprengsätze für ein bewährtes System, in: DIE ZEIT, 41. Jg., 1986, Nr. 15, S. 3.

FRETER, H. (1974):
Mediaselektion, Wiesbaden 1974.

FRETER, H. (1983):
Marktsegmentierung, Stuttgart/Berlin/Köln/Mainz 1983.

FROSCHMAIER, F. (1985):
Die Medien von morgen, in: Markenartikel, 47. Jg., 1985, Nr. 8, S. 118-119.

FROST, J.M. (1987):
World Radio/TV Handbook, 41. Jg., Hvidovre 1987.

GEBEL, V. (1985):
Duale Rundfunklandschaft auch ohne Vertrag?, in: Medien Bulletin, 4. Jg., 1985, Nr. 11, S. 46.

GEERTS, C. (1983):
Drei Wochen Fernsehen - Eine international vergleichende Studie für die Länder Belgien, Bulgarien, Kanada, Frankreich, Ungarn, Italien und Japan, in: Media Perspektiven, 1983, Nr. 9, S. 658-665.

GENSCH, D./RANGANATHAN, B. (1974):
Evaluation of Television Program Content for the Purpose of Promotional Segmentation, in: Journal of Marketing Research, 11. Jg., 1974, Nr. 4, S. 390-398.

GENSCH, D./SHAMAN, P. (1980):
Predicting TV Ratings, in: Journal of Advertising Research, 20. Jg., 1980, Nr. 4, S. 85-92.

GFK-FERNSEHFORSCHUNG (1986):
Das KaSaT-Panel der GfK-Fernsehforschung, Nürnberg, Oktober 1986.

GOEDECKE, K./STELTZNER, J. (1980):
Bankmarketing, in: Falk, B. (Hrsg.): Dienstleistungsmarketing, Landsberg/Lech 1980, S. 59-91.

GÖRKE, W. (1985a):
Globaler Glamour?, in: Absatzwirtschaft, 28. Jg., 1985, Nr. 6, S. 50-51.

GÖRKE, W. (1985b):
Global-Marketing - Global-TV - Die Zukunft der europäischen Märkte kommt aus dem All, in: Media Perspektiven, Sonderdruck zum ARD-Werbetreff 1985, S. 61-63.

GOLLMER, M. (1985):
Homogenisierung oder Differenzierung der Gesellschaft durch Massenkommunikation - Antworten aus der Sicht der Wettbewerbstheorie, in: Saxer, U. (Hrsg.): Gleichheit oder Ungleichheit durch Massenmedien?, München 1985, S. 123-135.

GRÄBNER, M. (1986):
Herausforderung "Neue Medien", in: Werbeforschung & Praxis, 1986, Nr. 4, S. 164-165.

GRASS, R.C./WALLACE, W.H. (1969):
Satiation Effects of TV Commercials, in: Journal of Advertising Research, 9. Jg., 1969, Nr. 3, S. 3-8.

GREEN, P.E./TULL, D.S. (1982):
Methoden und Techniken der Marketingforschung, 4. Aufl., Stuttgart 1982.

GREY (1984):
Global Vision with Local Touch, in: W&V, 1984, Nr. 47, S. 20-23.

GRIMM, D. (1987):
Verfassungsrechtliche Perspektiven einer dualen Rundfunkordnung, in: Rundfunk und Fernsehen, 35. Jg., 1987, Nr. 1, S. 25-35.

GRÖNE, R. (1984):
Experimente zum Nulltarif, in: Neue Medien, Nr. 2, erschienen 1984, S. 108-111.

GROSS, R. (1983):
Kabelnetze und Programmeinspeisung, in: Media Perspektiven, 1983, Nr. 11, S. 789-793.

GROSS, R. (1985):
Zu den Länderberatungen über den Satellitenrundfunk, in: Media Perspektiven, 1985, Nr. 4, S. 289-293.

GROSS, R. (1986):
Postpolitik zu Lasten der Medienpolitik, in: Media Perspektiven, 1986, Nr. 4, S. 254-264.

GRUNER + JAHR (1970):
Teflon-Studie, Hamburg 1970.

GRUNER + JAHR (1975a):
Brigitte Frauentypologie 2, Hamburg 1975.

GRUNER + JAHR (1975b):
Profile 1, Hamburg 1975.

GRUNER + JAHR (1979):
PROFILE 3, Hamburg 1979.

GRUNER + JAHR (1985):
Zeitschriften und Fernsehen im Vergleich - Argumente, Fakten, Zeitreihen, Hamburg 1985.

GRUNER + JAHR/SSC&B LINTAS (1978):
The Media Scene in Europe 1, Hamburg 1978.

GRUNER + Jahr/SSC&B LINTAS (1985):
The Media Scene in Europe 2, Hamburg 1985.

HACHMEISTER, L. (1986):
Die Macht der Fernbedienung, in: Frankfurter Rundschau, 42. Jg., 1986, Nr. 23, S. 5.

HALEFELDT, E. (1985):
Rasche Ernüchterung nach vorschnellem Start, SAT 1 und BDZV fordern von Medienpolitikern bessere Marktchancen, in: Media Perspektiven, 1985, Nr. 10, S. 721-726.

HALLIER, B. (1986):
Konzept für besseres Einvernehmen, in: W&V, 1986, Nr. 1/2, S. 26-29.

HANKE, T. (1986):
Fernsehen ohne Grenzen, in: DIE ZEIT, 41. Jg., 1986, Nr. 15, S. 34.

HANSEN, U. (1976):
Absatz- und Beschaffungsmarketing des Einzelhandels, Teil 1, Göttingen 1976.

HARIG, L. (1986):
Gelingt immer und klebt nicht - Die Übereinstimmung der Lippen mit den Wörtern in Film und Fersehen: Vom Segen und Fluch der Synchronisation, in: DIE ZEIT, 41. Jg., 1986, Nr. 40, S. 65-66.

HARM, R. (1969):
Der Fernsehfunk als Werbeträger, Köln 1969.

HEARNE, W. (1985):
The Future of the Media in the United States - The Impact of New Technologies, unveröffentlichtes Manuskript zum Referat auf dem Inter Media Congress, Hamburg 1985.

HENDRIKS, B. (1984):
Landesrundfunkgesetze und Medienverflechtung, Anmerkungen zum 5. Hauptgutachten der Monopolkommission, in: Media Perspektiven, 1984, Nr. 12, S. 923-930.

HENNEMANN, G. (1984):
Ein Gigant rekelt sich, in: Neue Medien, Nr. 1, erschienen 1984, S. 70-77.

HERMANNS, A./THEOPOLD, K. (1982):
Werbung in den neuen Medien - Anwendungsmöglichkeiten und Probleme, in: Markenartikel, 44. Jg., 1982, Nr. 12, S. 562-569.

HERSTATT, J.D. (1985):
Die Entwicklung von Markennamen im Rahmen der Neuproduktplanung, Frankfurt/M. 1985.

HESS, E.-M. (1981):
Leserschaftsforschung in Deutschland - Ziele, Methoden, Techniken; Eine Dokumentation aus dem Hause Burda, Offenburg 1981.

HESSISCHER RUNDFUNK (1986):
Planungs- und Tarifunterlagen für das Jahr 1987, Frankfurt/M. 1986.

HEYER, M. (1986):
Werbeträger Anzeigenblatt: Kind des Handels - Stiefkind der Mediaplanung, in: Media Spectrum, 1986, Nr. 7, S. 25-27.

HEYN, J. (1985):
Fernsehnachrichten im internationalen Vergleich - Auf dem besten Wege zur Entpolitisierung?, in: Media Perspektiven, 1985, Nr. 12, S. 879-884.

HIMMELWEIT, H.T./SWIFT, B./JAEGER, M.E. (1980):
The Audience as Critic - A Conceptual Analysis of Television Entertainment Functions of Television, in: Tannenbaum, P.H. (Hrsg.): The Entertainment Functions of Television, Hillsdale/New Jersey 1980, S. 67-106.

HIRSCH, M. (1985):
Die Hoffnung heißt SMATV, in: Neue Medien, Nr. 6, erschienen 1985, S. 140-142.

HIRSCH, M. (1986):
Wie Phoenix aus der Asche, in: Neue Medien, Nr. 10, erschienen 1986, S. 34-39.

HOFFMANN-RIEM, W. (1981):
Kommerzielles Fernsehen - Rundfunkfreiheit zwischen ökonomischer Nutzung und staatlicher Regelungsverantwortung: das Beispiel USA, Baden-Baden 1981.

HOFFMANN-RIEM, W. (1986):
Internationale Medienmärkte - Nationale Rundfunkordnungen, in: Rundfunk und Fernsehen, 34. Jg., 1986, Nr. 1, S. 5-22.

HORN, I./ECKHARDT, J. (1986):
Ältere Menschen und Medien in der Bundesrepublik Deutschland, in: Media Perspektiven, 1986, Nr. 2, S. 90-111.

HOWARD, J.A./SHETH, J.N. (1968):
A Theory of Buyer Behavior, in: Kassarjian, H.H., Robertson, T.S. (Hrsg.): Perspectives in Consumer Behavior, Glenview 1968, S. 467-487.

HÜBNER, R. (1987):
Kampf um Fernsehlizenzen: Letzte Runde, in: Capital, 26. Jg., 1987, Nr. 3, S. 117-123.

HÜNSELER, A. (1985):
Keine Panik - Die Entwicklung läuft moderat, in: Absatzwirtschaft, 28. Jg., 1985, Nr. 6, S. 61-64.

HUPPERT, E. (1977):
Der Testmarkt und drei Alternativen, in: Marketing Journal, 10. Jg., 1977, Nr. 6, S. 607-611.

INSTITUT FÜR DEMOSKOPIE, ALLENSBACH (1986):
Allensbacher Werbeträger-Analyse, 1986.

JAHRESZEITEN-VERLAG (1964):
Für Sie - Die Zeitschrift und ihre Anzeigen, Hamburg 1964.

JAHRESZEITEN-VERLAG (1968):
Zeitschriften - Leser - Anzeigen, Eine Untersuchung zur Exposition und Perception von Anzeigen, München 1968.

KABEL & SATELLIT (1987):
Planungs-Poster: Spots-Fernsehen, Nr. 1, 1987.

KABEL, R./STRÄTLING, T. (1984):
Kommunikationssatelliten International, in: SFB Werkstatthefte, Berlin 1984.

KANZOW, J. (1985):
Breitbandkommunikation im Integrierten Netz, in: Wie entwickelt sich die medientechnologische Zukunft aus der Sicht von Herstellern, Netzbetreibern, Anwendern, Arbeitspapier zum Inter Media Congress, Hamburg 1985.

KATZ, E./LAZARSFELD, P.F. (1962):
Persönlicher Einfluß und Meinungsbildung, München 1962.

KEEGAN, W .J. (1984):
Multinational Marketing Management, 3. Aufl., Englewood Cliffs/New Jersey 1984.

KELLERER, R. (1986):
Gleiche Power für alle (Interview mit tv weißblau), in: Medien Bulletin, 5. Jg., 1986, Nr. 11, S. 43 und S. 88-89.

KERNEBECK, H. (1979):
Die Rolle der Medien bei multinationalen Kampagnen, in: W&V, 1979, Nr. 37, S. 14-17.

KIEFER, M.-L. (1981):
Massenkommunikation 1964 bis 1980 - Trendanalyse zur Mediennutzung und Medienbewertung, in: Media Perspektiven, 1981, Nr. 4, S. 261-286.

KIEFER, M.-L. (1983):
Zielgruppen - Wer, wie, wo?, in: Media Perspektiven, 1983, Nr. 9, S. 601-609.

KIEFER, M.-L. (1985a):
Fernsehen im Überfluß? - Die Werbewirtschaft zeigt sich reserviert, in: Media Perspektiven, 1985, Nr. 2, S. 94-98.

KIEFER, M.-L. (1985b):
Wie vielfältig ist die Presse eigentlich wirklich? Versuch einer Bestandsaufnahme aus aktuellem Anlaß, in: Media Perspektiven, 1985, Nr. 10, S. 727-733.

KLOTZSCHE, F. (1986):
Die rauhe Wirklichkeit des Marktes, in: W&V, 1986, Nr. 43, S. 45.

KOCH, T. (1987):
Werbeagenturen zeigen kaum Initiative, in: Handelsblatt, 18.2.1987, S. 12.

KÖHLER, R. (1976):
Marktkommunikation, in: WiSt, 5. Jg., 1976, Nr. 4, S. 164-173.

KÖHLER, R. (1981):
Grundprobleme der strategischen Marketingplanung, in: Geist, M.N./Köhler, R. (Hrsg.): Die Führung des Betriebes, Stuttgart 1981, S. 261-291.

KONERT, F.-J. (1985):
Vermittlung emotionaler Erlebniswerte - Eine Marketingstrategie für gesättigte Märkte, Paderborn 1985.

KONERT, F.-J. (1986):
Erlebnis im Mix, in: Absatzwirtschaft, 29. Jg., 1986, Nr. 3, S. 80-86.

KOTLER, P. (1984):
Marketing Management, 5. Aufl., Englewood Cliffs, New Jersey 1984.

KREKELER, M. (1986):
Neue Synthese ohne universelle Kultur, in: ZV+ZV, 1986, Nr. 6, S. 8.

KROEBER-RIEL, W. (1984):
Konsumentenverhalten, 3. Aufl., München 1984.

KROEBER-RIEL, W. (1985):
Weniger Information, mehr Erlebnis, mehr Bild, in: Absatzwirtschaft, 28. Jg., 1985, Nr. 3, S. 84-97.

KRÜGER, U.M. (1985):
Aufbruch zu einer neuen Fernsehkultur - Ein Programmvergleich von SAT 1, RTL plus, ARD und ZDF, in: Media Perspektiven, 1985, Nr. 4, S. 257-270.

KRÜGER, U.M. (1986):
Zwischen Anpassung und funktioneller Differenzierung - Ein Programmvergleich von SAT 1, RTL plus, Sky Channel, 3 SAT, Eins Plus, ARD und ZDF, in: Media Perspektiven, 1986, Nr. 8, S. 485-506.

KRUGMAN, H.E. (1971):
Brain Wave Measures of Media Involvement, in: Journal of Advertising Research, 11. Jg., 1971, Nr. 1, S. 3-9.

KRUGMAN, H.E. (1977):
Memory Without Recall, Exposure Without Perception, in: Journal of Advertising Research, 17. Jg., 1977, Nr. 4, S. 8-12.

KÜBLER, F. (1982):
Neue Medien: Neue Aufgaben des Rechts?, in: Media Perspektiven, 1982, Nr. 9, S. 556-563.

KUTTER, M. (1985):
Neue Medien - Ende der Massen-Kommunikation, in: Marketing Journal, 18. Jg., 1985, Nr. 1, S. 52-61.

LAHANN, G. (1985):
New Possibilities of Information Transfer for Radio and Television Via Satellite, unveröffentlichtes Manuskript zum Referat auf dem Inter Media Congress, Hamburg 1985.

LANDGREBE, K.P. (1976):
Anzeigenumfeld und Anzeigenwirkung, Hamburg 1976.

LANDGREBE, K. (1985):
Vom Nutzen der Werbeträgerforschung, in: W.I.R. Journal für Marketing, Dokumentation Media, Heft 10, erschienen September 1985, S. 11 und S. 21.

LAVIDGE R.C./STEINER, G.A. (1961):
A Model for Predictive Measurements of Advertising Effectiveness, in: Journal of Marketing, 25. Jg., 1961, Nr. 6, S. 59-62.

LENHARDT, H. (1984):
Marketing-Strategen müssen an die Kabelfront, in: Neue Medien, Nr. 1, erschienen 1984, S. 182-183.

LEONTIADES, J.C. (1985):
Multinational Corporate Strategy, Planning for World Markets, Massachusetts/Toronto 1985.

LEVITT, T. (1984):
Marketing Imagination - Die unbegrenzte Macht des kreativen Marketing, Landsberg 1984.

LIEPELT, K. (1985):
Maßstab für den Wert der TV-Werbemark, in: Markenartikel, 47. Jg., 1985, Nr. 6, S. 310-324.

LÜRZER, W. (1986):
Kreative Werbung - wirtschaftlicher Erfolg, in: Arbeitsgemeinschaft Rundfunkwerbung (Hrsg.): ARD Werbetreff '86, Referate, S. 51-52.

LUYKEN, G.-M. (1985):
Zukünftige Entwicklung des Wettbewerbs zwischen Print- und elektronischen Medien bzw. innerhalb der verschiedenen Medienkategorien in 17 europäischen Ländern, Nord-Amerika, Japan, Australien, Brasilien, Arbeitspapier zum Inter Media Congress, Hamburg 1985.

LYNN, W./REINHARD, K. (1984):
Global TV: Wave of the Future Or an Industry Pipe Dream, in: Advertising Age, 55. Jg., Dezember 1984, S. 48-52.

MAGAZINE PUBLISHERS ASSOCIATION (1982):
A Study of Media Involvement, New York 1982.

MALETZKE, G. (1986):
Was bedeutet mehr Fernsehen?, in: Der Bürger im Staat, 36. Jg., 1986, Nr. 3, S. 190-195.

MEFFERT, H. (1985):
Marketing und Neue Medien, Stuttgart 1985.

MEFFERT, H. (1986a):
Internationale Marktkommunikation im Spannungsfeld zwischen globalem Wettbewerbsdruck und nationalen Bedürfnissen, Teil I: Voraussetzungen und Erfolgsbedingungen internationaler Kommunikationsstrategien, in: Werbeforschung & Praxis, 1986, Nr. 3, S. 106-110.

MEFFERT, H. (1986b):
Internationale Marktkommunikation im Spannungsfeld zwischen gobalem Wettbewerbsdruck und nationalen Bedürfnissen, Teil II: Möglichkeiten der Standardisierung der internationalen Marktkommunikation, in: Werbeforschung & Praxis, 1986, Nr. 4, S. 127-135.

MEFFERT, H. (1986c):
Marketing - Grundlagen der Absatzpolitik, 7. Aufl., Wiesbaden 1986.

MEFFERT, H./ALTHANS, J. (1982):
Internationales Marketing, Stuttgart/Berlin/Köln/Mainz 1982.

MENZEL, M. (1985):
Pan Europa Marketing, in: W&V, 1985, Nr. 49, S. 6.

MERBOLD, C. (1985):
Der Werbeträger "Zeitschrift" in der Medienlandschaft der Zukunft, in: Markenartikel, 47. Jg., 1985, Nr. 3, S. 108-117.

MERKEL, F. (1986):
Kreative Bits and Bytes, in: ZV+ZV, 1986, Nr. 32, S. 22-23.

MERKLE, H. (1982):
Neue Medien und Marktwirtschaft, in: Markenartikel, 44. Jg., 1982, Nr. 12, S. 524-525.

MERKLE, H. (1984a):
Der Preis der Freiheit, in: Markenartikel, 46. Jg., 1984, Nr. 4, S. 160-161.

MERKLE, H. (1984b):
Fernsehwerbung in der neuen Dimension, in: Markenartikel, 46. Jg., 1984, Nr. 6, S. 300-305.

MERKLE, H. (1984c):
Kabelpilotprojekte: Erwartungen der werbungtreibenden Wirtschaft, in: Media Spectrum, 1984, Nr. 1, S. 50-51.

MERKLE, H. (1985):
Zehn Grundsätze für ein Ideal, in: Markenartikel, 47. Jg., 1985, Nr. 5, S. 190-192.

MESSERSCHMID, U. (1985):
Hörfunk und Fernsehen über Satelliten und Kabel im Medienumfeld der Zukunft, in: Wie entwickelt sich die medientechnologische Zukunft aus der Sicht von Herstellern, Netzbetreibern, Anwendern, Arbeitspapier zum Inter Media Congress, Hamburg 1985.

MESTMÄCKER, E. (1985):
Wie beeinflussen politische und rechtliche Rahmenbedingungen die Medienentwicklung, Arbeitspapier zum Inter Media Congress, Hamburg 1985.

MODEL ET AL. (Autorenkollektiv) (1968): Handbuch der Werbung, Berlin 1968.

MOHN, E. (1985): Neue Formen der Werbung bei kommerziellen Veranstaltern, in: Media Perspektiven, 1985, Nr. 8, S. 595-600.

MOHN, E. (1986): Bescheidener Ertrag - Zur Begleitforschung in München und Ludwigshafen/Vorderpfalz, in: Media Perspektiven, 1986, Nr. 10, S. 622-632.

MOHR, H. (1979): Gemeinschaftswerbung, in: Falk, B./Wolf, J. (Hrsg.): Handlexikon für Handel und Absatz, München 1979, S. 232-234.

MORGENSTERN, K. (1984): Im Weltraum wird der Parkplatz knapp, in: Neue Medien, Nr. 1, erschienen 1984, S. 28-36.

MÜLLER, A. (1984): Was hat die Werbewirtschaft vom kommerziellen Fernsehen?, in: Markenartikel, 46. Jg., 1984, Nr. 12, S. 581.

MÜLLER, D. (1985): "Der Werbemarkt bei den privaten Programmanbietern", in: TV-Courier/Dokumentation, 25. Jg., 1985, Nr. 22 - D 12.11.1985, S. 5-6.

MÜLLER, J. (1986): Privates TV-Trio erobert den Südwesten, in: Horizont, 1986, Nr. 23, S. 24-25.

MÜLLER-HAGEDORN, L. (1984): Handelsmarketing, Stuttgart/Berlin/Köln/Mainz 1984.

MÜLLER-RÖMER, F. (1984): Warum ich für Rundfunksatelliten bin, in: Neue Medien, Nr. 2, erschienen 1984, S. 50-52.

MÜLLER-RÖMER, F. (1985a): Fernmeldesatelliten, in: Media Perspektiven, 1985, Nr. 7, S. 539-547.

MÜLLER-RÖMER (1985b): Satellitenrundfunk in der Bundesrepublik Deutschland, unveröffentlichtes Manuskript, August 1985.

MÜLLER-RÖMER, F. (1985c): Zur künftigen Aufgabe des Rundfunks, München 1985.

MÜLLER-RÖMER, F. (1986):
"Die Euphorie wich der Ernüchterung", in: Neue Medien, Nr. 9, erschienen 1986, S. 52-54.

MÜLLER-WICHMANN, C. (1985):
Freizeitgesellschaft - Zur Demontage einer Legende, in: Rundfunk und Fernsehen, 33. Jg., 1985, Nr. 3/4, S. 469-479.

NBRZ-SERVICE (o.J.):
Kurz und gut das Wichtigste (Informationsbroschüre zu den Nielsen Ballungsraum-Zeitungen, München o.J.)

NICKEL, V. (1986):
"Babylon" bei Globalisierung, Nationalisierung, Amerikanisierung, in: text intern, 20. Jg., 1986, Nr. 4, S. 12-13.

NIESCHLAG, R./DICHTL, E./HÖRSCHGEN, H. (1985):
Marketing, 14. Aufl., Berlin 1985.

OGILVY & MATHER EUROMEDIA (1985):
Die Media-Szene in Deutschland - Versuch einer Prognose, Frankfurt/M. 1985.

OGILVY & MATHER EUROPE (1984):
The New Media Review, London 1984.

O'TOOLE, J. (1985):
Questions and Answers about Global Advertising, in: Advertising Age, 56. Jg., Dezember 1985, S. 62.

O.V. (1982a):
asw-Schwerpunkt: Regionalmarketing, in: Absatzwirtschaft, 25. Jg., 1982, Nr. 7, S. 44.

O.V. (1982b):
Industrie und Handel müssen bessere Kommunikation verwirklichen, in: Markenartikel, 44. Jg., 1982, Nr. 9, S. 401-402.

O.V. (1983a):
Internationale Werbekampagnen - Chancen und Risiken, in: Markenartikel, 45. Jg., 1983, Nr. 5, S. 208-209.

O.V. (1983b):
Kennen Sie Stadtfernsehen?, in: Absatzwirtschaft, 26. Jg., 1983, Nr. 8, S. 26-33.

O.V. (1984a):
Audiovision 1995 - Die Entwicklung der Märkte für Video-Rekorder, Bildplatten, Programme und Zubehör, in: Marketing Journal, 17. Jg., 1984, Nr. 2, S. 120-123.

O.V. (1984b):
Das Hindernisrennen des Unternehmens Coronet, in: Neue Medien, Nr. 2, erschienen 1984, S. 42-48.

O.V. (1984c):
Die Sünden des Herrn Minister, in: Neue Medien, Nr. 2, erschienen 1984, S. 36-39.

O.V. (1985a):
ARD und ZDF im Konkurrenzumfeld der Neuen Medien, in: A+I, 25. Jg., 1985, Nr. 28, S. 15-18.

O.V. (1985b):
Bertelsmann, Springer und Kirch verlegen Kabel für die Bundespost, in: Der Kontakter, 25. Jg., 1985, Nr 51. S. 50.

O.V. (1985c):
Das Millionen-Verwirrspiel bei der TV-Zuschauerforschung, in: ZV+ZV, 1985, Nr. 12, S. 1.

O.V. (1985d):
Das Partnerschaftsmodell kommt mit der MA '87/ Die Medien aber noch uneins über methodische und technische Auswirkungen, in: Der Kontakter, 25. Jg., 1985, Nr. 38, S. 31-32.

O.V. (1985e):
Die Himmelsstürmer, in: Absatzwirtschaft, 28. Jg., 1985, Nr. 6, S. 68-73.

O.V. (1985f):
Die Nutzer warten ab, in: Wirtschaftswoche, 39. Jg., 1985, Nr. 49, S. 148-149.

O.V. (1985g):
Eine Katastrophe sind die Ergebnisse der MA '85, in: A+I, 25. Jg., 1985, Nr. 35, S. 10.

O.V. (1985h):
Fernsehen - "Tagebuch" der Marktanteile, in: Der Kontakter, 25. Jg., 1985, Nr. 47, S. 40-41.

O.V. (1985i):
Grey Düsseldorf analysiert neue Medien und Zielgruppe Jugend, in: ZV+ZV, 1985, Nr. 40, S. 9.

O.V. (1985k):
Grey stellt Preis- und Wirtschaftlichkeitsvergleich der kommerziellen TV-Programme an, in: Der Kontakter, 25. Jg., 1985, Nr. 39, S. 39-41.

O.V. (1985l):
In Europa keine einheitliche Media-Strategie möglich, in: W&V, 1985, Nr. 23, S. 48.

O.V. (1985m):
Internationales Satellitenfernsehen und seine Resonanz in der Werbung - "Zum Ausprobieren geschaffen", in: W&V, 1985, Nr. 44, S. 20.

O.V. (1985n):
Medien-Angebot und Medien-Konkurrenz 1985; Delphi-Umfrage anläßlich des INTER MEDIA CONGRESS HAMBURG '85, in: Marketing Journal, 18. Jg., 1985, Nr. 6, S. 530-536.

O.V. (1985o):
Neue Töne aus Mainz, in: Medien Bulletin, 4. Jg., 1985, Nr. 11, S. 14-15.

O.V. (1985p):
Nichts zu verschenken, in: Der Spiegel, 18. Jg., 1985, Nr. 27, S. 53-56.

O.V. (1985r):
Überbuchungen nehmen weiter ab, in: W&V, 1985, Nr. 41, S. 1.

O.V. (1985s):
Umfrage: Kriterien und Mediauntersuchungen für Mediaplaner - MA, VA und AWA an der Spitze, in: W&V, 1985, Nr. 41, S. 104.

O.V. (1985t):
Viel Power, aber nichts dahinter, in: Neue Medien, Nr. 4, erschienen 1985, S. 42-46.

O.V. (1985u):
Völlig offen - Beim Verlegerkanal SAT 1 häufen sich die Schwierigkeiten, in: Der Spiegel, 18. Jg., 1985, Nr. 45, S. 113-117.

O.V. (1985v):
Warum gibt es nicht genügend Frequenzen?, in: Neue Medien, Nr. 7, erschienen 1985, S. 48.

O.V. (1985w):
Warum jetzt die Suche nach Frequenzen?, in: Neue Medien, Nr. 7, erschienen 1985, S. 49.

O.V. (1985x):
Wo grast die "lila Kuh" in der neuen Medienlandschaft?, in: Media Perspektiven, Sonderdruck zum ARD-Werbetreff 1985, S. 37-54.

O.V. (1985y):
Wunder dauern länger, in: Wirtschaftswoche, 39. Jg., 1985, Nr. 43, S. 35-38.

O.V. (1985z):
W&V-Umfrage zur TV-Spot-Abrechnung nach Ratings: "Die gerechte Kalkulation kommt", in: W&V, 1985, Nr. 49, S. 50.

O.V. (1986aa):
Bauer und Burda zu music box, in: Kabel & Satellit, 3. Jg., 1986, Nr. 81, S. 6-7.

O.V. (1986ab):
Berlin: Probleme bei TV-Reichweiten-Schätzung, in: Kabel & Satellit, 3. Jg., 1986, Nr. 84, S. 11.

O.V. (1986ac):
Datentransfer für Einkäufer, in: ZV+ZV, 1986, Nr. 36, S. 12.

O.V. (1986ad):
Der Dampfer MA ist da, in: Der Kontakter, 26. Jg., 1986, Nr. 25, S. 1-8.

O.V. (1986ae):
Der Konsument von morgen - Szenarien des Wertewandels und deren Einfluß auf Marketing und Werbung, in: Der Kontakter, 26. Jg., 1986, Nr. 32, S. 1-8.

O.V. (1986af):
Der TV-Werbeblock und seine Mediaplanungskriterien, in: A+I, 26. Jg., 1986, Nr. 17, S. 18-18a.

O.V. (1986ag):
Die einen sind im Dunkeln ..., in: Absatzwirtschaft, 29. Jg., 1986, Nr. 9, S. 60-66.

O.V. (1986ah):
Die glorreichen Sieben, in: W&V, 1986, Nr. 43, S. 44-53.

O.V. (1986ai):
Die Mediamacht des Handels, in: Der Kontakter, 26. Jg., 1986, Nr. 14/15, S. 1-9.

O.V. (1986ak):
Edeka setzt auf Regionalwerbung, in: text intern, 20. Jg., 1986, Nr. 36/37, S. 1-2.

O.V. (1986al):
Eureka TV startet mit Testprogramm, in: Kabel & Satellit, 3. Jg., 1986, Nr. 81, S. 7-8.

O.V. (1986am):
Exerzierfeld kontra Kriegsschauplatz, Umfrage zur Kreativität in Kino- und TV-Werbung, in: W&V, 1986, Nr. 18, S. 34-38.

O.V. (1986an):
Global Marketing: Ein Trend verläuft im Sand, in: W&V, 1986, Nr. 18, S. 1.

O.V. (1986ao):
Global Marketing: Love it or Levitt?, in: Advertising Age, 57. Jg., Januar 1986, S. 59.

O.V. (1986ap):
Hallo Nachbar, in: W&V, 1986, Nr. 15, S. 22-26.

O.V. (1986ar):
Handelsmarketing - Noch fehlen übergreifende Konzepte, in: text intern, 20. Jg., 1986, Nr. 32, S. 1 und S. 6-7.

O.V. (1986as):
Handelswerbung: Schwachstellen in der Mediastrategie, in: text intern, 20. Jg., 1986, Nr. 26/27, S. 8-10.

O.V. (1986at):
Impulse fürs Kapital, in: ZV+ZV, 1986, Nr. 37, S. 4.

O.V. (1986au):
Internationalisieren mit gebremstem Schaum, in: W&V, 1986, Nr. 13, S. 16.

O.V. (1986av):
Jeder dritte Deutsche kann 87/88 Privat-Fernsehen ohne Kabel empfangen, in: text intern, 20. Jg., 1986, Nr. 57, S. 7.

O.V. (1986aw):
Lokale TV-Frequenzen - Durststrecke verkürzt?, in: ZV+ZV, 1986, Nr. 31, S. 15.

O.V. (1986ax):
Neue Bilder und alte Probleme - Computeranimation im internationalen Commercial-Geschäft, in: W&V, 1986, Nr. 10, S. 46-48.

O.V. (1986ay):
Paneuropäische Satellitenwerbung - Amerikanischer Bericht über die werbliche Nutzung von Sat-Programmen, in: Der Kontakter, 26. Jg., 1986, Nr. 3/4, S. 32-35.

O.V. (1986az):
Privat-TV: Neue Infratest-Untersuchung, in: Der Kontakter, 26. Jg., 1986, Nr. 5, S. 40-41.

O.V. (1986ba):
Prof. Real World's Lesson for Levitt, in: Advertising Age, 57. Jg., Januar 1986, S. 17.

O.V. (1986bb):
"RTL plus regional": Eine Fernsehtochter geht auf Brautschau, in: text intern, 20. Jg., 1986, Nr. 17, S. 3.

O.V. (1986bc):
Rupert Murdoch mit neuem Musik-Kanal, in: Kabel & Satellit, 3. Jg., 1986, Nr. 74, S. 6.

O.V. (1986bd): Satellite TV Advertising, in: Financial Times - New Media Markets, 4. Jg., 1986, Nr. 2, S. 10-15.

O.V. (1986be):
Sky Channel: Mehr nationale Werbung, in: Kabel & Satellit, 3. Jg., 1986, Nr. 76, S. 9-10.

O.V. (1986bf):
Spotrating versus Blockrating bei der TV-Mediaplanung, in: A+I, 26. Jg., 1986, Nr. 14/15, S. 22-23.

O.V. (1986bg):
Stämme halten global zusammen, in: W&V, 1986, Nr. 10, S. 13.

O.V. (1986bh):
Start am Dreizehnten: Private mit Kultur-Touch, in: Kabel & Satellit, 3. Jg., 1986, Nr. 76, S. 6-7.

O.V. (1986bi):
Strategien gegen das Abschalten, in: W&V, 1986, Nr. 20, S. 76.

O.V. (1986bk):
Super Channel sendet ab Januar 1987, in: Kabel & Satellit, 3. Jg., 1986, Nr. 78, S. 4.

O.V. (1986bl):
Super Channel: The Best of British?, in: Kabel & Satellit, 3. Jg., 1986, Nr. 84, S. 7-8.

O.V. (1986bm):
Telezeitung und tv weiß-blau mit gemeinsamem Werbeverkauf, in: Kabel & Satellit, 3. Jg., 1986, Nr. 75, S. 5.

O.V. (1986bn):
TV-Markt Großbritannien: All business is local, in: Kabel & Satellit, 3. Jg., 1986, Nr. 67, S. 9.

O.V. (1986bo):
TV Weiß-Blau macht Fahrt, in: Funk-Brief, 1. Jg., 1986, Nr. 6, S. 1 und S. 4-7.

O.V. (1986bp):
Werbeetat der Bundespost steigt auf 100 Mio. Mark, in: W&V, 1986, Nr. 1/2, S. 1 und S. 16.

O.V. (1986br):
Werbe- und Marketingoffensive für den Kabelanschluß, in: ZV+ZV, 1986, Nr. 16, S. 4.

O.V. (1986bs):
Wirkungsmessung von TV-Spots in Mark und Pfennig, in: Horizont, 1986, Nr. 49, S. 18.

O.V. (1986bt):
Würgegriff des Monopols, in: Wirtschaftswoche, 40. Jg., 1986, Nr. 5, S. 30-39.

O.V. (1986bu):
Zapp und weg, in: Wirtschaftswoche, 40. Jg., 1986, Nr. 9, S. 64-67.

o.V. (1986bv):
Zuschauer-Wanderungsanalyse am Beispiel eines ZDF-Werbeblocks, in: A+I, 26. Jg., 1986, Nr. 7, S. 19-19a.

O.V. (1987a):
Bayernweites TV-Network mit AV Audio Vision und tv weiß blau?, in: Kabel & Satellit, 4. Jg., 1987, Nr. 5, S. 2-3.

O.V. (1987b):
Britische TV-Attacke, in: Wirtschaftswoche, 41. Jg., 1987, Nr. 13, S. 8.

O.V. (1987c):
Effektive technische Reichweite der TV-Programme, in: Kabel & Satellit, 4. Jg., 1987, Nr. 3, S. 7.

O.V. (1987d):
Einigung über die Neuordnung des Rundfunkwesens, in: Frankfurter Allgemeine, 1987, Nr. 62, S. 1 und S. 2.

O.V. (1987e):
Medienstaatsvertrag: Weichenstellung, in: ZV+ZV, 1987, Nr. 13, S. 8.

O.V. (1987f):
SAT 1 und RTL plus können Werbeumsatz 1986 deutlich erhöhen, in: epd/Kirche und Rundfunk, 39. Jg., 1987, Nr. 8, S. 6.

O.V. (1987g):
Staatsvertrag zur Neuordnung des Rundfunkwesens, dokumentiert in: Kabel & Satellit, 4. Jg., 1987, Nr. 12, S. D 1-D 10.

O.V. (1987h):
TV-Spots als Mini-Serien, in: ZAW-Service, 16. Jg., 1987, Nr. 141, S. 25.

O.V. (1987i):
Übersicht der Satellitenprogramme (Oktober/ November 1986), in: Neue Medien, Nr. 1, 1987, S. 79.

O.V. (1987k):
US-Werber entdecken TV-Boom um Mitternacht, in: Horizont, 1987, Nr. 3, S.42.

O.V. (1987l):
Verkabelung - Soll und Haben 1986, in: Medienspiegel, 11. Jg., 1987, Nr. 5, S. 4.

O.V. (1987m):
53 Zweitfrequenzen für Privat-TV, in: Kabel & Satellit, 4. Jg., 1987, Nr. 8, S. 7.

PALMGREEN, P./WENNER, L.A./RAYBURN II, J.D. (1980):
Relations between Gratifications Sought and Obtained, in: Communication Research, 7. Jg., 1980, Nr. 2, S. 161-192.

PEEBLES, D.M./RYANS, J.K./VERNON, J.R. (1978):
Coordinating International Advertising, in: Journal of Marketing, 42. Jg., 1978, Nr. 1, S. 28-34

PERRE, V.S. (1986a):
Adaptieren heißt bewußt verändern, in: Horizont, 1986, Nr. 20, S. 22-24.

PERRE, V.S. (1986b):
Erfolgscode internationaler Kampagnen, in: ZV+ZV, 1986, Nr. 11, S. 14-15.

PFIFFERLING, J. (1985):
"Das öffentlich-rechtliche Fernsehen im Duell um den Fernseh-Werbemarkt", in: TV-Courier/Dokumentation, 25. Jg., 1985, Nr. 22-D 12.11. 1985, S. 1-4.

PFISTER, E. (1986):
Millionenspiel mit Brust und Bande, in: W&V, 1986, Nr. 21, S. 54-56.

PITZER, S. (1985a):
Lücken für Lokalkolorit, in: Neue Medien, Nr. 7, erschienen 1985, S. 46-49.

PITZER, S. (1985b):
Vom Kundenfang zum Multi-Service, in: Neue Medien, Nr. 8, erschienen 1985, S. 94-95.

PITZER, S. (1986):
Münchner Anbieter gegen den Rest der Welt, in: Medien Bulletin, 5. Jg., 1986, Nr. 7, S. 20.

PRATZ, G./MÜLLER-GROTE, P. (1970):
Funktion - Image - Produktinteresse, in: ZV+ZV, 1970, Nr. 12, S. 426-433.

PREISSNER-POLTE, A. (1986):
Teure Vielfalt, in: Manager Magazin, 16. Jg., 1986, Nr. 11, S. 176-186.

PROGNOS AG (1986):
Die Entwicklung der Publikumszeitschriften als Werbeträger - Printmedien nicht gefährdet, in: W&V, 1986, Nr. 44, S. 73-77.

PÜTTER, K. (1985):
Zeitschriften und elektronische Medien als Instrumente der Marketingkommunikation aus der Sicht eines internationalen Markenartikelunternehmens mit zentralem Konzept, Manuskript zum Vortrag auf dem Inter Media Congress, Hamburg 1985.

RADTKE, M. (1986):
"Der Bezugsscheinmarkt ist nicht länger zu halten", in: Neue Medien, erschienen 1986, S. 104-107.

RAITHEL, H. (1984):
Engpaß beim Ego, in: Manager Magazin, 14. Jg., 1984, Nr. 10, S. 228-241.

REEB, A. (1986):
Neueinführungen, Relaunches, High-spending, in: Horizont, 1986, Nr. 1/2, S. 22-23.

REHORN, J. (1977):
Labortestmarkt und Minitestmarkt - Alternativen zum Prüfen von Marktchancen, in: Absatzwirtschaft, 20. Jg., 1977, Nr. 9, S. 51-60.

REICHE, H. (1986):
Möglichkeiten der Wirkungsforschung im kommerziellen Fernsehen - insbesondere in Kabelpilotprojekten, in: Bauer et al. (1986a), 13.1.1, S. 1-7.

RICKER, R. (1987):
Mehr Werbung in ARD und ZDF?, in: Horizont, 1987, Nr. 12, S. 22-23.

RÖPER, H. (1985):
Statt Vielfalt Poly-Monopole, Konzentrationstendenzen auf dem Markt der Neuen Medien, in: Media Perspektiven, 1985, Nr. 1, S. 24-31.

RÖPER, H. (1986):
Stand der Verflechtung von privatem Rundfunk und Presse 1986, in: Media Perspektiven, 1986, Nr. 5, S. 281-303.

ROESSLER, G. (1985):
Rundfunksatellit, in: Media Perspektiven, 1985, Nr. 7, S. 548-550.

ROGERS, E.M. (1983):
Diffusion of Innovations, 3. Aufl., New York 1983.

RONNEBERGER, F. (1986):
Nutzung und Akzeptanz von Fernsehen und Hörfunk in München, in: Media Perspektiven, 1986, Nr. 4, S. 223-236.

ROSENGREN, K.E. (1974):
Uses and Gratifications: A Paradigm Outlined, in: Blumler, J.G./Katz, E.: The Uses of Mass Communications, Beverly Hills/London 1974, S. 269-286.

ROTHFUSS, V. (1985):
Schutz vor Schwachsinn, in: W&V, 1985, Nr. 42, S. 50-51.

RTL plus (1986a):
Neue Tagesablauf-Untersuchungen, Frankfurt/M., Januar 1986

RTL plus (1986b):
Planungs- und Tarifunterlagen für das Jahr 1987, Frankfurt/M. 1986.

RÜCKEL, R. (1986):
EG-Harmonisierung zu wenig freiheitlich, in: ZV+ZV, 1986, Nr. 46, S. 32-34.

RÜHL, M. (1982):
Auf der Suche nach dem systematisierten Regionalprogramm, in: Media Perspektiven, 1982, Nr. 1, S. 10-17.

RUNDFUNKWERBUNG STUTTGART (1986):
Planungs- und Tarifunterlagen für das Jahr 1987, Stuttgart 1986.

SAT 1 (1985):
Stellungnahme: Ist das die neue Medienpolitik? Die Existenz privater Programmveranstalter ist gefährdet, Oktober 1985, dokumentiert in: Media Perspektiven, 1985, Nr. 10, S. 764-769.

SAT 1 (1986a):
Fakten zum Sender, Mainz 1986.

SAT 1 (1986b):
Planungs- und Tarifunterlagen für das Jahr 1987, Mainz 1986.

SAT 1 (1986c):
SAT 1-News vom 27. Juni 1986

SAT 1 (1986d):
Tagesablauf-Untersuchung in Kabelhaushalten mit SAT 1-Empfang, Mainz, Februar 1986

SAXER, U. (1980):
Führt ein Mehrangebot an Programmen zu selektivem Rezipientenverhalten?, in: Media Perspektiven, 1980, Nr. 6, S. 395-406.

SAXER, U. (1985):
Wie entwickelt sich die Konkurrenz der Tageszeitungen und elektronischen Medien, Arbeitspapier zum Inter Media Congress, Hamburg 1985.

SCHÄUBLE, J./GOERCHEN, B./THODE, H. (1982):
Neue Medien als Werbeträger - Herausforderung und Chancen, Bad Wörishofen 1982.

SCHEITHAUER, I. (1985):
Aus der Begleitforschung des Kabelpilotprojektes Ludwigshafen, in: Media Perspektiven, 1985, Nr. 7, S. 535-538.

SCHENK, H.O. (1980):
Handelsmarketing, in: Falk, B. (Hrsg.): Dienstleistungsmarketing, Landsberg/Lech 1980, S. 29-58.

SCHENK, M./BÜCHNER, B./RÖSSLER, P. (1986):
TV-Programmvergleich, in: Rundfunk und Fernsehen, 34. Jg., 1986, Nr. 1, S. 73-86.

SCHMIDT, H. (1985):
Weltmarkt und Provinz, in: Neue Medien Newsletter, 1985, Nr. 20, S. 5.

SCHRAPE, K. (1983):
Ökonomische Perspektiven der Medienentwicklung - Über die Endlichkeit der Nachfragepotentiale für Kabelkommunikation, in: Media Perspektiven, 1983, Nr. 8, S. 533-546.

SCHRAPE, K./WITTE, M. (1985):
Entwicklungsbedingungen des Kabelfernsehens - Eine marktorientierte Analyse der Auslandserfahrungen und ihrer Bedeutung für die Bundesrepublik Deutschland, in: Rundfunk und Fernsehen, 33. Jg., 1985, Nr. 3/4, S. 333-361.

SCHULZ, D. (1984):
Kabelfernseh-Pilotprojekte aus der Sicht der Deutschen Bundespost, in: Media Spectrum, 1984, Nr. 1, S. 42-49.

SCHULZE, U. (1984):
Der lange Weg zum Netz, in: Neue Medien, Nr. 1, erschienen 1984, S. 44-51.

SCHWAB, R. (1984):
Kommunikationspolitik im Handel, in: Hasitschka, W./Hruschka, H. (Hrsg.): Handelsmarketing, Berlin/New York 1984, S. 251-274.

SCHWARTZ, I. (1982):
Die Liberalisierung der nationalen Hörfunk- und Fernsehsysteme aufgrund des Gemeinschaftsrechts, in: Markenartikel, 44. Jg., 1982, Nr. 12, S. 526-536.

SCHWEIGER, G. (1975):
Mediaselektion - Daten und Modelle, Wiesbaden 1975.

SCHWEITZER, H. (1986):
Media vor neuen Anforderungen und Chancen, in: Absatzwirtschaft, 29. Jg., 1986, Nr. 7, S. 78-81.

SENN, J. (1984):
Werbung in neuen Medien, München 1984.

SEPSTRUP, P. (1985):
Grenzüberschreitendes Fernsehen in Europa - Wirtschaftliche Folgen und Aussichten für die Verbraucher, in: Media Perspektiven, 1985, Nr. 2, S. 99-110.

SEYFFERT, R. (1966):
Werbelehre - Theorie und Praxis der Werbung, Band 1, Stuttgart 1966.

SIEPMANN, R. (1985):
Einschaltquoten auch von Videofilmen, in: Frankfurter Rundschau, 41. Jg., 1985, Nr. 35, S. 13

SIEPMANN, R. (1986):
"Kleinräumige Unglücksmodelle", zu den Staatsverträgen der sechs Unionsländer über die Nutzung des TV-SAT 1, in: Frankfurter Rundschau, 42. Jg., 1986, Nr. 111, S. 18.

SIMON, H./KUCHER, E./SEBASTIAN, K.H. (1982):
Scanner-Daten in Marktforschung und Marketingentscheidung, in: Zeitschrift für Betriebswirtschaft, 52. Jg., 1982, Nr. 6, S. 555-579.

SIMONS, J. (1985):
Local Markets Gain in Structure among Advertisers, in: Advertising Age Thursday, November 1985, S. 40-41.

SKY CHANNEL (1985):
Advertising Standards, London 1985.

SKY CHANNEL (1986a):
Sky Channel Magazine, 1986, Nr. 2

SKY CHANNEL (1986b):
The Paneuropean Television Audience Survey, Vol. 1, London 1986.

SKY CHANNEL (1986c):
The Paneuropean Television Audience Survey, Vol. 2, London 1986.

SOCIETE EUROPEENNE DES SATELLITES (1986):
ASTRA - Europe's 16 Channel Television Satellite, Informationsbroschüre, Luxemburg 1986.

SOLDNER, H. (1983):
Internationales Marketing: Ausgangspositionen und Entwicklungsperspektiven, in: Marketing ZFP, 4. Jg., 1983, Nr. 2, S. 139-142.

SPÄTH, L. (1984):
Neue Medien, Neue Kommunikationstechniken - Herausforderung für Politik, Wirtschaft und Wissenschaft, in: Markenartikel, 46. Jg., 1984, Nr. 11, S. 518-524.

SPRUNG, R. (1985):
Das heiße Match um Quoten und Sponsoren, in: Neue Medien, Nr. 7, erschienen 1985, S. 60-68.

SPRUNG, R. (1986):
Das Baby schreit - Die Ufa offeriert kleinen Lokalsendern Programme per Katalog, in: Neue Medien, Nr. 10, erschienen 1986, S. 64.

STARNICK, J. (1985):
Wie sehen Prognose-Institute die Akzeptanz der medientechnologischen Entwicklung durch die Nutzer, Arbeitspapier zum Inter Media Congress, Hamburg 1985.

STEFFENHAGEN, H./JUCHEMS, A. (1985):
Strategien und Wirkungen der Funk- und Fernsehwerbung, Veröffentlichung der Arbeitsgemeinschaft Rundfunkwerbung, Frankfurt/M. 1985.

STEFF-WOLFSJÄGER, K. (1986):
Geheimsender, in: Capital, 25. Jg., 1986, Nr. 4, S. 164-168.

STEINER, P.O. (1952):
Program Patterns and Preferences, and the Workability of Competition in Radio Broadcasting, in: Quarterly Journal of Economics, 66. Jg., 1952, Nr. 2, S. 194-223.

STOCKMANN, F.-J. (1984):
Neues Spiel in neuen Grenzen, in: Neue Medien, Nr. 2, erschienen 1984, S. 106-108.

STOLTE, D. (1982):
Fernsehen im Übergang - Fernsehen im Aufwind, in: Markenartikel, 44. Jg., 1982, Nr. 6, S. 292-298.

STOLTE, D. (1985):
Mehr Fernsehen - Erwartungen und Möglichkeiten, in: Markenartikel, 47. Jg., 1985, Nr. 6, S. 254-256.

STURM, S. (1986a):
Ein wahrhaft salomonisches Urteil, in: Medien Bulletin, 5. Jg., 1986, Nr. 11, S. 6-8.

STURM, S. (1986b):
Wasser für die Verdurstenden, in: Medien Bulletin, 5. Jg., 1986, Nr. 8, S. 16-17.

SÜVERKRÜBBE, R./DINSEL, S. (1983):
Die Kapazitätssituation beim Kabelfernsehen, in: Media Perspektiven, 1983, Nr. 8, S. 546-555.

SUPER CHANNEL (1986):
Rate Card No. 1, London 1986.

SUPER CHANNEL (1987):
Programme Guide, London 1987.

TAUCHNITZ, J. (1985):
Musik - die dritte Dimension in der Werbung, in: Media Perspektiven, Sonderdruck zum ARD-Werbetreff 1985, S. 57-59.

TELESKOPIE (1987):
Das teleskopie-Prognosemodell: Kurzbeschreibung und technische Details, März 1987.

TENNSTÄDT, F.W.R. (1985):
AWA '85 - Informationsquelle über Märkte und Medien auf neuen Wegen, in: ZV+ZV, 1985, Nr. 39, S. 6-12.

TERPSTRA, V. (1978):
International Marketing, 2. Aufl., Tokyo 1978.

TESSAR, H. (1983):
Chancen und Risiken beim Einsatz neuer Kommunikationstechniken im Handel, Frankfurt/M. 1983.

THANH HUNG, N. (1985):
Fernsehwerbung in Europa - eine Übersicht, in: Media Perspektiven, 1985, Nr. 2, S. 89-93.

THIELE, R. (1984):
Rundfunkversorgung durch Satelliten, in: Media Perspektiven, 1984, Nr. 10, S. 729-742.

THIELMANN, H. (1985):
Integration von Sprache, Text, Daten und Bildern beim ISDN, in: Wie entwickelt sich die medientechnologische Zukunft aus der Sicht von Herstellern, Netzbetreibern, Anwendern, Arbeitspapier zum Inter Media Congress, Hamburg 1985.

THIES, G. (1976):
Vertikales Marketing, Berlin/New York 1976.

THÖNER, G.-E. (1986):
Musik in der Werbung, in: Arbeitsgemeinschaft Rundfunkwerbung (Hrsg.): ARD Werbetreff '86, Referate, S. 21-24.

TIETZ, B./ZENTES, J. (1980):
Die Werbung der Unternehmung, Reinbek bei Hamburg 1980.

TV WEIß BLAU (1986):
Planungs- und Tarifunterlagen für das Jahr 1987, München 1986.

UENK, R. (1982):
Die Tageszeitungen, in: Tietz, B. (Hrsg.): Die Werbung - Handbuch der Kommunikations- und Werbewirtschaft, Band 2, Landsberg/Lech 1982, S. 1923-1954.

ULZE, H. (1979):
Frauenzeitschrift und Frauenrolle, Berlin 1979.

UNGELENK, G. (1986):
Deutsche TV-Spot-Produktionen: Weniger Produkt-Heroisierung - Mehr Unterhaltung, in: text intern, 20. Jg., 1986, Nr. 8, S. 8-9.

UNHOLZER, G. (1985):
Wie entwickelt sich die Konkurrenz der allgemeinen und Special-Interest-Zeitschriften und elektronischen Medien, Arbeitspapier zum Inter Media Congress, Hamburg 1985.

VENKATESAN, M./HAALAND, G.A. (1968):
Divided Attention and Television Commercials: An Experimental Study, in: Journal of Marketing Research, 5. Jg., 1968, Nr. 5, S. 203-205.

VERBAND DEUTSCHER ZEITSCHRIFTENVERLEGER E.V. (1984):
Intermedia Information: Publikumszeitschriften - Werbefernsehen, Bonn 1984.

VERLAGSGRUPPE BAUER (1986):
Welche Reichweiten erzielen Zeitschriften und Fernsehen in den wichtigen Zielgruppen, Hamburg 1986.

VOGLER, P. (1985a):
Die neuen TV-Programme, in: Marketing Journal, 18. Jg., 1985, Nr. 1, S. 62-64.

VOGLER, P. (1985b):
Sollen Entscheider abschalten?, in: Absatzwirtschaft, 28. Jg., 1985, Nr. 6, S. 66-67

WAHLER, R. (1986a):
Affinitäten, in: W&V, 1986, Nr. 12, S. 40-41.

WAHLER, R. (1986b):
Die Mediastrategie, in: W&V, 1986, Nr. 16, S. 50-51.

WAHLER, R. (1986c):
Die Zielgruppe, in: W&V, 1986, Nr. 8, S. 40-41.

WALTER, E. (1985):
Medienkonsum im Wandel, in: W&V, 1985, Nr. 47, S. 60-63

WEDER, D.J. (1984):
Finanzielle Grenzen der Verkabelung - Bundesrechnungshofbericht "zur Wirtschaftlichkeit öffentlicher Breitbandverteilnetze", in: Media Perspektiven, 1984, Nr. 6, S. 451-456.

WEDER, D.J. (1985):
Die Dehnungsfähigkeit des Kabels - wirtschaftlich gesehen, in: Media Perspektiven, 1985, Nr. 3, S. 175-180.

WEDER, D.J. (1986):
Problemfern - Zu den medienpolitischen Empfehlungen der Monopolkommission, in: Media Perspektiven, 1986, Nr. 10, S. 644-647.

WEINBERG, P. (1986):
Vom Preis- zum Erlebniswettbewerb, in: Absatzwirtschaft, 29. Jg., 1986, Nr. 3, S. 87-91.

WEINLEIN, W. (1985):
Empfangsaussichten, in: Medien Bulletin, 4. Jg., 1985, Nr. 11, S. 28-32.

WEIRICH, D. (1986):
Das Ende der medienpolitischen Schlagbäume: Kommt die europäische Fernsehgemeinschaft?, in: Kabelkom, 1986, Nr. 6, S.18-21.

WEISSMAN, A./ADLWARTH, W./RUPPERT, U. (1983):
Neue experimentelle Testverfahren zur Überprüfung der Marktchancen von Konsumgütern, Arbeitspapiere des Lehrstuhls für Marketing, Internationales Marketing und Handel der Universität Erlangen-Nürnberg, Heft 2, Nürnberg 1983.

WELLS, W. (1969):
The Rise and Fall of Television Program Types, in: Journal of Advertising Research, 9. Jg., 1969, Nr. 3, S. 21-27.

WELZEL, K. (1974):
Marketing im Einzelhandel - Dargestellt am Beispiel des Einsatzes von Sonderangeboten, Wiesbaden 1974.

WENDT, F. (1968):
Media-Selektions-Modelle und Marketing, in: Marketing Journal, 1. Jg., 1968, Nr. 2, S. 61- 64.

WENDT-MAEDER, J. (1976):
Fusion im AG.MA-Bereich - Bedingungen und Möglichkeiten, hrsg. von der Arbeitsgemeinschaft Media-Analyse, Schriften Band 3, Frankfurt/M. 1976.

WENTZ, L. (1986): Hits und Flops bei Euro-TV, in: Horizont, 1986, Nr. 49, S. 23.

WENZEL, W. (1981):
Zeitschriften - Tageszeitungen - Werbefernsehen - Werbefunk, in: Media Spectrum, 1981, Nr. 6, S. 21-25.

WHITE, H. (1986):
Ad Groups Analyze Spiraling Production Costs, in: Advertising Age, 57. Jg., März 1986, S. 2.

WHITTEN, P. (1983):
Die Zukunft der Kabelkommunikation in Europa, in: Media Perspektiven, 1983, Nr. 4, S. 233-242.

WHITTEN, P. (1985):
Das Potential für die Technologie der neuen Medien in Westeuropa, Arbeitspapier zum Inter Media Congress, Hamburg 1985.

WIEDEMANN, J. (1985):
GfK-Fernsehforschung - Erste Erfahrungen mit dem neuen System, oder: Warum "Der Alte" auf einmal mehr Zuschauer hat, in: Media Perspektiven, 1985, Nr. 2, S. 131-141.

WIEDEMANN, J./PFIFFERLING, J. (1983):
Videoboom und Fernsehkonsum - eine erste Zwischenbilanz, in: Media Perspektiven, 1983, Nr. 8, S. 570-581.

WILD, C. (1985):
Wem nutzen Spot-Reichweiten?, in: Media Perspektiven, 1985, Nr. 12, S. 893-900.

WILKENS, C. (1986):
Marketing- und mediastrategische Aspekte der neuen Medien, unveröffentlichtes Vortragsmanuskript, Januar 1986.

WILLS, J.R./RYANS, J.K. (1977):
An Analysis of Headquarters Executive Involvement in International Advertising, in: European Journal of Marketing, 11. Jg., 1977, Nr. 8, S. 577-584.

WIMMER, R.M. (1979):
Wiederholungswirkungen der Werbung - Eine empirische Untersuchung zur Auswirkung von Kontaktwiederholungen bei emotionaler Werbung, Saarbrücken 1979.

WINTERHOFF-SPURK, P./SCHMITT, R. (1985):
Texte bei der Fernsehwerbung. Eine experimentelle Untersuchung zur Wirkung von Texten auf die Bildrezeption und die Bewertung von Werbespots, in: Media Perspektiven, 1985, Nr. 2, S. 142-147.

WITTE, E. (1984):
Neue Fernsehnetze im Medienmarkt - Die Amortisationsfähigkeit von Breitbandverteilsystemen, Heidelberg 1984.

WITTE, E./SENN, J. (1984a):
Der Werbemarkt morgen, in: Marketing Journal, 17. Jg., 1984, Nr. 3, S. 204-211.

WITTE, E./SENN, J. (1984b):
Zeitungen im Medienmarkt der Zukunft, Stuttgart 1984.

WÖSSNER, M. (1984):
Technologische Entwicklung und Medienzukunft, in: Bertelsmann Briefe, Nr. 114, 1984, S. 17-21.

WÜLFFING, C. (1987): Sky Channel für Europas Hausfrauen, in: Horizont, 1987, Nr. 12, S. 27.

WÜNSCH, B. (1986): Weichen werden gestellt, in: Horizont, 1986, Nr. 38, S. 17.

ZACH, C. (1985):
Handel wandelt sich zum Medien-Ereignis, in: ZV+ZV, 1985, Nr. 39, S. 13.

ZDF-MEDIENFORSCHUNG (1986):
Protokoll des Gesprächs zwischen Gesamtverband Werbeagenturen GWA und ARW, ZDF-Werbefernsehen, SAT 1, IPA-RTL vom 26.11.1986, Mainz.

ZDF-WERBEFERNSEHEN (1985):
Informationen zur Fernsehwerbung, Stand 1985/86, Mainz 1985.

ZEPP, R.H. (1986):
Hitverdächtig oder aber flopträchtig: TV-Spots im Test, in: Horizont, 1986, Nr. 49, S. 20.

ZIEMER, A. (1985):
HDTV-Produktion und Nutzungsaspekte, in: Media Perspektiven, 1985, Nr. 7, S. 556-557.

GPSR Compliance

The European Union's (EU) General Product Safety Regulation (GPSR) is a set of rules that requires consumer products to be safe and our obligations to ensure this.

If you have any concerns about our products, you can contact us on ProductSafety@springernature.com

In case Publisher is established outside the EU, the EU authorized representative is:

Springer Nature Customer Service Center GmbH
Europaplatz 3
69115 Heidelberg, Germany

Batch number: 10816188

Printed by Printforce, the Netherlands